ŒUVRES

DE

J. Michelet

# OEUVRES
## DE
# J. Michelet

*HISTOIRE DE LA RÉVOLUTION*

TOME PREMIER

PARIS

ALPHONSE LEMERRE, ÉDITEUR

27-31 PASSAGE CHOISEUL 27-31

M DCCC LXXXVIII

# PRÉFACE DE 1868

ETTE œuvre laborieuse, qui a rempli huit années de ma vie, n'a pas eu la bonne fortune des improvisations venues en temps paisible. Elle a été écrite en plein événement.

*Deux volumes parurent en Février. Ils donnaient le récit des plus belles journées de la Révolution, crédule encore, fraternelle et clémente, comme a été sa jeune sœur de 1848. Ils furent accueillis aux célèbres banquets de cette époque.*

*Des faits cruels survinrent. Je ne lâchai*

*pas prise. Trois volumes parurent en 1850. Toute voix littéraire s'était tue; toute vie semblait interrompue. Ne voyant que ma tâche, au fond de nos Archives, travaillant seul encore sur les ruines d'un monde, je pus croire un moment que je restais le dernier homme.*

*Quittant Paris au 2 Décembre, n'emportant d'autre bien que les matériaux de mes derniers volumes, les documents de la Terreur, je l'écrivis près Nantes, en grande solitude, à la porte de la Vendée.*

*Ainsi, contre vents et marée, à travers tout événement, elle alla, cette histoire, elle alla jusqu'au bout, saignante, vivante d'autant plus, une d'âme et d'esprit, sans que les dures traverses du sort l'aient fait dévier de sa ligne première. Les obstacles, bien loin d'arrêter, y aidèrent. Dans une vieille maison transparente que perçaient les grandes pluies, en janvier 1853, j'écrivais, sur le même mois correspondant de la Terreur : « Je plonge avec mon sujet dans la nuit et dans l'hiver. Les vents acharnés de tempêtes qui battent mes vitres depuis deux mois sur ces collines de*

Nantes, accompagnent de leurs voix, tantôt graves, tantôt déchirantes, mon Dies iræ de 93. Légitimes harmonies! Je dois les remercier. Ce qu'elles m'ont dit souvent dans leurs fureurs apparentes, dans leurs aigres sifflements, dans le cliquetis sinistrement gai dont la grêle frappait mes fenêtres, c'était la chose forte et bonne, que tous ces semblants de mort n'étaient nullement la mort, mais la vie tout au contraire, le futur renouvellement...»

*Au bout de quinze années, après le grand travail que je dus à l'ancienne France, je rentre en celle-ci. La France et la Révolution. J'y rentre comme en un foyer de famille, délaissé quelque temps. Mais changé? nullement. Refroidi? point du tout.*

*Épreuve singulière de se revoir ainsi au bout de tant d'années, de comparer les temps. Qu'étais-je? et qu'étions-nous (nous France), et qu'est-ce que nous sommes devenus?*

*Contenons notre cœur. Quelles que soient nos tristesses, d'un regard net et ferme observons la situation.*

*La dureté du temps a brisé bien des choses, mais elle a aussi profité. Nous avons compris à la longue ce qu'on démêlait peu en 48. Toutes les grandes questions se présentaient alors d'ensemble, impatientes, sans égard à leur ordre logique et naturel. Nous nous exagérions les nuances qui nous divisaient. Un grand progrès s'est fait sous ce rapport. Sans nous dédire en rien ni changer de langage, nous tous, enfants divers de la Révolution, nous concordons en elle, nous rapprochons de l'unité.*

1° *Les choses ont repris leur véritable perspective, et tous sont revenus à la tradition nationale. Nul de nous aujourd'hui qui ne voie dans la Liberté la question souveraine. La question économique, qui lui fit ombre, est une conséquence, un approfondissement essentiel de la Liberté. Mais celle-ci précède tout, doit couvrir et protéger tout.*

2° *La question religieuse paraissait secondaire. Nos avertissements touchaient peu. En vain les Bossuet, les de Maistre, disaient hautement aux nôtres la profonde union des deux autorités. Ils l'ont sue un peu tard. Il leur a bien fallu s'éveiller en voyant le couvent près de la caserne, ces monuments jumeaux qui couronnent aujourd'hui les hauteurs des grandes villes, et proclament la coalition.*

*3°* Point de guerre. *Sur cela encore, nous sommes unanimes. Dans le travail immense où la France s'est engagée, elle a bien autre chose à faire. Elle est ravie de voir une Italie, une Allemagne, et les salue du cœur. Un point considérable, c'est que, des deux côtés, les vaillants dédaignent la guerre, sachant que ce n'est plus une affaire de vaillance, mais de pure mécanique entre Delvigne et Chassepot.*

*4°* Ce qui pourra sembler un peu bizarre à l'avenir, c'est que nos dissidences en 48, les plus âpres peut-être, étaient relatives au passé, historiques, archéologiques. Ces débats se mêlaient à l'actualité. On s'identifiait à ces lugubres ombres. L'un était Mirabeau, Vergniaud, Danton; un autre, Robespierre. Nous gardons aujourd'hui nos sympathies sans doute à tel ou tel héros de la Révolution. Mais nous les jugeons mieux. Nous les voyons d'ensemble,* *nullement opposés, et se donnant la main. Si quelques-uns de nous s'acharnent à ces débats, en revanche, une grande France, née depuis 48, un demi-million d'hommes, qui lisent, pensent et sont l'avenir, regardent tout cela comme chose curieuse, mais hors de toute application, avec des circonstances tellement différentes.*

*L'histoire contestée des vieux temps s'est, d'année en année, éclaircie d'elle-même par tant de documents livrés à la publicité. Mais nous autres historiens nous y avons fait quelque chose. Prenant chacun un point de vue, nous l'avons mis (par nos exagérations même) en pleine lumière. Il est intéressant de voir combien cette diversité a servi. Je voudrais qu'une main habile esquissât l'histoire de l'Histoire, je veux dire le progrès qui s'est fait dans nos études sur la Révolution.*

*La tirer de 89, c'est en faire un effet sans cause. La faire partir de Louis XV, c'est l'expliquer bien peu encore. Il faut creuser beaucoup plus loin. C'est toute la vie de la France qui en prépare, en fait comprendre* le drame final. De moins en moins obscure, elle devient toute lumineuse au xviii<sup>e</sup> siècle, qui, loin d'être un chaos, ordonne, écrit splendidement notre Credo moderne, que la Révolution entreprend d'appliquer.

Labeur très long. J'en ai été payé quand (dans mon Louis XV, vers 1750) j'ai eu la joie de donner fort simplement ce Credo de lumière. En face, je posai les ténèbres, la Conspiration de famille. Dès le ministère de Fleury, l'intrigue espagnole-autrichienne et catholico-monarchique, se noue par les parentés, mariages, etc. Le premier effet fut le règne de Marie-Thérèse à Versailles et la guerre de Sept-Ans qui enterra la France, donna le monde à l'Angleterre. Le second effet fut le règne de Marie-Antoinette, l'explosion tardive (si tardive!) de 89.

Ceux qui veulent se persuader que cet événement immense fut l'œuvre d'un parti, un complot d'Orléans, un mouvement factice qu'imposa Paris à la France, n'ont qu'à ouvrir les cent volumes in-folio des Cahiers, les vœux des provinces, leurs instructions aux *députés de la Constituante. Du moins qu'ils prennent connaissance des extraits des Cahiers, si bien résumés par Chassin.*

*Dans mon premier volume (1847), j'avais indiqué à quel point les idées d'intérêt, de bien-être, qui ne peuvent manquer en nulle Révolution, en la nôtre pourtant sont restées secondaires, combien il faut la tordre, la fausser, pour y trouver déjà les systèmes d'aujourd'hui. Sur ce point, le beau livre de Quinet confirme le mien. Oui, la Révolution fut désintéressée. C'est son côté sublime et son signe divin.*

*Brillant éclair au ciel. Le monde en tressaillit. L'Europe délira à la prise de la Bastille; tous s'embrassaient (et dans Pétersbourg même) sur les places publiques. Inoubliables jours! Qui suis-je, pour les avoir contés? Je ne sais pas encore, je ne saurai jamais comment j'ai pu les reproduire. L'incroyable bonheur de retrouver cela si vivant, si brûlant, après soixante années, m'avait grandi le cœur d'une joie héroïque, et mon papier semblait énivré de mes larmes.*

*De cette âme agrandie il m'a été donné d'embrasser l'infini de la Révolution, de la refaire dans la variété de ses âges, de ses points de vue. C'eût été lui faire tort que d'en adopter un, de dénigrer le reste. Les opposés y concordent au fond. La grande âme commune, en chaque parti qui la révèle, est sentie, est comprise par des peuples divers, et le sera par d'autres générations dans l'avenir. Ce sont autant de langues que la Révolution, ce grand prophète, a parlées pour toute la terre. Chacun avait son droit, et devait être reproduit.*

*Enfermer la Révolution dans un club, c'est chose impossible. Le travail infini, la passion sincère de Louis Blanc n'y a pas réussi. Mettre cet océan dans la petite enceinte du cloître jacobin! vaine entreprise. Elle déborde de toutes parts. Elle y eut sa police contre la trahison, son œil, son gardien vigilant. Mais sa vraie force active, la Montagne elle-même, en ses plus grands acteurs qui discouraient fort peu, ne siégeait pas aux Jacobins.*

*Le temps, qui peu à peu dit tout, et la publication des documents, ne permettent plus d'être exclusif. L'apologie de la Gironde, si véhémente dans Lanfrey, aujourd'hui ne semble que juste. Une voix sortie de la mort même, la voix testamentaire de Pétion, Buzot, enfin s'est fait entendre (1866). Qui osera contredire maintenant?*

*Tel était l'esprit de système que nos robespierristes mettaient la Montagne même en jugement. Ils poursuivaient Danton. Villiaumé, Esquiros (dans son livre éloquent), le défendirent, et les actes encore mieux. Publiés récemment par Bougeart, Robinet, ils le couvrent aujourd'hui, absolvent sa grande mémoire.*

*On commence à voir clair, à mieux connaître la Montagne, que cachait jusqu'ici ce débat des individus. Les deux cents députés en mission, trop oubliés, reparaissent dans leur grandeur, dans leur indicible énergie qui fit notre salut. Deux médecins de vingt-cinq ans, Baudot, Lacoste, reprennent leur laurier de conquérants du Rhin. L'organisateur de la guerre (héros lui-même à Wattignies), le digne et bon Carnot, nous est rendu enfin par la main de son fils. Les purs entre les purs, Romme, les cinq amis qui, les derniers, en Prairial, ont signé et scellé la Révolution de leur sang, reparaissent en un livre qui m'a fait frissonner, celui de Claretie, si brûlant, cruellement vrai.*

*Les temps faibles ne comprendront plus comment, parmi ces tragédies sanglantes, un pied dans la mort même, ces hommes extraordinaires ne rêvaient qu'immortalité. Jamais tant d'idées organiques, tant de créations, tant de souci de l'avenir! une tendresse inquiète pour la postérité! Et tout cela, non pas comme on le croit, après les grands périls, mais au fort de la crise. Le livre de Despois (Vandalisme révolutionnaire) inaugure admirablement pour cet âge une histoire nouvelle, celle de ses créations.*

*J'ai mieux compris le mot du vénérable Lasteyrie. Lui parlant de ces temps et de l'impression qu'il en eut (lui fort exposé, en péril), j'en tirai ce mot seul : « Monsieur, c'était très beau! — Mais vous pouviez périr! Vous cachiez-vous? — Moi! point. J'allais, j'er-*

rais en France. J'admirais... Oui, c'était très beau. »

*La Révolution, a-t-on dit, a eu un tort. Contre le fanatisme vendéen et la réaction catholique elle devait s'armer d'un Credo de secte chrétienne, se réclamer de Luther ou Calvin.*

*Je réponds : Elle eût abdiqué. Elle n'adopta aucune Église. Pourquoi ? C'est qu'elle était une Église elle-même.*

*Comme agape et Communion, rien ne fut ici-bas comparable à 90, à l'élan des Fédérations. L'absolu, l'infini du Sacrifice en sa grandeur, le don de soi qui ne réserve rien, parut au plus sublime dans l'élan de 92 : guerre sacrée pour la paix, pour la délivrance du monde.*

*« Les symboles ont manqué ? » Mais toute religion met des siècles à se faire les siens. La foi est tout ; la forme est peu. Qu'importe le parement de l'autel ?*

*Il subsiste toujours, l'autel du Droit, du Vrai, de l'éternelle Raison. Il n'a pas perdu une pierre, et il attend tranquillement. Tel que nos philosophes, tel que nos grands légistes le bâtirent, solide, autant que les calculs de Laplace et de Lagrange qui y posèrent la loi du temps.*

*Qui ne le reconnut? n'y sentit Dieu?... Quel cercle on vit autour? Le monde américain y fut en Thomas Payne, la Pologne en Kosciusko. Le maître du Devoir (ce roc de la Baltique), Kant, s'émut. On y vit pleurer le vieux Klopstock, et ce fier enfant, Beethoven.*

*Le grand stoïcien Fichte, au plus cruel orage, ne s'en détacha pas. Il nous resta fidèle. En plein 93, il publia son livre sur l'immuable droit de la Révolution.*

*Cela lui fut compté. Il en garda ce cœur d'acier qui, après Iéna, releva l'Allemagne, prépara le réveil du monde, opposant à la force une force plus grande, l'Idée, — et, devant l'ennemi, enseignant la victoire du Droit, contre lequel on ne prescrit jamais.*

*

*Un mot sur la manière dont ce livre se fit.*

*Il est né du sein des Archives. Je l'écrivis six ans (1845-1850) dans ce dépôt central, où j'étais chef de la section historique. Après le 2 Décembre, j'y mis deux ans encore, et l'achevai aux Archives de Nantes, tout près de la Vendée, dont j'exploitais aussi les précieuses collections.*

*Armé des actes mêmes, des pièces originales et manuscrites, j'ai dû juger les imprimés et surtout les Mémoires qui sont des plaidoyers, parfois d'ingénieux pastiches (exemple, ceux que Roche a faits pour Levasseur).*

*J'ai jugé jour par jour* Le Moniteur, *que suivent trop MM. Thiers, Lamartine et Louis Blanc.*

*Dès l'origine, il est arrangé, corrigé chaque soir par les puissants du jour. Avant le 2 Septembre, la Gironde l'altère, et, le 6, la Commune. De même en toute grande crise.*

*Les* Procès-verbaux *manuscrits des Assemblées illustrent tout cela, démentent* Le Moniteur *et ses copistes, l'*Histoire parlementaire, *et autres, qui souvent estropient encore ce* Moniteur *estropié.*

*Un très rare avantage, qu'aucun dépôt du monde ne présenterait peut-être au même degré, c'est que je trouvais dans les nôtres, pour chaque événement capital, des récits très divers et de nombreux détails qui se complètent et se contrôlent.*

*Pour les Fédérations, j'ai eu des récits par centaines, venus d'autant de villes et de villages* (Archives centrales). *Pour les grandes tragédies du Paris révolutionnaire, le dépôt de l'Hôtel de Ville m'en ouvrait le foyer aux registres de la Commune; et la Préfecture de police m'en donnait la variété divergente dans les procès-verbaux de nos quarante-huit Sections.*

*Pour le gouvernement, les Comités de Salut public et de Sûreté générale, j'avais sous les yeux tout ce qu'on a de leurs registres et j'y ai trouvé par jour la chronologie de leurs actes.*

*On m'a blâmé parfois d'avoir cité trop rarement. Je l'aurais fait souvent, si mes sources ordinaires avaient été des pièces détachées. Mais mon soutien habituel, ce sont ces grandes collections où tout se suit dans un ordre chronologique. Dès que je date un fait, on peut retrouver à l'instant ce fait à sa date précise au registre, au carton, où je l'ai pris. Donc, j'ai dû citer rarement. Pour les choses imprimées et les sources vulgaires, les renvois peu utiles ont l'inconvénient de couper le récit ou le fil des idées. C'est une vaine ostentation d'émailler constamment sa page de ces renvois à des livres connus, à des brochures de petite importance, et d'attirer l'attention là-dessus. Ce qui donne autorité au récit, c'est sa suite, sa cohésion, plus que la multitude des petites curiosités bibliographiques.*

*Pour tel fait capital, mon récit, identique aux actes mêmes, est aussi immuable qu'eux. J'ai fait plus que d'extraire, j'ai copié de ma main ( et sans y employer personne ) les textes dispersés, et les ai réunis. Il en est résulté une lumière, une certitude, auxquelles on ne chan-*

gera rien. Qu'on m'attaque sur le sens des faits, c'est bien. Mais on devra d'abord reconnaître qu'on tient de moi les faits dont on veut user contre moi.

Ceux qui ont des yeux et savent voir, remarqueront très bien que ce récit, quelquefois trop ému peut-être et orageux, n'est pourtant jamais trouble, point vague, point flottant dans les vaines généralités. Ma passion elle-même, l'ardeur que j'y mettais, ne s'en seraient point contentées. Elles cherchaient, voulaient le propre caractère, la personne, l'individu, la vie très spéciale de chaque acteur. Les personnages ici ne sont nullement des idées, des systèmes, des ombres politiques; chacun d'eux a été travaillé, pénétré, jusqu'à rencontrer l'homme intime. Ceux mêmes qui sont traités sévèrement, sous certains rapports, gagnent à être connus à ce point, atteints dans leur humanité. Je n'ai point flatté Robespierre. Eh bien, ce que j'ai dit de sa vie intérieure, du menuisier, de la mansarde, de l'humide petite cour qui, dans sa sombre vie, mit pourtant un rayon, tout cela a touché, et tel de mes amis, de parti tout contraire, m'avoua qu'en lisant il en versa des larmes.

Nul de ces grands acteurs de la Révolution ne m'avait laissé froid. N'ai-je pas vécu avec eux, n'ai-je pas suivi chacun d'eux, au fond de sa pensée, dans ses transformations, en compagnon fidèle? A la longue, j'étais un des leurs, un familier de cet étrange monde. Je m'étais fait la vue à voir parmi ces ombres, et elles me connaissaient, je crois. Elles me voyaient seul avec elles dans ces galeries, dans ces vastes dépôts rarement visités. Je trouvais quelquefois le signet à la place où Chaumette ou tel autre le mit au dernier jour. Telle phrase, dans le rude registre des Cordeliers, ne s'est pas achevée, coupée brusquement par la mort. La poussière du temps reste. Il est bon de la respirer, d'aller, venir, à travers ces papiers, ces dossiers, ces registres. Ils ne sont pas muets, et tout cela n'est pas si mort qu'il semble. Je n'y touchais jamais sans que certaine chose en sortît, s'éveillât... C'est l'âme.

En vérité, je méritais cela. Je n'étais pas

auteur. *J'étais à cent lieues de penser au public, au succès : j'aimais, et voilà tout. J'allais ici et là, acharné et avide; j'aspirais, j'écrivais cette âme du tragique passé.*

*Cela fut fort senti, et d'hommes de nuances diverses : Béranger, Ledru-Rollin, Proudhon.*

*Béranger avait eu contre moi des préventions, et il en revint tout à fait. Il dit de cette* Histoire : « *Pour moi, c'est livre saint.* »

*Proudhon savait combien je goûtais peu la plupart de ses paradoxes; c'est de lui, cependant, que je reçus la lettre la plus forte, l'acceptation la plus complète de mon livre, celle du principe posé dans mon* Introduction *(1847) : l'inconciliable opposition du Christianisme avec le Droit et la Révolution. Il l'a pleinement adopté dans son livre* De la Justice *(1858).*

*Au beau jour des Fédérations, Camille Desmoulins fit la proposition touchante et chimérique d'un pacte fédératif entre les écrivains amis de la Révolution. Il est sûr qu'entre nous, unis (malgré nos dissidences) par un fonds de principes communs, il y a une sorte de parenté. Je l'ai plus que personne respectée. Je n'ai répondu jamais aux critiques des nôtres, quoiqu'elles fussent souvent un peu légères et que je pusse exercer des représailles faciles.*

*J'ai fini mon* Histoire de la Révolution *en 53; et, depuis cette époque jusqu'en 62, Louis Blanc dans la sienne, dans ses dix ou douze volumes, l'a attaquée avec une passion extraordinaire. On m'en avertissait; mais j'étais occupé d'achever l'*Histoire de France *jusqu'en 89. J'ajournai la lecture et l'examen de Louis Blanc. Mon silence persévérant dut l'étonner et l'encourager fort. De volume en volume ses violentes critiques continuaient. Il triomphait à l'aise, s'étendait à plaisir, et se trouva enfin avoir réellement fait un gros livre sur mon livre.*

*Je ne finis* Louis XVI *qu'à la fin de 1867. C'est en achevant ce volume que je revins à ma* Révolution *et m'occupai de celle de Louis Blanc. Je l'ouvris fort placidement, tout prêt à profiter de ses critiques, si elles étaient sérieuses* \*.

*Je connaissais et son talent et son caractère honorable, ses paradoxes aussi, son papisme socialiste et sa tyrannie du travail au nom de la fraternité. Mais je l'avais peu vu sur le terrain de l'Histoire. J'avoue que je fus saisi d'étonnement en voyant sa faveur, sa prédilection fantaisiste... pour qui?... pour l'intrigant Calonne!... Calonne, excellent citoyen qui ne ruine la France que pour faire la Révolution, qui ne gorge la Cour « que pour les conduire tous en riant au bord d'un abîme si profond, qu'ils appelleraient de leurs vœux les nouveautés libératrices. » (II, 159.) Tout cela, sans la moindre preuve.*

*J'apprends des choses non moins fortes. Les Montagnards n'étaient nullement* **les violents** *(VII, 372). Sans doute c'étaient les modérés.*

*Les Girondins, qui ont tant exalté Rousseau, ce sont les ennemis de Rousseau chez Louis Blanc. C'est la Gironde qui conniva au 2 Septembre; elle en garde la tache de sang.*

*Robespierre, au contraire, qui parla, dé-*

nonça, et avant *(le 1ᵉʳ)* et pendant *(le 2 même)*, *en est pur, y est étranger.*

Hébert, *dans son* Père Duchesne, *malgré ses constants appels au massacre, n'en est pas moins un continuateur des modérés, des Girondins. Comment cela? C'est qu'il est voltairien, égoïste et sensualiste, ennemi de Rousseau et du sensible Robespierre.*

Louis Blanc, *assez doux pour le Roi, pour la Reine, le duc d'Orléans, clément pour le Clergé, est terrible, accablant pour Danton et les Girondins. En ces derniers, il voit la bourgeoisie qui lui fut si hostile au 15 Mai 1848. Étrange confusion. La Garde nationale du 15 Mai détestait la guerre; au contraire, la Gironde la prêcha, et la fit, pour le salut des nations. Elle forgea des millions de piques, et mit les armes aux mains des pauvres.*

*Il faut prendre largement le grand cours révolutionnaire, dans ses deux manifestations utiles et légitimes, et de croisade, et de police,* — *les Girondins, les Jacobins.*

*J'ai tâché de le faire. J'ai marqué forte-*

ment les torts des Girondins, leur tort d'avoir toujours repoussé la Montagne en Danton et Cambon, leur tort d'avoir, malgré leur pureté, subi l'impur mélange des tourbes royalistes que, se glissant chez eux dans les départements, entravaient la Révolution.

Je n'ai point contesté les services immenses que rendit l'institution jacobine. J'ai même, mieux que personne, marqué et nuancé ses trois âges si différents. Je n'ai point méconnu le terrible labeur, la grande volonté de Robespierre, sa vie si sérieuse. Là, je le trouve intéressant.

Cela même est mon crime. Je crois que Louis Blanc m'aurait mieux pardonné toute ma politique contraire, mes attaques à son dieu, que mon regard minutieux, l'observation exacte du saint des saints, le tort d'avoir vu de si près, décrit la petite chapelle, le féminin cénacle de Marthe, Marie, Madeleine, l'habit, le port, la voix, les lunettes, les tics, de ce nouveau Jésus.

Une chose nous sépare bien plus qu'il ne paraît, une chose profonde. Nous sommes de deux religions.

*Il est demi-chrétien à la façon de Rousseau et de Robespierre. L'Être suprême, l'Évangile, le retour à l'Église primitive (III, 28) : c'est ce* Credo *vague et bâtard par lequel les politiques croient atteindre, embrasser les partis opposés, philosophes et dévots.*

*La race et le tempérament ne sont pas peu non plus dans notre opposition. Il est né à Madrid. Il est Corse de mère, Français par son père (de Rodez). Il a la flamme sèche et le brillant des méridionaux, avec un travail, une suite que ces races n'ont pas toujours. Il a étudié à Rodez, au pays des Bonald, des Frayssinous, qui nous fait tant de prêtres. Dans sa démocratie, il est autoritaire.*

*S'il n'avait pas été aveuglé par sa passion, avant de reprendre son livre interrompu, il aurait dû se dire :*

« *Peut-on à Londres écrire l'histoire du Paris révolutionnaire ?* » *Cela ne se peut qu'à Paris. A Londres, il est vrai, il y a une jolie collection de pièces françaises, imprimés, brochures et journaux, qu'un amateur, M. Croker, vendit 12,000 francs au Musée Britannique, et qu'on étend un peu depuis. Mais une collection d'amateur, des curiosités détachées, ne remplacent nullement les grands dépôts officiels où tout se suit, où l'on trouve et les faits et leur liaison, où souvent un événement représenté vingt, trente, quarante fois, en ses versions différentes, peut être étudié, jugé et contrôlé. C'est ce que nous permettent les trois grands corps d'Archives révolutionnaires de Paris.*

*Il s'est persuadé, ce semble, que la fréquence des critiques en suppléait la profondeur. Il n'est aucun exemple dans l'histoire littéraire d'une attaque si persévérante, de page en page, pendant tant de volumes. Je suis l'homme, après Robespierre, qui l'a certainement le plus occupé. J'ai eu ce don de ne point le lasser. J'admire les grandes passions. La sienne est véritablement intarissable, infatigable. Elle revient sans cesse, à propos, sans propos, sur les faits, sur le sens des faits, les moindres misères, enfin tout.*

*Il dit parfois des choses un peu bien fortes, par exemple, « que j'ai oublié tous les devoirs de l'historien. » Parfois, il me loue (c'est le pis): quelque part il me trouve « un pénétrant génie; » mais avec ce génie j'ai si peu pénétré qu'à chacun des grands jours de la Révolution, j'ai tout brouillé, me suis mépris complétement.*

*Je pourrais dire pourtant, ayant exhumé tant de choses, donné tant de secours et à lui et à tous, je pourrais dire : « Ces fameuses journées, qui les savait sans moi ? »*

*Au massacre du Champ-de-Mars (17 juillet 91), j'ai tiré des Archives de la Seine le texte de la pétition qu'on signa sur l'autel et qu'on peut appeler le premier acte de la République. J'ai marqué l'action très directe des royalistes pour amener le massacre. Louis Blanc les en lave; mais ils ne veulent pas être lavés, ils s'en vantent. D'après les notes manuscrites d'un témoin oculaire, M. Moreau de Jonnès, j'ai dit le fait certain : c'est que la Garde soldée poursuivit barbarement le peuple, qui se réfugia dans les rangs de la Garde nationale. Chose grave; première apparition du funeste militarisme. — Je n'ai nullement nié le fait, cependant* incertain, *qu'affirme Louis Blanc, que beaucoup répétèrent, mais que ne vit personne, à savoir que quelques Gardes nationaux (des Filles-Saint-Thomas?) purent, avec la Garde soldée, tirer sur cet autel où était tout le peuple.* — *Au 10 Août, même témoignage. J'ai accepté ce récit d'un homme, très bon, fort peu passionné.*

*Grâce à M. Labat, archiviste de la Police, j'ai trouvé et donné la pièce inestimable et capitale du 2 Septembre, l'enquête d'après laquelle il constate que le premier massacre fut provoqué par les prisonniers même, par les cris, les risées, qu'à la nouvelle de l'invasion, poussaient par les fenêtres les imprudents de l'Abbaye.*

*Pour le 31 Mai, pour le grand jour fatal de la Révolution où l'Assemblée fut décimée, j'ai mis un soin religieux à lire et copier les registres des quarante-huit Sections. Ces copies m'ont fourni le récit immense, détaillé, qu'on lira, récit désormais authentique de ces funèbres jours, qu'on ne connaissait guère. Il restera, pour l'avenir, que des quarante-huit*

Sections, cinq seulement (d'après les registres) autorisèrent le Comité d'Insurrection.

**Le Père Duchesne** *tirant à 600,000, Robespierre, effrayé des 600,000 gueules aboyantes, étouffa ses velléités de ménager le sang (qu'il avait témoignées à Lyon) et qui l'auraient fait mettre au ciel, proclamer le sauveur des hommes. Il se cacha dans la Terreur.*

*Si, moi aussi, je voulais critiquer, je pourrais dire que Louis Blanc a fait ce qu'il a pu pour obscurcir cette bascule, dans laquelle Robespierre (terrifié, craignant Hébert, puis Saint-Just même) tua tout, modérés, enragés. Il n'est pas à son aise dans ce cruel récit. Il étrangle très spécialement le tragique moment où Robespierre, comme un chat qui a peur, qui avance et recule, voulant, ne voulant pas, lorgna la tête de Danton.*

*En vérité, il faut un grand courage pour suivre Robespierre dans l'épuration jacobine. Nul n'est pur à droite ou à gauche, nul révolutionnaire, ni Chaumette, ni Desmoulins. Et il garde les prêtres, l'infaillible élément de la contre-révolution!*

*La monarchie commence à la mort de Danton. Dès longtemps, il est vrai, Robespierre, par toute la France, avait ses Jacobins qui remplissaient les places. Mais c'est après Danton, subitement, en six semaines, qu'il prit le grand pouvoir central. Il avait sa Police (Hermann), la police du Comité (Héron). Il avait la Justice (Dumas), le grand Tribunal général, qui jugeait même pour les départements. Il avait la Commune (Payan), les 48 Comités des Sections. Par la Commune, il avait l'armée révolutionnaire (Henriot). Et tout cela sans titre, sans écriture ni signature. Au Comité de Salut public, il ne paraissait pas, faisait signer ses actes par ses collègues, ne signait point pour eux.*

*Ainsi, il lui était loisible de se laver les mains de tout. Ses amis, aujourd'hui, peuvent nous le montrer comme un spéculatif, un philanthrope rêveur dans les bois de Montmorency ou aux Champs-Élysées, promeneur pacifique entre Brount et Cornélia.*

*Il jouait un gros jeu. Dans son isolement, dans son inertie apparente, il n'en tenait pas moins un procès et sur les grands hommes d'affaires du Comité (Carnot, Cambon, Lindet), et sur les deux cents Montagnards qui avaient eu des missions, avaient enduré tout, bravé tous les dangers, s'étaient violemment compromis. Ils voulaient que l'on constatât leur fortune avant et après, qu'on établît leur probité. Il refusa cela, se réservant de pouvoir les poursuivre un jour. Au 9 Thermidor, il les eut contre lui. C'est ce que Louis Blanc se garde bien de dire. La Montagne, aussi bien que la droite et le centre, le repoussa alors. Les plus honnêtes gens futurs martyrs de prairial, Romme, Soubrany, etc., lui étaient sympathiques, mais pourtant le voyaient, par la force des choses, dictateur et tyran. A ses cris, ils se turent et ne répondirent rien. Le jugement de ces grands citoyens sera celui de l'avenir.*

*Les 31 Procès-verbaux des Sections qui subsistent, et que j'ai suivis pas à pas, montrent parfaitement que Paris était contre lui, qu'il n'eut pour lui que ses Comités révolutionnaires (non élus, mais nommés, payés), et que les* Sections, *le peuple, tout le monde, ne bougea, le laissa périr. Louis Blanc ne dit rien de ce vrai jugement du peuple.*

*Quant à l'appel aux armes contre la Loi qu'il commença d'écrire, n'acheva pas, on pouvait l'expliquer par un noble scrupule, s'il fut fait à minuit, quand il avait des forces,— ou par le désespoir, s'il fut fait vers une heure, lorsqu'il était abandonné. Nul témoin. J'ai suivi l'interprétation la plus digne de ce temps-là et celle qui honore sa mémoire, celle que Louis Blanc a suivie après moi.*

*Sa fin m'a fort touché, et la fatalité qui le poussa. Nul doute qu'il n'aimât la patrie, qu'en ajournant la liberté, il n'y rêvât pourtant. Il lisait constamment le fameux* Dialogue de Sylla *et* d'Eucrate. *Comme Sylla peut-être, il aurait de lui-même quitté la dictature.*

*Les rois, qui ne voyaient en lui qu'un homme d'ordre et de gouvernement, le recherchaient déjà, l'estimaient et le regrettèrent. La Russie le pleura, son grand historien, Karamsin.*

*Robespierre venait justement de se poser sous un aspect nouveau,* « *en guillotinant l'a-*

narchie. » C'est ainsi qu'il appelait les premiers socialistes, Jacques Roux, etc. Au cœur de Paris même, dans les noires et profondes rues ouvrières (des Arcis, Saint-Martin), fermentait le socialisme, une révolution sous la Révolution. Robespierre s'alarma, frappa, et se perdit. Il est certain qu'au 9 Thermidor, bien avant les troupes de la Convention, ces Sections marchèrent à la Grève et débauchèrent les canonniers de Robespierre. Dès cette heure, il était perdu.

Extraordinaire méprise. Dans ses douze volumes, Louis Blanc prend Robespierre comme apôtre et symbole du socialisme, qu'il frappait et qui le tua.

Je l'avais dit en toute lettre, et d'après l'irrécusable témoignage des Procès-verbaux des Sections, *que j'ai fidèlement copiés.*

Rien n'était plus facile que de voir mes copies. On s'entend entre gens de lettres. Quand je fis mon Vico, un de mes concurrents m'aida, en me fournissant un livre rare. Tout récemment, un savant suisse m'a envoyé ses propres notes sur un sujet que nous traitions tous deux. Si j'avais été averti, j'aurais très volontiers donné les miennes à Louis Blanc, sans demander s'il devait en user pour moi ou contre moi.

J'ai été vif dans ma courte réponse. C'est qu'il s'agit bien moins de moi que de la Révolution elle-même, tellement rétrécie, mutilée, décapitée, en tous ses partis différents, moins l'unique parti jacobin. La réduire à ce point, c'est en faire un tronçon sanglant, terrible épouvantail, pour la joie de nos ennemis.

C'est à cela que je devais répondre, m'opposer de mon mieux. Il ne fallait pas moins que ce devoir pour me sortir de mes habitudes pacifiques. Je n'aime pas à rompre l'unité de la grande Église.

Paris, 1ᵉʳ octobre 1868.

# PRÉFACE DE 1847

HAQUE *année, lorsque je descends de ma chaire, que je vois la foule écoulée, encore une génération que je ne reverrai plus, ma pensée retourne en moi.*

*L'été s'avance, la ville est moins peuplée, la rue moins bruyante, le pavé plus sonore autour de mon Panthéon. Ses grandes dalles blanches et noires retentissent sous mes pieds.*

*Je rentre en moi. J'interroge sur mon enseignement, sur mon Histoire, son tout puissant interprète, l'esprit de la Révolution.*

*Lui, il sait; et les autres n'ont pas su. Il contient leur secret, à tous les temps antérieurs. En lui seulement la France eut conscience d'elle-même. Dans tout moment de défaillance où nous semblons nous oublier, c'est là que nous devons nous chercher, nous ressaisir. Là se garde toujours pour nous le profond mystère de vie, l'inextinguible étincelle.*

*La Révolution est en nous, dans nos âmes; au dehors, elle n'a point de monument. Vivant esprit de la France, où te saisirai-je, si ce n'est en moi ?... Les pouvoirs qui se sont succédé, ennemis dans tout le reste, ont semblé d'accord sur un point, relever, réveiller les âges lointains et morts... Toi, ils auraient voulu t'enfouir... Et pourquoi ? Toi seul, tu vis.*

*Tu vis !... Je le sens, chaque fois qu'à cette époque de l'année mon enseignement me laisse, et le travail pèse, et la saison s'alourdit... Alors, je vais au Champ-de-Mars, je m'assieds sur l'herbe séchée, je respire le grand souffle qui court sur la plaine aride.*

*Le Champ-de-Mars, voilà le seul monument qu'a laissé la Révolution... L'Empire a sa colonne, et il a pris encore presque à lui seul l'Arc-de-Triomphe; la Royauté a son Louvre, ses Invalides; la féodale Église de 1200 trône encore à Notre-Dame; il n'est pas jusqu'aux Romains, qui n'aient les Thermes de César. Et la Révolution a pour monument... le vide...*

*Son monument, c'est ce sable, aussi plan que l'Arabie... Un tumulus à droite, et un tumulus à gauche, comme ceux que la Gaule élevait, obscurs et douteux témoins de la mémoire des héros...*

*Le héros, n'est-ce pas celui qui fonda le pont d'Iéna?... Non! il y a ici quelqu'un de plus grand que celui-là, de plus puissant, de plus vivant, qui remplit cette immensité.*

*« Quel Dieu? On n'en sait rien... Ici réside un Dieu! »*

*Oui, quoiqu'une génération oublieuse ose prendre ce lieu pour théâtre de ses vains amusements, imités de l'étranger, quoique le cheval anglais batte insolemment la plaine...un grand souffle la parcourt, que vous ne sentez nulle part, une âme, un tout puissant esprit...*

*Et si cette plaine est aride, et si cette herbe est séchée, elle reverdira un jour.*

*Car dans cette terre est mêlée profondément la sueur féconde de ceux qui, dans un jour sacré, ont soulevé ces collines, le jour où, réveillés au canon de la Bastille, vinrent du Nord et du Midi s'embrasser la France et la France, — le jour où trois millions d'hommes, levés comme un homme, armés, décrétèrent la paix éternelle.*

*Ah! pauvre Révolution, si confiante à ton premier jour, tu avais convié le monde à l'amour et à la paix...*

*« O mes ennemis, disais-tu, il n'y a plus d'ennemis! » Tu tendis la main à tous, leur offris ta coupe à boire à la paix des nations... Mais ils ne l'ont pas voulu.*

*Et lors même qu'ils sont venus pour la frapper par surprise, l'épée que la France a tirée, ce fut l'épée de la paix. C'est pour délivrer les peuples, pour leur donner la vraie paix, la liberté, qu'elle frappa les tyrans.*

*Dante assigne pour fondateur aux portes de l'enfer l'Amour éternel. Ainsi, sur son drapeau de guerre la Révolution écrivit : La Paix.*

*Ses héros, ses invincibles, furent, entre tous, les pacifiques. Les Hoche, les Marceau, les Desaix et les Kléber, sont pleurés, comme les hommes de la paix, des amis et des ennemis, pleurés du Nil et du Rhin, pleurés de la guerre elle-même, de l'inflexible Vendée.*

*La France s'était fiée si bien à la puissance de l'idée, qu'elle fit ce qu'elle pouvait pour ne pas faire de conquête. Tout peuple ayant même besoin, la liberté, poursuivant le même droit, d'où pouvait naître la guerre ? La Révolution, qui n'était dans son principe que le triomphe du Droit, la résurrection de la Justice, la réaction tardive de l'Idée contre la force brutale, pouvait-elle, sans provocation, employer la violence ?*

*Ce caractère profondément pacifique, bienveillant, de la Révolution, semble un paradoxe aujourd'hui. Tant on ignore ses origines, tant sa nature est méconnue, tant la tradition, au bout d'un temps si court, se trouve déjà obscurcie!*

*Les efforts violents, terribles, qu'elle fut obligée de faire, pour ne pas périr, contre le monde conjuré, une génération oublieuse les a pris pour la Révolution elle-même.*

*Et de cette confusion il est résulté un mal grave, profond, très difficile à guérir chez ce peuple : l'adoration de la force.*

*La force de résistance, l'effort désespéré pour défendre l'unité, 93... Ils frémissent, et ils se jettent à genoux.*

*La force d'attaque et de conquête, 1800, les Alpes abaissées, puis la foudre d'Austerlitz... Ils se prosternent, ils adorent.*

*Dirai-je qu'en 1815, trop faciles à louer la force, à prendre le succès comme le jugement de Dieu, ils ont eu au fond de leur cœur, sous leur douleur et leur colère, un misérable argument pour amnistier l'ennemi. Beaucoup se sont dit tout bas : « Il est fort, donc il est juste. »*

*Ainsi deux maux, les plus graves qui puissent affliger un peuple, ont frappé la France* à la fois. Sa propre tradition lui est échappée, elle s'est oubliée elle-même. Et chaque jour, plus incertaine, plus pâle et plus fugitive, a flotté devant ses yeux la douteuse image du Droit.

Ne cherchez pas pourquoi ce peuple va baissant, s'affaiblissant. N'expliquez pas sa décadence par des causes extérieures; qu'il n'accuse ni le ciel, ni la terre; le mal est en lui.

Qu'une tyrannie insidieuse ait eu prise pour le corrompre, c'est qu'il était corruptible. Elle l'a trouvé faible, désarmé, tout prêt pour la tentation; il avait perdu de vue l'idée qui seule le soutenait; il allait, misérable aveugle, à tâtons dans la voie fangeuse, il ne voyait plus son étoile... Quelle? l'astre de la victoire?... Non, le soleil de la Justice et de la Révolution.

Que les puissances de ténèbres aient travaillé par toute la terre pour éteindre la lumière de la France, opérer l'éclipse du Droit, cela était naturel. Mais jamais, avec tous leurs efforts, elles n'y auraient réussi. L'étrange, *c'est que les amis de la lumière ont aidé ses ennemis à la voiler et l'obscurcir.*

*Le parti de la liberté a présenté, aux derniers temps, deux graves et tristes symptômes d'un mal intérieur. Qu'il permette à un ami, à un solitaire, de lui dire toute sa pensée.*

*Une main perfide, odieuse, la main de la mort, s'est offerte à lui, avancée vers lui; et il n'a point retiré la sienne. Il a cru que les ennemis de la liberté religieuse pouvaient devenir les amis de la liberté politique. Vaines distinctions scolastiques, qui lui ont troublé la vue. Liberté, c'est liberté.*

*Et pour plaire à l'ennemi, il a renié l'ami... Que dis-je? son propre père, le grand dix-huitième siècle. Il a oublié que ce siècle a fondé la liberté sur l'affranchissement de l'esprit, jusque-là lié par la chair, lié par le principe matériel de la double incarnation théologique et politique, sacerdotale et royale. Ce siècle, celui de l'esprit, abolit les dieux de chair, dans l'État, dans la religion, en sorte qu'il n'y eût plus d'idole, et qu'il n'y eût de dieu que Dieu.*

*Et pourquoi des amis sincères de la liberté ont-ils pactisé avec le parti de la tyrannie religieuse? C'est parce qu'ils s'étaient réduits à une faible minorité. Ils ont été étonnés de leur petit nombre, et n'ont osé repousser les avances d'un grand parti qui semblait s'offrir à eux.*

*Nos pères n'ont point agi ainsi. Ils ne se sont jamais comptés. Quand Voltaire enfant entra, sous Louis XIV même, dans la périlleuse carrière de la lutte religieuse, il paraissait être seul. Seul était Rousseau, au milieu du siècle, quand il osa, dans la dispute des chrétiens et des philosophes, poser le dogme nouveau... Il était seul; le lendemain, le monde entier fut à lui.*

*Si les amis de la liberté voient leur nombre décroître, c'est qu'ils l'ont voulu eux-mêmes. Plusieurs se sont fait un système d'épuration progressive, de minutieuse orthodoxie, qui vise à faire d'un parti une secte, une petite église. On rejette ceci, puis cela; on abonde en restrictions, distinctions, exclusions. On découvre chaque jour quelque nouvelle hérésie.*

*De grâce, disputons moins sur la lumière*

du Thabor, comme faisait Byzance assiégée. Mahomet II est aux portes.

De même que, les sectes chrétiennes se multipliant, il y eut des jansénistes, des molinistes, etc., et il n'y eut plus de chrétiens, les sectes de la Révolution annulent la Révolution; on se refait constituant, girondin, montagnard; plus de révolutionnaire.

On fait peu de cas de Voltaire, on rejette Mirabeau, on exclut madame Roland. Danton même n'est pas orthodoxe... Quoi ! il ne restera donc que Robespierre et Saint-Just ?

Sans méconnaître ce qu'il y eut dans ces hommes, sans vouloir les juger encore, qu'il suffise ici d'un mot : Si la Révolution exclut, condamne leurs prédécesseurs, elle exclut précisément ceux qui lui donnèrent prise sur le genre humain, ceux qui firent un moment le monde entier révolutionnaire. Si elle déclare au monde qu'elle s'en tient à ceux-ci, si elle ne lui montre sur son autel que l'image de ces deux apôtres, la conversion sera lente, la propagande française n'est pas fort à craindre, les gouvernements absolus peuvent parfaitement dormir.

*Fraternité! Fraternité! ce n'est pas assez de redire le mot... Il faut, pour que le monde nous vienne, comme il fit d'abord, qu'il nous voie un cœur fraternel. C'est la fraternité de l'amour qui le gagnera, et non celle de la guillotine.*

*Fraternité? Eh! qui n'a dit ce mot depuis la création? Croyez-vous qu'il ait commencé par Robespierre ou Mably?*

*Déjà, la cité antique parle de fraternité; mais elle ne parle qu'aux citoyens, aux hommes; l'esclave est une chose. Ici, la Fraternité est exclusive, inhumaine.*

*Quand les esclaves ou affranchis gouvernent l'Empire, quand ils s'appellent Térence, Horace, Phèdre, Épictète, il est difficile de ne pas étendre la fraternité à l'esclavage. « Soyez frères, » dit le Christianisme. Mais, pour être frère, il faut être; or, l'homme n'est pas encore: le Droit et la Liberté constituent seuls la vie de l'homme; un dogme qui ne les donne pas n'est qu'une fraternité spéculative entre zéro et zéro.*

*« La Fraternité, ou la mort, » a dit plus*

tard la Terreur. Encore fraternité d'esclaves. Pourquoi y joindre, par une dérision atroce, le saint nom de la Liberté?

Des frères qui se fuient, qui pâlissent à se regarder en face, qui avancent, qui retirent une main morte et glacée... Spectacle odieux, choquant. Si quelque chose doit être libre, c'est le sentiment fraternel.

La Liberté seule, fondée au dernier siècle, a rendu possible la Fraternité. La philosophie trouva l'homme sans droit, c'est-à-dire nul encore, engagé dans un système religieux et politique, dont l'arbitraire était le fond. Et elle dit : « Créons l'homme, qu'il soit par la Liberté... » Créé à peine, il aima.

C'est par la Liberté encore que notre temps, réveillé, rappelé à sa vraie tradition, pourra à son tour commencer son œuvre. Il n'écrira pas dans la loi : « Sois mon frère, ou meurs! » Mais, par une culture habile des meilleurs sentiments de l'âme humaine, il fera que tous, sans le dire, veuillent être frères en effet. L'État sera ce qu'il doit être, une initiation fraternelle, une éducation, un constant échange *des lumières spontanées d'inspiration et de foi qui sont dans la foule, et des lumières réfléchies de science et de méditation qui se trouvent chez les penseurs* \*.

*Voilà l'œuvre de ce siècle. Puisse-t-il donc enfin s'y mettre sérieusement!*

*Il serait triste vraiment qu'au lieu de rien faire lui-même, il passât le temps à blâmer le plus laborieux des siècles, celui auquel il doit tout. Nos pères, il faut le répéter, firent ce qu'il fallait faire alors, commencèrent précisément comme il fallait commencer.*

*Ils trouvèrent l'arbitraire dans le ciel et sur la terre, et ils commencèrent le Droit.*

*Ils trouvèrent l'individu désarmé, nu, sans garantie, confondu, perdu dans une apparente unité, qui n'était qu'une mort commune. Pour qu'il n'eût aucun recours, même au suprême tribunal, le dogme religieux l'enveloppait en même temps dans la solidarité d'une faute qu'il n'avait pas faite; ce dogme, éminemment charnel, supposait que, du père au fils, l'injustice passe avec le sang.*

*Il fallait, avant toute chose, revendiquer le*

droit de l'homme si cruellement méconnu, rétablir cette vérité, trop vraie, et pourtant obscurcie : « L'homme a droit, il est quelque chose; on ne peut le nier, l'annuler, même au nom de Dieu; il répond, mais pour ses actions, pour ce qu'il fait de mal ou de bien. »

*Ainsi disparaît du monde la fausse solidarité.* L'injuste transmission du bien, *perpétuée dans la Noblesse;* l'injuste transmission du mal, *par le péché originel, ou la flétrissure civile des descendants du coupable, la Révolution les efface.*

*Est-ce là, hommes de ce temps, ce que vous taxez d'individualisme, ce que vous appelez un droit égoïste?...*

*Mais songez donc que, sans ce droit de l'individu qui seul l'a constitué, l'homme n'était pas, n'agissait pas, donc, ne pouvait fraterniser. Il fallait bien abolir la fraternité de la mort, pour fonder celle de la vie.*

*Ne parlez pas d'égoïsme. L'Histoire répondrait ici, tout autant que la logique. C'est au premier moment de la Révolution, au moment où elle proclame le droit de l'individu, c'est* alors que l'âme de la France, loin de se resserrer, s'étend, embrasse le monde entier d'une pensée sympathique, alors qu'elle offre à tous la paix, veut mettre en commun entre tous son trésor, la Liberté.

Il semble que le moment de la naissance, l'entrée d'une vie douteuse encore, est pour tout être celui d'un légitime égoïsme; le nouveau-né, nous le voyons, veut durer, vivre, avant tout...

Ici, il n'en fut pas de même.

La jeune liberté française, lorsqu'elle ouvrit les yeux au jour, lorsqu'elle dit le premier mot qui ravit toute créature nouvelle : « Je suis ! » eh bien ! alors même, sa pensée ne fut point limitée au moi, elle ne s'enferma pas dans une joie personnelle: elle étendit au genre humain sa vie et son espérance; le premier mouvement qu'elle fit dans son berceau, ce fut d'ouvrir des bras fraternels : « Je suis ! dit-elle à tous les peuples : ô mes frères, vous serez aussi ! »

Ce fut sa glorieuse erreur, sa faiblesse, touchante et sublime : la Révolution, il faut l'avouer, commença par aimer tout.

*Elle alla jusqu'à aimer son ennemi, l'Angleterre.*

*Elle aima, s'obstina longtemps à sauver la royauté, la clef de voûte des abus qu'elle venait démolir. Elle voulait sauver l'Église; elle tâchait de rester chrétienne, s'aveuglant volontairement sur la contradiction du vieux principe, la Grâce arbitraire, et du nouveau, la Justice.*

*Cette sympathie universelle, qui d'abord lui fit adopter, mêler indiscrètement tant d'éléments contradictoires, la menait à l'inconséquence, à vouloir et ne pas vouloir, à faire, défaire en même temps. C'est l'étrange résultat de nos premières Assemblées.*

*Le monde a souri sur cette œuvre; qu'il n'oublie pas cependant que ce qu'elle eut de discordant, elle le dut en partie à la sympathie trop facile, à la bienveillance indistincte qui fit le premier caractère de notre Révolution.*

*Génie profondément humain! J'aime à le suivre, à l'observer dans ces admirables fêtes où tout un peuple, à la fois acteur et témoin, donnait, recevait l'élan de l'enthousiasme moral, où chaque cœur grandissait de toute la grandeur de la France, d'une Patrie qui, pour son droit, proclamait le droit de l'Humanité.*

*A la fête du 14 Juillet 1792, parmi les saintes images de la Liberté, de la Loi, dans la procession civique où figuraient avec les magistrats, les représentants, les veuves et les orphelins des morts de la Bastille, on voyait divers emblèmes, ceux des métiers utiles aux hommes, des instruments d'agriculture, des charrues, des gerbes, des branches chargées de fruits; ceux qui les portaient étaient couronnés d'épis et de pampres verts. Mais on en voyait aussi d'autres en deuil, couronnés de cyprès; ils portaient une table couverte d'un crêpe, et sous le crêpe, un glaive voilé, celui de la Loi... Touchante image! la Justice qui montrait son glaive en deuil, ne se distinguait plus de l'Humanité elle-même.*

*Un an après, le 10 Août 1793, une fête tout autre fut célébrée, celle-ci héroïque et sombre. Mais la Loi s'était mutilée, le pouvoir législatif avait été violé, le pouvoir judiciaire, sans garantie, annulé, était serf de la violence. On n'osa plus montrer le glaive: l'œil ne l'aurait plus supporté.*

*Une chose qu'il faut dire à tous, qu'il est trop facile d'établir, c'est que l'époque humaine et bienveillante de notre Révolution a pour acteur le peuple même, le peuple entier, tout le monde. Et l'époque des violences, l'époque des actes sanguinaires où plus tard le danger la pousse, n'a pour acteurs qu'un nombre d'hommes minime, infiniment petit.*

*Voilà ce que j'ai trouvé, constaté et vérifié, soit par les témoignages écrits, soit par ceux que j'ai recueillis de la bouche des vieillards.*

*Elle restera, la parole d'un homme du faubourg Saint-Antoine:* « *Nous étions tous au 10 Août, et pas un au 2 Septembre.* »

*Une autre chose que cette Histoire mettra en grande lumière, et qui est vraie de tout parti, c'est que le peuple valut généralement beaucoup mieux que ses meneurs. Plus j'ai creusé, plus j'ai trouvé que le meilleur était dessous, dans les profondeurs obscures. J'ai vu aussi que ces parleurs brillants, puissants, qui ont exprimé la pensée des masses, passent à tort pour les seuls acteurs. Ils ont reçu l'impulsion bien plus qu'ils ne l'ont donnée. L'acteur principal est le peuple. Pour le retrouver, celui-ci, le replacer dans son rôle, j'ai dû ramener à leurs proportions les ambitieuses marionnettes dont il a tiré les fils, et dans lesquelles, jusqu'ici, on croyait voir, on cherchait le jeu secret de l'Histoire.*

*Ce spectacle, je dois l'avouer, m'a frappé moi-même d'étonnement. A mesure que je suis entré profondément dans cette étude, j'ai vu que les chefs de parti, les héros de cette histoire convenue, n'ont ni prévu, ni préparé, qu'ils n'ont eu l'initiative d'aucune des grandes choses, d'aucune spécialement de celles qui furent l'œuvre unanime du peuple au début de la Révolution. Laissé à lui-même, dans ces moments décisifs, par ses prétendus meneurs, il a trouvé ce qu'il fallait faire, et l'a accompli.*

*Grandes et surprenantes choses! Mais le cœur qui les fit fut bien plus grand!... Les actes ne sont rien auprès. Cette richesse de cœur fut telle alors, que l'avenir, sans crainte* de trouver le fond, peut y puiser à jamais. Tout homme qui en approchera, s'en ira plus homme.

Toute âme abattue, brisée, tout cœur d'homme ou de nation, n'a, pour se relever, qu'à regarder là : c'est un miroir où chaque fois que l'humanité se voit, elle se retrouve héroïque, magnanime, désintéressée; une pureté singulière qui craint l'or comme la boue, est alors la gloire de tous.

Je donne aujourd'hui l'époque unanime, l'époque sainte où la nation tout entière, sans distinction de parti, sans connaître encore (ou bien peu) les oppositions des classes, marcha sous un drapeau fraternel. Personne ne verra cette unité merveilleuse, un même cœur de vingt millions d'hommes, sans en rendre grâces à Dieu. Ce sont les jours sacrés du monde, jours bienheureux pour l'Histoire. Moi, j'ai eu ma récompense, puisque je les ai racontés... Jamais, depuis ma Pucelle d'Orléans, je n'avais eu un tel rayon d'en haut, une si lumineuse échappée du ciel...

Et comme tout se mêle en la vie, pendant

que j'avais tant de bonheur à renouveler la tradition de la France, la mienne s'est rompue pour toujours. J'ai perdu celui qui si souvent me conta la Révolution, celui qui était pour moi l'image et le témoin vénérable du grand siècle, je veux dire du dix-huitième. J'ai perdu mon père, avec qui j'avais vécu toute ma vie, quarante-huit années.

Lorsque cela m'est arrivé, je regardais, j'étais ailleurs, je réalisais à la hâte cette œuvre si longtemps rêvée. J'étais au pied de la Bastille, je prenais la forteresse, j'arborais sur les tours l'immortel drapeau... Ce coup m'est venu, imprévu, comme une balle de la Bastille...

Plusieurs de ces graves questions, qui m'obligeaient de sonder si profondément ma foi, elles se sont débattues en moi dans la plus grave circonstance de la vie humaine, entre la mort et les funérailles, lorsque celui qui survivait, mort déjà pour une part, siégeait, jugeait entre deux mondes.

Puis, j'ai repris mon chemin jusqu'au terme de cette œuvre, plein de mort et plein de vie, m'efforçant de tenir mon cœur au plus près de la Justice, m'affermissant dans ma foi par mes pertes et mes espérances, me serrant, à mesure que mon foyer se brisait, au foyer de la patrie.

31 janvier 1847.

# INTRODUCTION

## PREMIÈRE PARTIE.

DE LA RELIGION DU MOYEN AGE.

### § I

E définis la Révolution, l'avènement de la Loi, la résurrection du Droit, la réaction de la Justice.

La Loi, telle qu'elle apparut dans la Révolution, est-elle conforme, ou contraire, à la loi religieuse qui la précéda? Autrement dit : La Révolution est-elle chrétienne, anti-chrétienne?

Cette question, historiquement, logiquement, précède toute autre. Elle atteint, elle pénètre celles même qu'on croirait exclusivement politiques. Toutes les institutions d'ordre civil que trouva la Révolution, étaient ou émanées du Christianisme, ou calquées sur ses formes, autorisées par lui.

Religieuse ou politique, les deux questions ont leurs profondes racines inextricablement mêlées. Confondues dans le passé, elles apparaîtront demain ce qu'elles sont, unes et identiques.

Les disputes socialistes, les idées qu'on croit aujourd'hui nouvelles et paradoxales, se sont agitées dans le sein du Christianisme et de la Révolution. Il est peu de ces idées dans lesquelles les deux systèmes ne soient entrés bien avant. La Révolution spécialement, dans sa rapide apparition, où elle réalisa si peu, a vu, aux lueurs de la foudre, des profondeurs inconnues, des abîmes d'avenir.

Donc, malgré les développements que les théories ont pu prendre, malgré les formes nouvelles et les mots nouveaux, je ne vois encore sur la scène que deux grands faits, deux principes, deux acteurs et deux personnes, le Christianisme, la Révolution.

Celui qui va raconter la crise où le nouveau

principe surgit et se fit sa place, ne peut se dispenser de lui demander ce qu'il est par rapport à son aîné, en quoi il le continue, en quoi il le dépasse, le domine, ou l'abolit. Grave problème que personne n'a encore envisagé face à face.

C'est un spectacle curieux de voir que tous tournent autour, et personne n'y veut regarder sérieusement. Ceux même qui croient ou qui font semblant de croire la question surannée, montrent assez, en l'évitant, qu'elle est vivante, actuelle, périlleuse et formidable... Si ce puits ne vous fait pas peur, pourquoi vous reculez-vous? pourquoi rejetez-vous la tête?... Il y a là apparemment une puissance de vertige, et d'attraction dangereuse...

Nos grands politiques ont aussi, il faut le dire, une raison mystérieuse d'éviter ces questions. Ils croient que le Christianisme est encore un grand parti qu'il est bon de ménager. Pourquoi se brouiller avec lui?... Ils aiment mieux lui sourire, en se tenant à distance, lui faire politesse sans se compromettre... Ils croient d'ailleurs que cette foule religieuse est généralement fort simple, qu'il suffira, pour l'amuser, de vanter un peu l'Évangile. Cela n'engage pas beaucoup. L'Évangile, dans sa vague moralité, ne contient presque aucun des dogmes qui firent du Christianisme une religion si positive, si prenante et si absorbante, si forte pour envelopper l'homme. Dire, comme les mahométans, que Jésus est un grand prophète, ce n'est pas être chrétien.

L'autre parti réclame-t-il? Le zèle de Dieu qui le dévore, lui met-il au cœur une indignation sérieuse contre ce jeu des politiques? Nullement, il crie beaucoup, mais sur des choses accessoires; sur le fond, il est trop heureux qu'on ne l'inquiète jamais. Les ménagements, un peu légers, des politiques, et parfois suspects d'ironie, ne lui font pas trop de chagrin. Il leur laisse croire qu'il s'y trompe. Tout vieux qu'il est, il a encore une prise infinie sur le monde. Pendant que les autres tournent dans leur manège parlementaire, roulant leur roue inutile, s'épuisant sans avancer, lui, le *vieux parti, il tient encore ce qui est le fond de la vie, la famille et le foyer, la femme et par elle l'enfant...* Ceux qui lui sont le plus hostiles, lui livrent ce qu'ils aiment et tout leur bonheur... On lui remet chaque jour l'homme enfant, désarmé, faible, dont l'esprit, à l'état de rêve, ne peut se défendre encore. Ceci lui donne bien des chances. Qu'il le garde et le fortifie, ce vaste, ce muet empire, qu'on ne lui dispute pas : sa part encore est la meilleure; il gémira, se plaindra, mais se gardera bien de forcer les politiques à formuler leur croyance.

Politiques des deux côtés ! connivence et connivence ! où me tournerai-je pour trouver les amis de la Vérité ?

Les amis du Saint et du Juste ?... Est-ce qu'il n'y aura plus donc en ce monde personne qui se soucie de Dieu ?

Enfants du Christianisme, vous qui vous prétendez fidèles, nous vous adjurons ici... Passer ainsi Dieu sous silence, omettre, en toute dispute, ce qui est vraiment la foi, comme chose trop dangereuse, scandaleuse pour l'oreille, est-ce de la religion ?

Un jour que je parlais, devant un de nos meilleurs évêques, de la lutte de la Grâce et de la Justice, qui est le fond même du dogme chrétien, I m'arrêta et me dit : « Cette question heureusement n'occupe plus les esprits. Là-dessus, nous jouissons du repos et du silence... Tenons-nous-y, n'en sortons point. Il est superflu de rentrer dans ce débat... »

Et ce débat, monseigneur, n'est pas moins que la question de savoir si le dogme de la Grâce et du salut par le Christ, seule base du Christianisme, est conciliable avec la Justice, de savoir si ce dogme est juste, de savoir s'il subsistera...

Rien ne dure contre la Justice... La durée du Christianisme vous paraît-elle donc une question accessoire?

Je sais bien qu'après un débat de plusieurs siècles, après qu'on eut entassé des montagnes de distinctions, de subtilités scolastiques, sans avancer rien, le pape imposa silence, jugeant, comme mon évêque, que la question pouvait être négligée, désespérant de pacifier l'affaire, et laissant dans cette arène la Justice et l'injustice s'arranger, comme elles pourraient.

Ceci est beaucoup plus fort que ce qu'ont jamais fait les plus grands ennemis du Christianisme. Ils lui ont, tout au moins, accordé ce respect de l'examiner, de ne pas le mettre hors de cour sans daigner l'entendre.

Nous qui ne sommes point ennemis, comment refuserions-nous l'examen et le débat? La prudence ecclésiastique, la légèreté des politiques, leurs fins de non-recevoir, ne nous vont aucunement. Nous devons au Christianisme, de voir ce qu'il peut y avoir de conciliation avec la Révolution, de savoir quel rajeunissement le vieux principe peut trouver dans le sein du nouveau. Nous avons très sincèrement souhaité qu'il se transformât, qu'il vécût encore. Dans quel sens cette transformation s'opérerait-elle? quel espoir en devons-nous conserver ?

Historien de la Révolution, je ne puis, sans cette recherche, faire même un seul pas. Mais quand je n'y serais invinciblement mené par la loi de mon sujet, j'y serais poussé par mon cœur. La misérable connivence où restent les deux partis, est une des causes dominantes de notre affaiblissement moral. Combat de condottieri, où personne ne combat; on avance, on recule, on menace, sans se toucher, chose pitoyable à voir... Tant que les questions fondamentales restent ainsi éludées, il n'y a nul progrès à espérer, ni religieux, ni social. Le monde attend une foi, pour se remettre à marcher, à respirer, à vivre. Mais jamais dans le faux, dans la ruse, dans les traités du mensonge, ne peut commencer la foi.

Solitaire, désintéressé, je ferai, dans ma faiblesse, ce que ne font pas les forts. Je sonderai la question devant laquelle ils reculent, et j'aurai peut-être, avant de mourir, le prix de la vie, qui est de trouver le vrai et le dire selon son cœur.

Au moment de raconter les temps héroïques de la Liberté, j'ai espoir que peut-être elle me soutiendra elle-même, qu'elle fera son œuvre en ce livre, et fondera la base profonde sur laquelle un temps meilleur pourra édifier la foi de l'avenir.

## § II

Plusieurs esprits éminents, dans une louable pensée de conciliation et de paix, ont affirmé de nos jours que la Révolution n'était que l'accomplissement du Christianisme, qu'elle venait le continuer, le réaliser, tenir tout ce qu'il a promis.

. Si cette assertion est fondée, le dix-huitième siècle, les philosophes, les précurseurs, les maitres de la Révolution, se sont trompés : ils ont fait tout autre chose que ce qu'ils ont voulu faire. Généralement, ils ont un tout autre but que l'accomplissement du Christianisme.

Si la Révolution était cela, rien de plus, elle ne serait pas distincte du Christianisme : elle en serait un âge; elle serait son âge viril, son âge de raison. Elle ne serait rien en elle-même. En ce cas, il n'y aurait pas deux acteurs, mais un seul, le Christianisme. S'il n'y a qu'un acteur, il n'y a point de drame, point de crise; la lutte que nous croyons voir, est une pure illusion; le monde paraît s'agiter, en réalité il est immobile.

Mais non, il n'en est pas ainsi. La lutte n'est que trop réelle. Ce n'est pas ici un combat simulé entre le même et le même. Il y a deux combattants.

Et il ne faut pas dire non plus que le principe nouveau n'est qu'une critique de l'ancien, un doute, une pure négation. — Qui a vu une négation? Qu'est-ce qu'une négation vivante, une négation qui agit, qui enfante, comme celle-ci?...

Un monde est né d'elle hier... Non, pour produire, il faut être.

Donc, il y a deux choses, et non pas une, nous ne pouvons le méconnaître, deux principes, deux esprits, l'ancien, le nouveau.

En vain le jeune, sûr de vivre et d'autant plus pacifique, dirait doucement à l'ancien : « Je viens accomplir, et non abolir... » L'ancien ne se soucie nullement d'être *accompli*. Ce mot a pour lui quelque chose de funèbre et de sinistre, il repousse cette bénédiction filiale, ne veut ni pleurs, ni prières, il écarte le rameau qu'on vient secouer sur lui.

Il faut sortir des malentendus, si l'on veut savoir où l'on va.

La Révolution continue le Christianisme, et elle le contredit. Elle en est à la fois l'héritière et l'adversaire.

Dans ce qu'ils ont de général et d'humain, dans le sentiment, les deux principes s'accordent.

Dans ce qui fait la vie propre et spéciale, dans l'idée mère de chacun d'eux, ils répugnent et se contrarient.

Ils s'accordent dans le sentiment de la fraternité humaine. Ce sentiment, né avec l'homme, avec le monde, commun à toute société, n'en a pas moins été étendu, approfondi par le Christianisme. A son tour, la Révolution, fille du Christianisme, l'a enseignée pour le monde, pour toute race, toute religion qu'éclaire le soleil.

Voilà toute la ressemblance. Et voici la différence.

La Révolution fonde la fraternité sur l'amour de l'homme pour l'homme, sur le devoir mutuel, sur le Droit et la Justice. Cette base est fondamentale, et n'a besoin de nulle autre.

Elle n'a point cherché à ce principe certain un douteux principe historique. Elle n'a point motivé la fraternité par une parenté commune, une filiation qui, du père aux enfants, transmettrait avec le sang la solidarité du crime.

Ce principe charnel, matériel, qui met la justice et l'injustice dans le sang, qui les fait circuler avec le flux de la vie, d'une génération à l'autre, contredit violemment la notion spirituelle de la Justice qui est au fond de l'âme humaine. Non, la Justice n'est pas un fluide qui se transmette avec la génération. La volonté seule est juste ou injuste, le cœur seul se sent responsable; la Justice est toute en l'âme; le corps n'a rien à voir ici.

Ce point de départ, barbare et matériel, étonne dans une religion qui a poussé plus loin qu'aucune autre la subtilité du dogme. Il imprime à tout le système un caractère profond d'arbitraire, dont aucune subtilité ne le tirera. L'arbitraire atteint, pénètre les développements du dogme, toutes les institutions religieuses qui en dérivent, et enfin l'ordre civil, qui lui-même au moyen âge dérive de ces institutions, en imite les formes, en subit l'esprit.

Donnons-nous ce grand spectacle.

I. Le point de départ est celui-ci : Le crime vient d'un seul, le salut d'un seul ; Adam a perdu, le Christ a sauvé.

Il a sauvé, pourquoi? parce qu'il a voulu sauver. Nul autre motif. Nulle vertu, nulle œuvre de l'homme, nul mérite humain ne peut mériter ce prodigieux sacrifice d'un Dieu qui s'immole. Il se donne, mais pour rien; c'est là le miracle d'amour; il ne demande à l'homme nulle œuvre, nul mérite antérieur.

II. Que demande-t-il, en retour de ce sacrifice immense? Une seule chose : qu'on y croie, qu'on se croie en effet sauvé par le sang de Jésus-Christ. La foi est la condition du salut, non les œuvres de justice. Nulle justice hors de la foi. Qui ne croit pas, est injuste. La Justice, sans la foi, sert-elle à quelque chose? A rien.

Saint Paul, en posant ce principe du salut par la foi seule, a mis la Justice hors de cour. Elle n'est désormais tout au plus qu'un accessoire, une suite, un des effets de la foi.

III. Sortis une fois de la Justice, il nous faut aller toujours, descendre dans l'arbitraire.

Croire, ou périr!... La question posée ainsi, on découvre avec terreur qu'on périra, que le salut est attaché à une condition indépendante de la volonté. On ne croit pas comme on veut.

Saint Paul avait établi que l'homme ne peut rien par ses œuvres de justice, qu'il ne peut que par la foi. Saint Augustin démontre son impuissance en la foi même. Dieu seul la donne, la donne gratuitement, sans rien exiger, ni foi, ni justice. Ce don *gratuit*, cette *grâce*, est la seule cause de salut. Dieu fait *grâce* à qui il veut. Saint Augustin a dit : « Je crois, parce que c'est absurde. » Il pouvait dire en ce système : « Je crois, parce que c'est injuste. »

L'arbitraire ne va pas plus loin. Le système est consommé. Dieu aime, nulle autre explication, il aime qui lui plaît, le dernier de tous, le pécheur, le moins méritant. L'amour est sa raison à lui-même ; il n'exige aucun mérite.

Que serait donc le *mérite*, si nous pouvions encore employer ce mot ? Être aimé, élu de Dieu, prédestiné au salut.

Et le *démérite*, la damnation !... Être haï de Dieu, condamné d'avance, créé pour la damnation.

Hélas ! nous avions cru tout à l'heure que l'humanité était sauvée. Le sacrifice d'un Dieu semblait avoir effacé les péchés du monde ; plus de jugement, plus de Justice. Aveugles ! nous nous réjouissions, croyant la Justice noyée dans le sang de Jésus-Christ... Et voilà que le jugement reparaît plus dur, un jugement sans justice, ou du moins dont la justice nous sera toujours cachée. L'élu de Dieu, ce favori, reçoit de lui, avec le don de la foi, le don de faire des œuvres justes, le don du salut... Que la Justice soit un don !... Nous, nous l'avions crue active, l'acte même de la volonté. Et voilà qu'elle est passive, qu'elle se transmet en présent, de Dieu à l'élu de son cœur.

Cette doctrine, formulée durement par les protestants, n'en est pas moins celle du monde catholique, telle que la reconnaît le concile de Trente. Si la *Grâce*, dit-il avec l'apôtre, n'était pas *gra-*

*tuite*, comme son nom même l'indique, si elle devait être méritée par des œuvres de justice, elle serait la Justice, et ne serait plus la Grâce (Conc. Trid. sess. VI, cap. VIII).

Telle a été, dit le concile, la croyance permanente de l'Église. Et il fallait bien qu'il en fût ainsi ; c'est le fond du Christianisme ; hors de là, il y a philosophie, et non plus religion. Celle-ci, c'est la religion de la Grâce, du salut gratuit, arbitraire, et du bon-plaisir de Dieu.

L'embarras fut grand, lorsque le Christianisme, avec cette doctrine opposée à la Justice, fut appelé à gouverner, à juger le monde, lorsque la jurisprudence descendit de son prétoire, et dit à la nouvelle foi : « Jugez à ma place. »

On put voir alors, au fond de cette doctrine qui semblait suffire au monde, un abîme d'insuffisance, d'incertitude, de découragement.

Si l'on restait fidèle au principe que le salut est un don, et non le prix de la Justice, l'homme se croisait les bras, s'asseyait et attendait ; il savait bien que ses œuvres ne pouvaient rien pour son sort. Toute activité morale cessait en ce monde.

Et la vie civile, l'ordre, la justice humaine, comment les maintiendrait-on ? Dieu aime et ne juge plus. Comment l'homme jugera-t-il ? Tout jugement religieux ou politique est une contradiction flagrante dans une religion uniquement fondée sur un dogme étranger à la Justice.

On ne vit pas sans justice. Donc, il faut que le monde chrétien subisse la contradiction. Cela met dans beaucoup de choses du faux et du louche; on ne se tire de cette double position que par des formules hypocrites. L'Église juge et ne juge pas, tue et ne tue pas. Elle a horreur de verser le sang; voilà pourquoi elle brûle... Que dis-je? Elle ne brûle pas. Elle remet le coupable à celui qui brûlera, et elle ajoute encore une petite prière, comme pour intercéder... Comédie terrible, où la justice, la fausse et cruelle justice, prend le masque de la Grâce.

Étrange punition de l'ambition extraordinaire qui voulut plus que la Justice, et la méprisa! Cette Église est restée incapable de justice. Quand elle voit, au moyen âge, celle-ci qui se relève, elle voudrait s'en rapprocher. Elle essaie de dire comme elle, de prendre sa langue, elle avoue que l'homme peut quelque chose pour son salut par les œuvres de justice. Vains efforts! Le Christianisme ne peut se réconcilier avec Papinien, qu'en s'éloignant de saint Paul, en quittant sa propre base, s'inclinant hors de lui-même, au risque de perdre l'équilibre et de chavirer.

Parti de l'arbitraire, ce système doit rester dans l'arbitraire, il n'en peut sortir d'un pas*.

Tous les mélanges bâtards par lesquels les scolastiques, et d'autres depuis, ont vainement essayé de faire un dogme *raisonnable*, un christianisme philosophe et juriste, ces mélanges doivent être écartés. Ils n'ont ni vertu, ni force. On a été obligé de les laisser de côté; on les a fait rentrer dans l'oubli et le silence. Il faut voir le système en lui, dans sa pureté terrible, qui a fait toute sa force, il faut le suivre dans son règne du moyen âge, le voir partir surtout à l'époque où, fixé enfin, complet, armé, inflexible, il prend possession du monde.

Sombre doctrine, qui, dans la destruction de l'empire romain, lorsque l'ordre civil périt, et que la justice humaine est comme effacée, ferme le recours du tribunal suprême, et, pour mille ans, voile la face de la Justice éternelle.

L'iniquité de la conquête, confirmée par arrêt de Dieu, s'autorise, et se croit juste. Les vainqueurs sont les élus; les vaincus, les réprouvés. Damnation sans appel. De longs siècles peuvent se passer, la conquête s'oublier. Mais le ciel vide de justice n'en pèsera pas moins sur la terre, la formant à son image. L'arbitraire, qui fait le fond de cette théologie, se retrouvera partout, avec une fidélité désespérante, dans les institutions politiques, dans celles même où l'homme avait cru bâtir un asile à la Justice. La monarchie divine, la monarchie humaine, gouvernent pour leurs élus.

Où donc se réfugiera l'homme? La Grâce règne seule au ciel, et la faveur ici-bas.

Pour que la Justice, deux fois proscrite et bannie, se hasarde à relever la tête, il faut une chose difficile (tant le sens humain est étouffé sous la pesanteur des maux et la pesanteur des siècles), il faut que la Justice recommence à se croire juste, qu'elle s'éveille, se souvienne d'elle-même, reprenne conscience du Droit.

Cette conscience, éveillée lentement pendant six cents ans de tentatives religieuses, elle éclate en 89 dans le monde politique et social.

La Révolution n'est autre chose que la réaction tardive de la Justice contre le gouvernement de la faveur et la religion de la Grâce.

## § III

Si vous avez voyagé quelquefois dans les montagnes, vous aurez peut-être vu ce qu'une fois je encontrai.

Parmi un entassement confus de roches amoncelées, au milieu d'un monde varié d'arbres et de verdures, se dressait un pic immense. Ce solitaire, noir et chauve, était trop visiblement le fils des profondes entrailles du globe. Nulle verdure ne l'égayait, nulle saison ne le changeait ; l'oiseau s'y posait à peine, comme si, en touchant la masse échappée du feu central, il eût craint de brûler ses ailes. Ce sombre témoin des tortures du monde intérieur semblait y rêver encore, sans faire la moindre attention à ce qui l'environnait, sans se laisser jamais distraire de sa mélancolie sauvage...

Quelles furent donc les révolutions souterraines de la terre, quelles incalculables forces se combattirent dans son sein, pour que cette masse, soulevant les monts, perçant les rocs, fendant les bancs de marbre, jaillît jusqu'à la surface!... Quelles convulsions, quelles tortures arrachèrent du fond du globe ce prodigieux soupir!

Je m'assis, et, de mes yeux obscurcis, des larmes, lentes, pénibles, commencèrent à s'exprimer une à une... La Nature m'avait trop rappelé l'histoire. Ce chaos de monts entassés m'opprimait du même poids qui, pendant tout le moyen âge, pesa sur le cœur de l'homme ; et dans ce pic désolé, que du fond de ses entrailles la terre lançait contre le ciel, je retrouvais le désespoir et le cri du genre humain.

Que la Justice ait porté mille ans sur le cœur cette montagne du dogme, qu'elle ait, dans cet écrasement, compté les heures, les jours, les années, les longues années... C'est là, pour celui qui sait, une source d'éternelles larmes. Celui qui, par l'histoire, partagea ce long supplice, n'en reviendra jamais bien ; quoi qu'il arrive, il sera triste ; le soleil, la joie du monde, ne lui donnera plus de la joie ; il a trop longtemps vécu dans le deuil et les ténèbres.

Ce qui m'a percé le cœur, c'est cette longue résignation, cette douceur, cette patience, c'est l'effort que l'humanité fit pour aimer ce monde de haine et de malédiction sous lequel on l'accablait.

Quand l'homme qui s'était démis de la liberté, défait de la Justice, comme d'un meuble inutile, pour se confier aveuglément aux mains de la Grâce, la vit se concentrer sur un point imperceptible, les privilégiés, les élus, et tout le reste perdu sur la terre, et sous la terre, perdu pour l'éternité, vous croiriez qu'il s'éleva de partout un hurlement de blasphème ! — Non, il n'y eut qu'un gémissement...

Et ces touchantes paroles : « S'il vous plaît que je sois damné, que votre volonté soit faite, ô Seigneur ! »

Et ils s'enveloppèrent, paisibles, soumis, résignés, du linceul de damnation.

Chose grave, chose digne de mémoire, que la théologie n'eût prévue jamais. Elle enseignait que les damnés ne pouvaient rien que haïr. Mais ceux-ci aimaient encore. Ils s'exerçaient, ces damnés, à aimer les élus, leurs maîtres. Le prêtre, le seigneur, ces enfants préférés du ciel, ne trouvèrent pendant des siècles que douceur, docilité, amour et confiance, dans cet humble peuple. Il servit, souffrit, en silence ; foulé, il remercia ; il ne pécha point contre ses lèvres, comme fit le saint homme Job.

Qui le préserva de la mort? Une seule chose, il faut le dire, qui ranima, rafraîchit le patient dans son long supplice. Cette étonnante douceur d'âme qu'il y conservait lui porta bonheur : de ce cœur percé, mais si bon ! s'échappa une vive source d'aimable et tendre fantaisie, un flot de religion populaire contre la sécheresse de l'autre. Arrosée de ces eaux fécondes, la légende fleurit et monta, elle ombragea l'infortuné de ses compatissantes fleurs... Fleurs du sol natal, fleurs de la patrie, qui couvrirent quelque peu et firent oublier parfois l'aride métaphysique byzantine et la théologie de la mort.

La mort pourtant fut sous ces fleurs. Le patron,

le bon saint du lieu, ne suffisait pas à défendre son protégé contre un dogme d'épouvante. Le Diable attendait à peine que l'homme expirât pour le prendre. Il l'environnait vivant. Il était seigneur de ce monde, l'homme était sa chose et son fief. Il n'y paraissait que trop à l'ordre social du temps. Quelle tentation constante de désespoir et de doute!... Que le servage d'ici-bas, avec toutes ses misères, fût le commencement, l'avant-goût de la damnation éternelle! D'abord, une vie de douleur, puis, pour consolation, l'enfer!... Damnés d'avance!... Pourquoi alors ces comédies du Jugement qu'on joue aux parvis des églises! N'y a-t-il pas barbarie à tenir dans l'incertitude, dans l'anxiété affreuse, toujours suspendu sur l'abîme, celui qui, avant de naître, est adjugé à l'abîme, lui est dû, lui appartient!

Avant de naître!... L'enfant, l'innocent, créé exprès pour l'enfer!... Mais, que dis-je, l'innocent? c'est là l'horreur du système, il n'y a plus d'innocence.

Je ne sais point, mais j'affirme, hardiment, sans hésiter: Là, fut l'insoluble nœud où s'arrêta l'âme humaine, où branla la patience...

L'enfant damné! J'ai indiqué ailleurs cette plaie profonde, effroyable, du cœur maternel... Je l'ai indiquée, et puis j'ai remis le voile... Celui qui la sonderait, y trouverait beaucoup plus que les affres de la mort.

C'est de là, croyez-le bien, que partit le premier soupir... De protestation? Nullement... Et pourtant, à l'insu même du cœur d'où il s'échappa, il y avait un *Mais* terrible dans cet humble, dans ce bas, dans ce douloureux soupir.

Si bas, mais si déchirant!... L'homme qui l'entendit dans la nuit, ne dormit plus cette nuit... ni bien d'autres... Et le matin, avant le jour, il allait sur son sillon; et alors, il trouvait là bien des choses changées. Il trouvait la vallée et la plaine de labour plus basses, beaucoup plus basses, profondes, comme un sépulcre; et plus hautes, plus sombres, plus lourdes, les deux tours à l'horizon, sombre le clocher de l'église, sombre le donjon féodal... Et il commençait aussi à comprendre la voix des deux cloches. L'église sonnait : *Toujours*. Le donjon sonnait : *Jamais*... Mais en même temps, une voix forte parla plus haut dans son cœur... Cette voix disait : *Un jour!* Et c'était la voix de Dieu!

*Un jour* reviendra la Justice! Laisse là ces vaines cloches; qu'elles jasent avec le vent... Ne t'alarme pas de ton doute. Ce doute, c'est déjà de la foi. Crois, espère; le Droit ajourné aura son avènement, il viendra siéger, juger, dans le dogme et dans le monde... Et *ce jour* du Jugement s'appellera la Révolution.

## § IV

Je me suis souvent demandé en poursuivant la sombre étude du moyen âge, par des chemins pleins de ronces, « tristis usque ad mortem : » Comment la religion la plus douce dans son principe, celle qui part de l'amour même, a-t-elle donc pu couvrir le monde de cette vaste mer de sang ?

L'antiquité païenne, toute guerrière, meurtrière, destructive, avait prodigué la vie humaine, sans en connaitre le prix. Jeune et sans pitié, belle et froide, comme la vierge de Tauride, elle tue et ne s'émeut pas. Vous ne trouvez pas dans ces grandes destructions, la passion, l'acharnement, la fureur de haine qui caractérise au moyen âge les combats et les vengeances de la religion de l'amour.

La première raison que j'en trouvai naguère, dans mon livre du *Prêtre*, c'est le prodigieux enivrement d'orgueil que cette croyance donne à son élu. Quel vertige ! tous les jours, amener Dieu sur l'autel, se faire obéir de Dieu !... Le dirai-je? (j'hésitais, croyant blasphémer) *faire Dieu !...* Celui qui chaque jour accomplit ce miracle des miracles, comment le nommer lui-même? Un dieu? ce ne serait pas assez.

Plus cette grandeur est étrange, contre nature, monstrueuse, plus celui qui la revendique est inquiet, troublé d'avance... Il me semble comme assis à la flèche de Strasbourg, sur la pointe de la croix... Imaginez ce qu'il aura de haine et de violence pour tout homme qui le touchera, l'ébranlera, voudra le faire descendre!... Descendre? on ne descend pas. On tombe d'une telle place, on tombe, d'une pesante chute, à s'enfoncer dans la terre.

Soyez bien convaincu que s'il peut, pour se maintenir, supprimer le monde d'un signe; si, ce que Dieu fit d'un mot, il peut l'exterminer d'un mot, le monde est exterminé.

Cet état d'inquiétude, de colère, de haine tremblante, explique seul les incroyables fureurs de l'Église au moyen âge, à mesure qu'elle voit monter contre elle cette rivale, la Justice...

Celle-ci, vous l'auriez vue à peine d'abord. Il n'y avait rien de si bas, de si petit, de si humble... Méchante petite herbe, oubliée dans le sillon : on se baissait, et c'est beaucoup si l'on pouvait distinguer.

Justice, tout à l'heure si faible, qu'as-tu pour croître si vite ? Que je tourne un moment la tête, je ne te reconnais plus. Je te retrouve à chaque heure plus haute de dix coudées... La théologie se trouble, elle rougit, elle pâlit...

Une lutte commence alors, terrible, effroyable, pour laquelle manque toute parole... La théologie, jetant le masque doucereux de la Grâce, s'abdiquant, se reniant, pour anéantir la Justice, s'efforçant de l'absorber, de la perdre en elle-même, de la plonger dans ses entrailles... Les voilà toutes deux en face ; laquelle, à la fin de cette mortelle bataille, se trouve avoir absorbé l'autre, incorporé, assimilé ?

Que la Terreur révolutionnaire se garde bien de se comparer à l'Inquisition. Qu'elle ne se vante jamais d'avoir, dans ses deux ou trois ans, rendu au vieux système ce qu'il nous fit six cents ans !... Combien l'Inquisition aurait droit de rire !... Qu'est-ce que c'est que les seize mille guillotinés de l'une devant ces millions d'hommes égorgés, pendus, rompus, ce pyramidal bûcher, ces masses de chairs brûlées, que l'autre a montées jusqu'au ciel ? La seule Inquisition d'une des provinces d'Espagne établit, dans un monument authentique, qu'en seize années, elle brûla vingt mille hommes... Mais pourquoi parler de l'Espagne, plutôt que des Albigeois, plutôt que des Vaudois des Alpes, plutôt que des beggards de Flandre, que des protestants de France, plutôt que de l'épouvantable croisade des hussites, et de tant de peuples que le pape livrait à l'épée?

L'histoire dira que, dans son moment féroce, implacable, la Révolution craignit d'aggraver la mort, qu'elle adoucit les supplices, éloigna la main de l'homme, inventa une machine pour abréger la douleur.

Et elle dira aussi que l'Église du moyen âge s'épuisa en inventions pour augmenter la souffrance, pour la rendre poignante, pénétrante, qu'elle trouva des arts exquis de torture, des moyens ingénieux pour faire que, sans mourir, on savourât longtemps la mort..., et qu'arrêtée dans cette route par l'inflexible nature qui, à tel degré de douleur, fait grâce en donnant la mort, elle pleura de ne pouvoir en faire endurer davantage.

Je ne puis, je ne veux pas remuer d'ici cette mer de sang. Si Dieu me donne d'y toucher un jour, il reprendra, ce sang, sa vie bouillonnante, il roulera en torrents, pour noyer la fausse histoire, les flatteurs gagés du meurtre, pour emplir leur bouche menteuse...

Je sais bien que la meilleure partie de ces grandes destructions ne peut plus être racontée.

Ils ont brûlé les livres, brûlé les hommes, rebrûlé les os calcinés, jeté la cendre... Quand retrouverai-je l'histoire des Vaudois, des Albigeois, par exemple? Le jour où j'aurai l'histoire de l'étoile que j'ai vue filer cette nuit... Un monde, un monde tout entier, a péri, sombré, corps et biens... On a retrouvé un poème, on a retrouvé des ossements au fond des cavernes, mais point de noms, point de signes... Est-ce avec ces tristes restes que je puis refaire cette histoire?... Qu'ils triomphent, nos ennemis, de l'impuissance qu'ils nous ont faite, et d'avoir été si barbares qu'on ne peut avec certitude raconter leurs barbaries!... Tout au moins le désert raconte, et le désert du Languedoc, et les solitudes des Alpes, et les montagnes dépeuplées de la Bohême, tant d'autres lieux, où l'homme a disparu, où la terre est devenue à jamais stérile, où la Nature, après l'homme, semble exterminée elle-même.

Mais une chose crie plus haut que toutes les destructions (chose authentique, celle-là), c'est que le système qui tuait au nom d'un principe, au nom d'une foi, se servit indifféremment de deux principes opposés, de la tyrannie des rois, de l'aveugle anarchie des peuples. En un siècle seulement, au seizième, Rome change trois fois; elle se jette à droite, à gauche, sans pudeur, sans ménagement. D'abord, elle se donne aux rois ; puis, elle se jette au peuple ; puis encore, retourne aux rois. Trois politiques, un seul but, comment atteint ? il n'importe. Quel but ? La mort de la pensée.

Un écrivain a trouvé que le nonce du pape n'a pas su d'avance la Saint-Barthélemy. Et moi, j'ai trouvé que le pape l'avait préparée, travaillée dix ans.

« Bagatelle, dit un autre, simple affaire municipale, une vengeance de Paris. »

Malgré le dégoût profond, le mépris, le vomissement que me donnent ces théories, je les ai confrontées aux monuments de l'Histoire, aux actes irrécusables. Et j'ai retrouvé de proche en proche la trace rouge du massacre. J'ai vérifié que, du jour où Paris proposa (1561) la vente générale des biens du Clergé, du jour où l'Église vit le Roi incertain, et tenté de cette proie, elle se tourna vivement, violemment vers le peuple, employant tous les moyens de prédication, d'aumône, d'influence diverse, son immense clientèle, ses couvents, ses marchands, ses mendiants, à organiser le meurtre.

« Affaire populaire, » dites-vous. C'est vrai. Mais dites donc aussi par quelle ruse diabolique, quelle persévérance infernale, vous avez travaillé dix ans à pervertir le sens du peuple, le troubler, le rendre fol.

Esprit de ruse et de meurtre, j'ai vécu trop de siècles en face de toi, pendant tout le moyen âge, pour que tu m'abuses. Après avoir nié si longtemps la Justice et la Liberté, tu pris leur nom pour cri de guerre. En leur nom, tu as exploité une riche mine de haine, l'éternelle tristesse que l'inégalité met au cœur de l'homme, l'envie du pauvre pour le riche... Tu as, sans hésitation, toi, tyran, toi, propriétaire, et le plus absorbant du monde, embrassé tout à coup, et passé d'un bond, les impraticables théories des niveleurs.

Avant la Saint-Barthélemy, le clergé disait au peuple, pour l'animer au massacre : « Les protestants *sont des nobles*, des gentilshommes de provinces. » Cela était vrai; le Clergé ayant déjà exterminé, comprimé le protestantisme des villes. Les châteaux seuls, étant fermés, pouvaient être encore protestants. Mais lisez leurs premiers martyrs; c'étaient des hommes des villes, petits marchands, ouvriers. Ces croyances qu'on désignait à la haine du peuple comme celles de l'aristocratie, étaient sorties du peuple même. Et qui ne sait que Calvin fut le fils d'un tonnelier?

Il me serait trop facile de montrer comment

tout ceci a été embrouillé de nos jours par les écrivains valets du Clergé, puis copié légèrement. J'ai voulu seulement montrer par un exemple la feroce adresse avec laquelle le Clergé poussa le peuple, et se fit une arme mortelle de la jalousie sociale. Le détail serait curieux; je regrette de l'ajourner. Il faudrait dire comment, pour perdre un homme, une classe d'hommes, la calomnie élaborée par une Presse spéciale, lentement manipulée aux écoles, aux séminaires, surtout aux parloirs des couvents, directement confiée (pour être répandue plus vite) aux pénitentes, aux marchands attitrés des curés et des chanoines, s'en allait grondant dans le peuple; comment elle s'exaltait dans les mangeries, buveries, qu'on appelait confréries, à qui on livrait, en autres choses, les grands biens des hôpitaux... Détails bas, mesquins, misérables, mais sans lesquels on ne comprend jamais les grandes exécutions de la démagogie catholique.

Parfois, s'il fallait perdre un homme en renom, on ajoutait à ces moyens un art supérieur. On trouvait, par argent, par crainte, quelque écrivain de talent qu'on lançait sur lui. Ainsi le confesseur du Roi, pour parvenir à brûler Vallée, fit écrire contre lui Ronsard. Ainsi, pour perdre Théophile, le confesseur poussa Balzac, qui ne pouvait pardonner à Théophile d'avoir tiré l'épée pour lui, et de lui avoir sauvé des coups de bâton.

De nos jours, j'ai pu observer dans le petit, dans le bas, dans le ruisseau de la rue, comment on travaille ecclésiastiquement la haine et l'émeute. J'ai vu dans une ville de l'Ouest un jeune professeur de philosophie qu'on voulait chasser de sa chaire, suivi, montré dans la rue par des femmes ameutées. Que savaient-elles des questions? Rien que ce qu'on leur apprenait dans le confessionnal. Elles n'étaient pas moins furieuses, se mettaient toutes sur la porte, le montraient, criaient : « Le voilà ! »

Dans une grande ville de l'Est, j'ai vu un autre spectacle peut-être plus odieux. Un vieux pasteur protestant, presque aveugle, qui tous les jours, souvent plusieurs fois par jour, était suivi, insulté par les enfants d'une école, qui le tiraient par derrière, et voulaient le faire tomber.

Voilà comme les choses commencent, par des agents innocents, contre lesquels vous ne pouvez vous défendre, des petits enfants, des femmes... Dans des temps plus favorables, dans des pays d'ignorance et d'exaltation facile, l'homme se met de la partie. Le maître qui tient à l'Eglise, comme membre de confrérie, comme marchand, comme locataire, crie, gronde, cabale, ameute. Le compagnon, le valet, s'enivrent pour faire un mauvais coup ; l'apprenti les suit, les dépasse, frappe, sans savoir pourquoi ; l'enfant parfois assassine.

Puis, arrivent les esprits faux, les théoriciens ineptes, pour baptiser le pieux assassinat du nom de justice du peuple, pour canoniser le crime élaboré par les tyrans, au nom de la liberté.

C'est ainsi qu'en un même jour, on trouva moyen d'égorger d'un coup tout ce qui honorait la France, le premier philosophe du temps, le premier sculpteur et le premier musicien, Ramus, Jean Goujon, Goudimel. Combien plus eût-on égorgé notre grand jurisconsulte, l'ennemi de Rome et des Jésuites, le génie du Droit, Dumoulin !...

Heureusement, il était à l'abri ; il leur avait sauvé un crime, réfugié sa noble vie en Dieu... Mais auparavant, il avait vu l'émeute organisée quatre fois par le Clergé contre lui et sa maison. Cette sainte maison d'étude, quatre fois forcée, pillée ; ses livres, profanés, dispersés ; ses manuscrits irréparables, patrimoine du genre humain, traînés au ruisseau, détruits... Ils n'ont pas détruit la Justice ; le vivant esprit enfermé dans ces livres s'émancipa par la flamme, s'épandit, et remplit tout ; il pénétra l'atmosphère, en sorte que, grâce aux fureurs meurtrières du fanatisme, on ne put respirer d'air que celui de l'équité.

§ V

Quand il y avait eu au Colisée de Rome grande fête, grand carnage, quand le sable avait bu le sang, que les lions se couchaient repus, soûls de chair humaine, alors, pour divertir le peuple, lui faire un peu oublier, on lui donnait une farce. On mettait un œuf dans la main d'un misérable esclave condamné aux bêtes, et on le jetait dans l'arène. S'il arrivait jusqu'au bout, si par bonheur il parvenait à porter son œuf jusque sur l'autel, il était sauvé... La distance n'était pas longue, mais qu'elle lui semblait longue!... Ces bêtes, rassasiées, dormantes ou voulant bientôt dormir, ne laissaient pas de soulever, au petit bruit du léger pas, leurs paupières appesanties, elles bâillaient effroyablement, et semblaient se demander s'il fallait quitter leur repos, pour cette ridicule proie... Lui, moitié mort de frayeur, se faisant petit, courbé, tout affaissé sur lui-même, comme pour rentrer dans la terre, il eût dit (s'il eût pu dire) : « Hélas! hélas! je suis si maigre! lions, seigneurs lions, de grâce, laissez passer ce squelette ; le repas n'est pas digne de vous... » Jamais bouffon, jamais mime n'eut tel effet sur le peuple, les contorsions bizarres, les convulsions de la peur jetaient tous les assistants dans les convulsions du rire ; on se tordait sur les bancs ; c'était une tempête effroyable de gaieté, un rugissement de joie.

Je suis obligé de dire, quoi qu'il en coûte, que ce spectacle s'est renouvelé vers la fin du moyen âge, lorsque le vieux principe, furieux de se voir mourir, crut qu'il aurait encore le temps de faire mourir la pensée humaine. On revit, comme au Colisée, de misérables esclaves porter à travers les bêtes, non rassasiées, non assoupies, mais furieuses, atroces, avides, le pauvre petit dépôt de la vérité proscrite, l'œuf fragile qui pouvait sauver le monde, s'il arrivait à l'autel...

D'autres riront... malheur à eux !... Moi, je ne rirai jamais à la vue de ce spectacle... Cette farce, ces contorsions, pour donner le change aux monstres aboyants, pour amuser ce peuple indigne, elles me percent de douleur... Ces esclaves que je vois passer là-bas sur l'arène sanglante, ce sont les rois de l'esprit, les bienfaiteurs du genre humain... O mes pères, ô mes frères, Voltaire, Molière, Rabelais, amis chéris de ma pensée, est-ce donc vous que je reconnais, tremblants, souffreteux, ridicules, sous ce triste déguisement?.. Génies sublimes, chargés de porter le dépôt de Dieu, vous avez donc accepté, pour nous, ce difforme martyre, d'être les bouffons de la peur?...

Avilis!... oh! non, jamais! Du milieu de l'amphithéâtre, ils me disaient avec douceur : « Qu'importe, ami, qu'on rie de nous? qu'importe que nous subissions la morsure des bêtes sauvages, l'outrage des hommes cruels, pourvu que nous arrivions, pourvu que le cher trésor, mis en sûreté sur l'autel, soit repris par le genre humain qu'il doit sauver tôt ou tard... Sais-tu bien quel est ce trésor? La Liberté, la Justice, la Vérité, la Raison. »

Quand on songe par quels degrés, quelles difficultés, quels obstacles, surgit toute grande pensée, on s'étonne moins de voir les humiliations, les bassesses où peut descendre, pour la sauver, celui qui l'eut une fois... Qui nous donnera de pouvoir suivre, des profondeurs à la surface, l'ascension d'une pensée? Qui dira les formes confuses, les mélanges, les retards funestes qu'elle subit pendant des siècles? Combien, de l'instinct au rêve, à la rêverie, et de là au clair-obscur poétique, elle a lentement cheminé! comme elle a erré longtemps entre les enfants et les simples, entre les poètes et les fols!... Et un matin cette folie s'est trouvée le bon sens de tous!... Mais cela ne suffit pas. Tous pensent, personne n'ose dire... Pourquoi? Le courage manque donc? Oui; mais pourquoi manque-t-il? Parce que la vérité trouvée n'est pas assez nette encore ; il faut qu'elle brille en sa lumière, pour qu'on se dévoue pour elle... Elle éclate enfin, lumineuse, dans un génie, et elle le rend héroïque, elle l'embrase de dévouement, d'amour et de sacrifice... Il la place sur son cœur, et va à travers les lions...

De là, ce spectacle étrange que je voyais tout à l'heure, cette farce sublime et terrible...Voyez, voyez, comme il a peur, comme il passe, humble et tremblant, comme il serre, il cache, il presse ce je ne sais quoi qu'il porte... Ah ! ce n'est pas pour lui qu'il tremble... Peur glorieuse, peur héroïque !... Ne voyez-vous pas qu'il porte le salut du genre humain?

Une seule chose m'inquiète... Quel est donc le lieu de refuge où l'on va cacher ce dépôt? quel autel assez sacré pour garder le sacré trésor? Et quel dieu est assez dieu pour protéger ce qui n'est autre chose que la pensée de Dieu même?

Grands hommes qui portez ce dépôt du salut, d'un embrassement si tendre, comme une mère son enfant, prenez garde, je vous supplie, prenez bien garde à l'asile auquel vous le confiez... craignez les idoles humaines, évitez les dieux de chair ou de bois, qui, loin de protéger les autres, ne peuvent se protéger...

Je vous vois tous, dès la fin du moyen âge, du XIIIᵉ au XVIᵉ siècle, bâtir à l'envi, grandir ce sanctuaire de refuge : l'autel de la royauté. Pour détrôner les idoles, vous érigez une idole... Vous lui offrez tout, l'or, l'encens, la myrrhe... A elle, la douce sagesse ; à elle, la tolérance, la liberté, la philosophie ; à elle, la raison dernière des sociétés : le Droit.

Comment cette divinité ne grandirait-elle pas ? Les plus puissants esprits du monde, poursuivis, chassés à mort par le vieux principe implacable, travaillent à élever toujours plus haut leur asile; ils voudraient le porter au ciel... De là, une suite de légendes, de mythes, parés, amplifiés par tous les efforts du génie : au XIIIᵉ siècle, le *saint* roi, plus prêtre que le prêtre même, le roi-*chevalier* au XVIᵉ, le *bon* roi dans Henri IV, le roi-*dieu*, Louis XIV.

# SECONDE PARTIE.

## DE L'ANCIENNE MONARCHIE.

### § I<sup>er</sup>

Dès 1300, je vois le grand poète gibelin qui, contre le pape, affermit, élève au niveau du soleil le colosse de César. L'*unité*, c'est le salut ; *un monarque, un seul, pour la terre*. Puis, suivant à l'aveugle sa logique austère, inflexible, il établit que plus ce monarque est grand, plus il est tout, plus il est dieu, et moins on doit craindre qu'il n'abuse jamais de rien. S'il a tout, il ne désire point ; encore moins peut-il envier, haïr... Il est parfait, il est parfaitement, souverainement juste ;

il gouverne précisément, comme la Justice de Dieu.

Voilà la base de toutes les théories qu'on a depuis entassées pour appuyer ce principe : l'*unité*, et le résultat supposé de l'unité : *la paix*... Et depuis, nous n'avons eu presque jamais que des guerres.

Il faut creuser plus bas que Dante, découvrir et regarder dans la terre la profonde assise populaire où fut bâti le colosse.

L'homme a besoin de justice. Captif dans l'enceinte d'un dogme qui porte tout entier sur la Grâce arbitraire de Dieu, il crut sauver la Justice dans une religion politique, se créa d'un homme un *dieu de justice*, espérant que ce dieu visible lui garderait la lumière d'équité qu'on avait obscurcie dans l'autre.

J'entends ce mot sortir des entrailles de l'ancienne France, mot tendre, d'accent profond : « Mon Roi ! »

Il n'y a pas là de flatterie. Louis XIV jeune fut véritablement aimé de deux personnes, du peuple et de La Vallière.

C'est, dans ce temps, la foi de tous. Le prêtre même semble retirer son Dieu de l'autel, pour faire place au nouveau dieu. Les Jésuites effacent Jésus de la porte de leur maison pour y mettre

Louis-le-Grand. Je lis aux voûtes de la chapelle de Versailles : « Intrabit templum suum dominator. » Le mot n'avait pas deux sens ; la Cour ne connaissait qu'un dieu.

L'évêque de Meaux craint que Louis XIV n'ait pas assez foi en lui-même, il l'encourage : « O rois, exercez hardiment votre puissance, elle est divine... Vous êtes des dieux ! »

Dogme étonnant ! et pourtant le peuple ne demandait qu'à le croire. Il souffrait tant des tyrannies locales, que des points les plus éloignés il appelait le dieu de là-bas, le dieu de la monarchie. Nul mal ne lui est imputé. Si ses gens en font, c'est qu'il est trop haut ou trop loin... « Si le Roi savait !... »

C'est ici un trait singulier de la France. Ce peuple n'a compris longtemps la politique que comme dévouement et amour.

Amour robuste, obstiné, aveugle, qui fait un mérite à son dieu de toutes ses imperfections. Ce qu'il y voit d'humain, loin de s'en choquer, il l'en remercie. Il croit qu'il en sera plus près de lui, moins fier, moins dur, plus sensible. Il sait gré à Henri IV d'aimer Gabrielle.

Cet amour de la royauté, au début de Louis XIV et de Colbert, fut idolâtrie. L'effort du Roi pour faire justice égale à tous, diminuer l'odieuse inégalité de l'impôt, lui donna le cœur du peuple. Colbert biffa quarante mille prétendus nobles, les mit à la taille. Il força les bourgeois notables de rendre compte enfin des finances des villes qu'ils exploitaient à leur profit. Les nobles des provinces qui, à la faveur du désordre, se faisaient barons féodaux, reçurent les visites formidables des envoyés du Parlement. La justice royale fut bénie pour sa rigueur. Le Roi apparut terrible, dans ses *Grands jours*, comme le Jugement dernier, entre le peuple et la Noblesse, le peuple à droite, se serrant contre son juge, plein d'amour et de confiance...

« Tremblez, tyrans ! ne voyez-vous pas que nous avons Dieu avec nous ? » C'est exactement le discours de ce simple peuple, qui croit avoir le Roi pour lui. Il s'imagine voir déjà en lui l'ange de la Révolution, il lui tend les bras, l'invoque, plein de tendresse et d'espoir. Rien de plus touchant à lire, entre autres faits de ce genre, que le récit des *Grands jours d'Auvergne*, le naïf espoir du peuple, le tremblement de la Noblesse. Un paysan parlant à un seigneur, ne s'était pas découvert ; le noble jette le chapeau par terre : « Si vous ne le ramassez, dit le paysan, les Grands jours vont venir, le Roi vous fera couper la tête... » Le noble eut peur, et ramassa[*].

Grande, sublime position de la royauté!... Pourquoi faut-il qu'elle en soit descendue, que le juge de tous soit le juge *de quelques-uns*, que ce dieu de la Justice, comme celui des théologiens, ait aussi voulu avoir des *élus?*

Tant de confiance et d'amour!... Tout cela, trompé. Ce Roi tant aimé fut dur pour le peuple. Cherchez partout, dans les livres, les tableaux, voyez-le dans ses portraits: pas un mouvement, pas un regard ne révèle un cœur touché. L'amour d'un peuple, cette chose si grande, si rare, ce vrai miracle, n'a réussi qu'à faire de son idole un miracle d'égoïsme.

Il a pris l'adoration au mot, s'est cru un dieu. Mais ce mot Dieu, il n'y a rien compris. Être dieu, c'est dieu, c'est vivre pour tous... Lui, de plus en plus, il se fait le roi de la Cour; ceux qu'il voit, ce petit nombre, cette bande de mendiants dorés qui l'assiègent, c'est son peuple. Divinité étrange, il a rétréci, étouffé un monde dans un homme, au lieu d'étendre et d'agrandir cet homme à la mesure d'un monde. Tout son monde aujourd'hui, c'est Versailles; là même, cherchez bien; si vous trouvez un lieu petit, obscur, un sombre cabinet, une tombe déjà! c'est ce qu'il lui faut; assez pour un individu [*].

## § II

J'approfondirai tout à l'heure l'idée dont vivait la France, le gouvernement de la Grâce et la monarchie paternelle. Cet examen sera fort avancé peut-être, si j'établis d'abord par preuves authentiques les résultats où ce système avait abouti à la longue; l'arbre se juge sur les fruits.

D'abord on ne peut contester qu'il n'ait assuré à ce peuple la gloire d'une prodigieuse et incroyable patience. Lisez les voyageurs étrangers des deux derniers siècles, vous les voyez stupéfaits, en traversant nos campagnes, de leur misérable apparence, de la tristesse, du désert, de l'horreur, de la pauvreté, des sombres chaumières nues et vides, du maigre peuple en haillons. Ils apprennent là ce que l'homme peut endurer sans mourir, ce que personne, ni Anglais, ni Hollandais, ni Allemand, n'aurait supporté.

Ce qui les étonne encore plus, c'est la résignation de ce peuple, son respect pour ses maîtres, laïques, ecclésiastiques, son attachement idolâtrique pour ses rois... Qu'il garde, parmi de telles souffrances, tant de patience et de douceur, de bonté, de docilité, si peu de rancune pour l'oppression, c'est là un étrange mystère. Il s'explique peut-être en partie par l'espèce de philosophie insouciante, la facilité trop légère avec laquelle le Français accueille le mauvais temps ; le beau viendra tôt ou tard ; la pluie aujourd'hui, demain le soleil... Il n'en veut pas à la pluie.

La sobriété française aussi, cette qualité éminemment militaire, aidait à la résignation. Nos soldats, en ce genre, comme en tout autre, ont montré la limite de la force humaine. Leurs jeûnes, dans les marches pénibles, dans les travaux excessifs, auraient effrayé les fainéants solitaires de la Thébaïde, les Antoine et les Pacôme.

Il faut apprendre du maréchal de Villars comment vivaient les armées de Louis XIV* : « Plusieurs fois, nous avons cru que le pain manquerait absolument, et puis, par des efforts, on en a fait arriver pour un demi-jour. On gagne le lendemain en jeûnant. Quand M. d'Artagnan a marché, il a fallu que les brigades qui ne marchaient pas jeûnassent... C'est un miracle que nos subsistances, et une merveille que la vertu et la fermeté de nos soldats... *Panem nostrum quotidianum da nobis hodiè*, me disent-ils, quand je parcours les rangs, après qu'ils n'ont plus que le quart et que la demi-ration. Je les encourage, je leur fais des promesses ; ils se contentent de plier les épaules, et me regardent d'un air de résignation qui m'attendrit... « M. le Maréchal a « raison, disent-ils, il faut savoir souffrir quelque-« fois. »

Patience ! vertu ! résignation ! Peut-on n'être pas touché, en retrouvant ces traces de la bonté de nos pères ?

Qui me donnera de pouvoir faire l'histoire de leurs longues souffrances, de leur douceur, de leur modération ? Elle fit longtemps l'étonnement, parfois la risée de l'Europe. Grand amusement pour les Anglais de voir ce soldat maigre et presque nu, gai pourtant, aimable et bon pour ses officiers, faisant sans murmure des marches immenses, et, s'il ne trouve rien le soir, soupant de chansons.

Si la patience mérite le ciel, ce peuple, aux deux derniers siècles, a vraiment dépassé tous les mérites des saints. Mais, comment en faire la légende ?... Les traces en sont fort éparses. La misère est un fait général ; la patience à la supporter une vertu chez nous si commune, que les historiens les remarquent rarement. L'Histoire manque d'ailleurs au dix-huitième siècle ; la France, après le cruel effort des guerres de Louis XIV, souffre trop pour se raconter. Plus de Mémoires ; personne n'a le courage d'écrire sa vie individuelle ; la vanité même se tait, n'ayant que de la honte à dire. Jusqu'au mouvement philosophique, ce pays est silencieux, comme le palais désert de Louis XIV, survivant à sa famille, comme la chambre du mourant qui gouverne, le vieux cardinal Fleury.

L'histoire de cette misère est d'autant moins aisée à faire, que les époques n'en sont pas, comme ailleurs, marquées par des révoltes. Elles n'ont été plus rares chez aucun peuple... Celui-ci aimait ses maîtres ; il n'a pas eu de révolte, rien qu'une Révolution.

C'est de ses maîtres même, rois, princes, ministres, prélats, magistrats, intendants, que nous allons apprendre les extrémités où il était parvenu. Ce sont eux qui vont caractériser le régime sous lequel on tenait le peuple.

Le chœur lugubre où ils semblent venir tous l'un après l'autre raconter la mort de la France, s'ouvre par Colbert en 1681 : « On ne peut plus aller, » dit-il, et il meurt. — On va pourtant, car on chasse un demi-million d'hommes industrieux vers 1685, et l'on en tue encore plus dans une guerre de trente années. Mais combien, grand Dieu ! il en meurt davantage de misère !

Dès 1698, le résultat est visible. Les intendants eux-mêmes, qui font le mal, le révèlent, le déplorent. Dans les mémoires qu'on leur demande pour le jeune duc de Bourgogne, ils déclarent que tel pays a perdu le quart de ses habitants, tel le tiers, tel la moitié. Et la population ne se répare pas ; le paysan est si misérable que ses enfants sont tous faibles, malades, ils ne peuvent vivre.

Suivons bien le cours des années. Cette époque déplorable de 1698 devient un objet de regret. Alors, nous dit un magistrat, Boisguillebert, alors « il y avait encore de l'huile dans la lampe. Aujourd'hui (1707), tout a pris fin, faute de matière... » Mot lugubre, et il ajoute un mot menaçant, on se croirait déjà en 89 : « Le procès va rouler maintenant entre ceux qui payent et ceux qui n'ont de fonction que recevoir. »

Le précepteur du petit-fils de Louis XIV, l'archevêque de Cambrai, n'est pas moins révolutionnaire que le petit juge normand : « Les peuples ne vivent plus en hommes, il n'est plus permis de compter sur leur patience. La vieille machine achèvera de se briser au premier choc... On n'oserait envisager le bout de ses forces, auquel on touche ; tout se réduit à fermer les yeux et à ouvrir la main pour prendre toujours... »

Louis XIV meurt enfin, on remercie Dieu. Voici

heureusement le Régent, ce bon duc d'Orléans qui, si Fénelon vivait, le prendrait pour conseiller; il imprime le *Télémaque;* la France sera une Salente. Plus de guerre. Nous sommes maintenant les amis de l'Angleterre; nous lui livrons notre commerce, notre honneur, jusqu'à nos secrets d'État. Qui croirait qu'en pleine paix, pour sept années seulement, ce prince aimable trouve moyen d'ajouter aux deux milliards et demi de dette que laisse Louis XIV, *sept cent cinquante millions* de plus? — Le tout, payé net... en papier.

« Si j'étais sujet, disait-il, je me révolterais, à coup sûr. » Et comme on lui disait qu'en effet une émeute allait avoir lieu, il dit : « Le peuple a raison, il est bien bon de tant souffrir! »

Fleury est aussi économe que le Régent fut prodigue. La France se refait-elle? J'en doute, quand je vois qu'en 1739 on présente à Louis XV le pain que mangeait le peuple, du pain de fougère. L'évêque de Chartres lui dit que dans son diocèse, les hommes broutaient avec les moutons. Ce qui peut-être est plus fort, c'est que M. d'Argenson (un ministre), parlant des souffrances du temps, lui oppose *le bon temps.* Devinez lequel? Celui du Régent et de M. le Duc, le temps où la France, éreintée par Louis XIV, et n'étant plus qu'une plaie, y applique pour remède la banqueroute de trois milliards.

Tout le monde voit venir la crise. Fénelon le dit, dès 1709 : « La vieille machine se brisera au premier choc. » Elle ne se brise pas encore. La maîtresse de Louis XV, M^{me} de Châteauroux, vers 1743 : « Il y aura un grand bouleversement, je le vois, si l'on n'y apporte remède. » — Oui, madame, tout le monde le voit, et le Roi, et celle qui vous succède, M^{me} de Pompadour, et les économistes, et les philosophes, et les étrangers, tout le monde. Tous admirent la longanimité de ce peuple; c'est Job entre les nations. O douceur, ô patience... Walpole en rit, moi j'en pleure. Il aime encore, ce peuple infortuné! Il croit encore, il s'obstine à espérer. Il attend toujours un sauveur; et quel? Son dieu-homme, son Roi.

Risible, touchante idolâtrie... Ce roi, ce dieu, que fera-t-il? Il n'a ni la volonté forte, ni le pouvoir peut-être, de guérir le mal profond, invétéré, universel, qui ronge cette société, qui l'altère et qui l'affame, qui a bu ses veines et séché ses os.

Ce mal, c'est que, du plus haut au plus bas, elle est organisée pour produire de moins en moins, et payer de plus en plus. Elle ira toujours grandissant, donnant, après le sang, la moelle, et il n'y aura pas de fin, jusqu'à ce qu'ayant atteint

.le dernier souffle vital, au point de le perdre, les convulsions de l'agonie la relèvent, remettent sur ses jambes ce corps faible et pâle... Faible?... redevenu peut-être fort par la fureur !

Creusons, s'il vous plaît, ce mot : *Produisant de moins en moins*. Il est exact à la lettre.

Dès Louis XIV, les Aides pèsent déjà tellement, qu'à Mantes, à Étampes, et ailleurs, on arrache toutes les vignes.

Le paysan n'ayant point de meubles à saisir, le fisc n'a nul objet de saisie que le bétail ; il extermine peu à peu. Plus d'engrais. La culture des céréales, étendue au dix-septième siècle par d'immenses défrichements, se restreint au dix-huitième. La terre ne peut plus réparer ses forces génératrices, elle jeûne, elle s'épuise ; comme le bétail a fini, la terre semble finir elle-même.

Non seulement la terre produit moins, mais on cultive moins de terre. Elle ne vaut plus la peine, dans bien des lieux, d'être cultivée. Les grands propriétaires, las de faire aux métayers des avances qui ne rentrent plus, négligent la terre qui voudrait de coûteux amendements. Le pays cultivé se resserre, le désert s'étend. On parle d'agriculture, on écrit sur l'agriculture, on fait des livres, des essais coûteux, des cultures paradoxales. Et la culture, sans secours, sans bestiaux, devient sauvage. Les hommes s'attellent à la charrue, et les femmes, et les enfants. Ils cultiveraient avec les ongles, si nos anciennes lois ne défendaient au moins le soc, le pauvre et dernier outil qui ouvre le sein de la terre. Comment s'étonner que les récoltes maigrissent, avec ce maigre laboureur, que la terre pâtisse et refuse ! L'année ne nourrit plus l'année. A mesure qu'on avance vers 1789, la Nature accorde moins. Comme la bête trop fatiguée qui ne veut plus avancer, qui aime mieux se coucher et mourir, elle attend et ne produit plus. La liberté n'est pas seulement la vie de l'homme, c'est celle de la Nature.

### § III

Ne dites pas que la Nature soit jamais devenue marâtre. Ne croyez pas que Dieu ait détourné de la terre son fécond regard. Elle est toujours, cette terre, la bonne mère nourrice qui ne demande qu'à aider l'homme ; stérile, ingrate à la surface, elle l'aime intérieurement.

Mais c'est l'homme, qui n'aime plus ; l'homme, qui est ennemi de l'homme. La malédiction qui pèse sur lui, c'est la sienne, celle de l'égoïsme et de l'injustice, le poids d'une société injuste. Qui accusera-t-il? Ni la Nature, ni Dieu, mais lui-même, mais son œuvre, ses idoles, les dieux qu'il s'est faits.

Il a promené de l'un à l'autre son idolâtrie. A ces dieux de bois, il a dit : « Protégez-moi, soyez mes sauveurs... » Il l'a dit aux prêtres, il l'a dit au noble, il l'a dit au Roi... Eh! pauvre homme, sauve-toi toi-même.

Il les aimait, c'est son excuse; elle explique son aveuglement. Comme il aimait! comme il croyait! Quelle foi naïve *au bon Seigneur,* au *cher Saint homme de Dieu !* Comme il se mettait à genoux sur la route ! et baisait encore la poussière, quand depuis longtemps ils étaient passés! Comme, écrasé, foulé par eux, il s'obstinait à mettre en eux ses vœux et ses espérances !... Toujours mineur, toujours enfant, il trouvait je ne sais quelle douceur filiale à ne rien réserver contre eux, à leur abandonner tout le soin de son avenir. « Je n'ai rien, je suis un pauvre homme; mais je suis l'homme du baron, du beau château qui est là-bas. » Ou bien : « J'ai l'honneur d'être serf de ce fameux monastère. Je ne puis pas manquer jamais. »

Va maintenant, va, bon homme, au jour de ta nécessité, va, frappe à leur porte.

Au château ? mais la porte est close ; la grande table où tous s'assirent, n'a pas servi depuis longtemps ; la cheminée est froide : ni feu, ni fumée. Le seigneur est à Versailles. Il ne t'oublie pas pourtant. Il a laissé ici pour toi le procureur et l'huissier.

Eh bien ! j'irai au monastère. Cette maison de charité n'est-elle pas celle du pauvre ?... L'Église me dit tous les jours : « Dieu a tant aimé le monde !... Il s'est fait homme, il s'est fait aliment pour nourrir l'homme ! L'Église n'est rien, ou elle est la Charité divine réalisée sur la terre. »

Frappe, frappe, pauvre Lazare ! tu resteras là longtemps. Tu ne sais donc pas que l'Église est maintenant retirée du monde, que toutes ces affaires de pauvres et de charité ne la regardent plus ? Elle eut deux choses au moyen âge, des biens et des fonctions, dont elle était fort jalouse ; plus équitable au temps moderne, elle a fait deux parts : les biens, elle les a gardés ; les fonctions, hôpitaux, aumônes, patronage du pauvre, toutes ces choses qui la mêlaient trop aux soins d'ici-bas, elle les a généreusement remises à la puissance laïque.

Elle a des devoirs qui l'absorbent, celui principalement de défendre jusqu'à la mort ces pieuses fondations dont elle est dépositaire, de n'en rien laisser dépérir, de les transmettre toujours augmentées. Là, elle est vraiment héroïque, prête au martyre, s'il le faut. En 1788, l'État obéré, aux abois, ne sachant plus que prendre à un peuple ruiné, s'adresse suppliant au Clergé, le prie de payer l'impôt. Sa réponse est admirable, digne de mémoire : « Non, *le peuple* de France n'est pas imposable à volonté. »

Invoquer le nom du peuple pour se dispenser de venir en aide au peuple! Dernier point, vraiment sublime, où devait monter la sagesse pharisienne! Vienne maintenant 89! Ce Clergé peut mourir, il n'irait jamais plus loin; il a la consolation, si rare pour les mourants, d'avoir été au bout de ses voies.

## § IV

Le peuple au dix-huitième siècle n'espère rien du patronage, qui le soutint en d'autres temps, ni du Clergé, ni de la Noblesse. Ils ne feront rien pour lui. C'est au Roi qu'il croit encore; il reporte au petit Louis XV sa foi et son besoin d'aimer. Celui-ci, reste unique d'une si grande famille, sauvé comme le petit Joas, il est sauvé apparemment pour qu'il sauve lui-même les autres. On pleure à le voir, cet enfant!... Que de mauvaises années se passent ! On attend, on espère toujours ; cette minorité, cette longue tutelle de vingt ou trente ans finira.

Quand on apprit à Paris que Louis XV, parti pour l'armée, était resté malade à Metz, c'était la nuit : On se lève, on court en tumulte, sans savoir où l'on va ; les églises s'ouvrent en pleine nuit... On s'assemblait dans les carrefours, on s'abordait, on s'interrogeait sans se connaître. Il y eut plusieurs églises où le prêtre qui prononçait la prière pour la santé du Roi interrompit le chant par ses pleurs, et le peuple lui répondit par ses sanglots et par ses cris... Le courrier qui apporta la nouvelle de sa convalescence, fut embrassé et presque étouffé ; on baisait son cheval, on le menait en triomphe... Toutes les rues retentissaient d'un cri de joie. « Le Roi est guéri ! »

Ceci, en 1744. Louis XV est nommé le *Bien-Aimé*.

Dix ans passent. Le même peuple croit que le Bien-Aimé prend des bains de sang humain ; que, pour rajeunir son sang épuisé, il se plonge dans le sang des enfants. Un jour que la police, selon son habitude atroce, enlevait des hommes, des enfants errants dans les rues, des petites filles (surtout les jolies), les mères poussent des cris affreux, le peuple s'assemble, une émeute éclate. Dès ce moment, le Roi ne vint jamais à Paris. Il ne le traversait guère que pour aller de Versailles à Compiègne. Il fit faire à la hâte une route qui évitait Paris, dispensait le Roi de voir son peuple. Cette route s'appelle encore le chemin de la Révolte.

Ces dix années sont la crise même du siècle (1744-1754). Le Roi, ce dieu, cette idole, devient un objet d'horreur. Le dogme de l'incarnation royale périt sans retour.

Et à la place s'élève la royauté de l'esprit. Montesquieu, Buffon, Voltaire, publient dans ce court intervalle leurs grandes œuvres; Rousseau commence la sienne.

L'unité reposait jusque-là sur l'idée d'incarnation, religieuse ou politique. Il fallait un dieu humain, un dieu de chair, pour unir l'Église et l'État. L'humanité, faible encore, plaçait son union dans un signe, un signe visible, vivant, un homme, un individu. — Désormais, l'unité plus pure, dispensée de cette condition matérielle, sera dans l'union des cœurs, la communauté de l'esprit, le profond mariage de sentiments et d'idées qui se fait de tous avec tous.

Ces grands docteurs de la nouvelle Église, dissidents encore dans les choses secondaires, s'accordent admirablement en deux choses essentielles, qui font le génie du siècle et celui de l'avenir :

1° L'esprit est libre chez eux des formes de l'incarnation ; ils le dégagent de ce vêtement de chair qu'il a porté si longtemps.

2° L'esprit pour eux n'est pas seulement lumière, il est chaleur, il est amour, l'ardent amour du genre humain. L'amour en soi, et non soumis à tel dogme, à telle condition de politique religieuse. La *charité* du moyen âge, esclave de la théologie, a trop aisément suivi son impérieuse maîtresse; trop docile, en vérité, conciliante, jusqu'à admettre tout ce qu'admettrait la haine. Qu'est-ce que la charité qui fait la Saint-Barthélemy, allume les bûchers, organise l'Inquisition ?

En écartant de la religion le caractère charnel, repoussant l'incarnation religieuse, ce siècle, d'abord timide dans son audace, reste longtemps charnel en politique, il voudrait pouvoir respecter l'incarnation royale, employer le Roi, ce dieu-homme, au bonheur des hommes. C'est la chimère des philosophes et des économistes, des Voltaire et des Turgot, de faire la Révolution par le Roi.

Rien de plus curieux que de voir l'idole, disputée par les deux partis. Les philosophes tirent à droite, les prêtres à gauche. Qui l'emportera ? Les femmes. Ce dieu est un dieu de chair.

Celle qui le retient vingt années, née Poisson, dame Pompadour, voudrait d'abord, contre la Cour, se faire un appui du public. Les philosophes sont mandés. Voltaire fait l'histoire du Roi, des poèmes, des drames pour le Roi ; d'Argenson devient ministre ; le contrôleur général, Machault, demande un état des biens ecclésiastiques... Ce coup réveille le Clergé. Contre une femme, les Jésuites ne s'amusent pas à discuter, ils opposent une femme, et triomphent... Quelle? La propre fille du Roi... Ici, il faudrait Suétone. Ces choses ne s'étaient guère vues depuis les douze Césars.

Voltaire fut chassé, et d'Argenson, et, plus tard, Machault. La Pompadour plia, communia, se mit aux pieds de la Reine. Cependant elle préparait une infâme et triste machine, par où elle reprit le Roi et le garda jusqu'à sa mort : un sérail, qu'on recrutait par des enfants achetées.

Là, s'éteignit Louis XV. Le dieu de chair abdiqua tout souvenir de l'esprit.

Fuyant Paris, fuyant son peuple, toujours isolé à Versailles, il y trouve trop d'hommes encore, trop de jour. Il lui faut l'ombre, les bois, la chasse, le secret de Trianon, ou son couvent du

Parc-aux-Cerfs. Chose étrange, inexplicable, que ces amours, ces ombres du moins, ces images de l'amour, ne puissent amollir son cœur! Il achète les filles du peuple; par elles, il vit avec le peuple, il en reçoit les caresses enfantines, en prend le langage. Et il reste l'ennemi du peuple, dur, égoïste, sans entrailles; de Roi, il se fait trafiquant de blé, spéculateur en famine...

Dans cette âme, si bien morte, une chose restait vivante : la peur de mourir. Sans cesse, il parlait de mort, de convoi, de funérailles. Il pressentait souvent celles de la monarchie. Qu'elle vécût autant que lui, il n'en voulait pas davantage.

Dans une année de disette (elles n'étaient pas rares alors), il chassait à son ordinaire, dans la forêt de Sénart. Il rencontre un paysan qui portait une bière, et demande : « Où portez-vous cela? — A tel lieu. — Pour un homme, ou une femme? — Un homme. — De quoi est-il mort? — De faim. »

§ V

Cet homme mort, c'est la vieille France; cette bière, c'est le cercueil de l'ancienne monarchie.

Mettons-y bien pour toujours les songes dont nous fûmes bercés, la royauté paternelle, le gouvernement de la Grâce, la clémence du monarque et la charité du prêtre, la confiance filiale, l'abandon aux dieux d'ici-bas...

La fiction de ce vieux monde, la légende trompeuse qu'il eut toujours à la bouche, c'était de mettre *l'amour à la place de la loi.*

S'il peut renaître, ce monde presque anéanti au nom de l'Amour, meurtri par la Charité, navré par la Grâce, il renaîtra par la Loi, la Justice et l'Équité.

Blasphème! ils avaient opposé la Grâce à la Loi, l'Amour à la Justice... Comme si la grâce injuste pouvait être encore la Grâce, comme si ces choses que notre faiblesse divise n'étaient pas deux aspects du même, la droite et la gauche de Dieu.

Ils ont fait de la Justice une chose négative, qui défend, prohibe, exclut, un poteau pour arrêter, un couteau pour égorger... Ils ne savent pas que la Justice, c'est l'œil de la Providence. L'amour, aveugle chez nous, clairvoyant en Dieu, voit par la Justice. Regard vital et fécond. Une force prolifique est dans la Justice de Dieu. Toutes les fois qu'elle touche la terre, celle-ci est heureuse, elle enfante. Le soleil et la rosée n'y suffisent, il faut la Justice. Qu'elle vienne, et les moissons viennent... Des moissons d'hommes et de peuples vont sourdre, germer, fleurir, au soleil de l'Équité.

Un jour de justice, un seul qu'on appelle la Révolution, a produit dix millions d'hommes.

Mais qu'elle paraît loin encore au milieu du dix-huitième siècle, reculée et impossible !... Car avec quoi la ferai-je? tout finit autour de moi. Pour bâtir, il faudrait des pierres, de la chaux et du ciment, et j'ai les mains vides. Les deux sauveurs de ce peuple, le prêtre et le Roi, l'ont perdu, au point qu'on ne sait plus où prendre de quoi le faire revenir. Plus de vie féodale, ni de vie municipale; perdues dans la royauté. Plus de vie religieuse, éteinte avec le Clergé. Hélas! pas même de légendes locales, de traditions nationales, plus de ces heureux préjugés qui font la vie du peuple enfant. Ils ont tout détruit chez lui, jusqu'à ses erreurs. Le voilà dénué et vide, table rase; l'avenir écrira ce qu'il pourra.

Esprit pur, dernier habitant de ce monde détruit, héritier universel de toutes ces puissances éteintes, comment vas-tu nous ramener à la seule qui fasse vivre? Comment nous rendras-tu la Justice et l'idée du Droit?

Tu ne vois rien ici qu'obstacles, vieilles ruines

qu'il faut ruiner encore, mettre en poudre, et passer outre. Rien n'est debout, rien n'est vivant. Quoi que tu fasses, au moins tu auras la consolation de n'avoir tué que des morts.

Le procédé de l'esprit pur est celui même de Dieu, l'art de Dieu est son art. Sa construction est trop profondément harmonique au dedans, pour le paraître au dehors. Ne cherchez pas ici les droites et les angles, les lignes rigides de vos bâtiments de pierre et de marbre. Dans un organisme vivant, l'harmonie, bien autrement forte, est surtout au fond des organes.

D'abord, que ce monde nouveau ait la vie matérielle; donnons-lui pour commencement, pour première assise, la colossale *Histoire naturelle*\*; mettons l'ordre dans la Nature; pour elle, l'ordre, c'est la Justice.

Mais l'ordre est impossible encore. De la Nature qui bouillonne et s'anime, comme au réveil de l'Etna, flamboie un volcan immense\*\*. Toute science et tout art en éclatent... Une masse reste, l'éruption faite, mêlée de scories et d'or, masse énorme : *l'Encyclopédie.*

Voilà deux âges du jeune monde, deux jours de la création. L'ordre manque, et l'unité manque. Créons l'homme, l'unité du monde, et qu'avec lui l'ordre vienne, et celle que nous attendons, cette désirée lumière de la Justice divine.

L'homme apparaît sous trois figures : Montesquieu, Voltaire et Rousseau. Trois interprètes du Juste.

Notons la Loi, cherchons la Loi; peut-être la trouverons-nous cachée en quelque coin du globe. Peut-être est-il un climat favorable à la Justice, une terre meilleure qui d'elle-même porte le fruit de l'Équité. Le voyageur, le chercheur qui va la demandant par toute la terre, c'est le calme et grand Montesquieu. Mais la Justice fuit devant lui; elle reste mobile et relative; la Loi, pour lui, c'est un rapport, loi abstraite et non vivante. Elle ne guérira pas la vie\*.

Montesquieu peut s'y résigner, non Voltaire. Voltaire est celui qui souffre, celui qui a pris pour lui toutes les douleurs des hommes, qui ressent, poursuit toute iniquité. Tout ce que le fanatisme et la tyrannie ont jamais fait de mal au monde, c'est à Voltaire qu'ils l'ont fait. Martyr, victime universelle, c'est lui qu'on égorgea à la Saint-Barthélemy, lui qu'on enterra aux mines du Nouveau-Monde, lui qu'on brûla à Séville, lui que le Parlement de Toulouse roua avec Calas... Il pleure, il rit dans les souffrances, rire terrible auquel s'écroulent les bastilles des tyrans, les temples des Pharisiens\*\*.

Et s'écroulent en même temps toutes les petites barrières où s'enfermait chaque Église, se disant universelle et voulant faire périr les autres. Elles tombent devant Voltaire, pour faire place à l'Église *humaine*, à la catholique Église qui les recevra, les contiendra toutes dans la Justice et dans la paix.

Voltaire est le témoin du Droit, son apôtre et son martyr. — Il a tranché la vieille question posée dès l'origine du monde : Y a-t-il religion sans justice, sans humanité?

### § VI

Montesquieu écrit, interprète le Droit. Voltaire pleure et crie pour le Droit. Et Rousseau le fonde\*.

Beau moment, où surprenant Voltaire accablé d'un nouveau malheur, le désastre de Lisbonne, Voltaire aveugle de larmes et ne voyant plus le ciel, Rousseau le relève, lui rend Dieu, et sur les ruines du monde proclame la Providence.

Car c'est bien plus que Lisbonne, c'est le monde qui s'écroule. La religion et l'État, les mœurs et les lois, tout périt... Et la famille, où est-elle? l'amour? l'enfant même, l'avenir?...

Oh! que faut-il penser d'un monde où finit l'amour maternel?

Et c'est toi, pauvre ouvrier, ignorant, seul, abandonné, haï des philosophes, haï des dévots, toi, malade en plein hiver, mourant sur la neige, dans ton pavillon tout ouvert de Montmorency, toi qui veux résister seul, écrire (l'encre gèle à ta plume), réclamer contre la mort.

Est-ce donc avec ton épinette et ton *Devin du village*, pauvre musicien, que tu vas nous refaire un monde?... Tu avais un filet de voix, de l'ardeur, une chaude parole, quand tu arrivas à Paris, riche de ton Pergolèse, de musique et d'espérance. Il y a déjà longtemps, tu as bientôt un demi-siècle, tu es vieux, tout est fini... Que parles-tu de renaissance à cette société mourante, quand toi-même tu n'es plus!

Oui, c'était vraiment difficile, même pour un homme moins cruellement maltraité du sort, de tirer le pied du sable mobile, de la boue profonde où tout allait s'enfonçant.

Où prit-il son point d'appui, l'homme fort qui, frappant du pied, s'arrêta, tint ferme?... Et tout s'arrêta.

Où il le prit, ô monde infirme, hommes faibles et malades qui le demandez, ô fils oublieux de Rousseau et de la Révolution!

Il le prit en ce qui chez vous a trop défailli... Dans son cœur. Il lut au fond de sa souffrance, il y lut distinctement ce que le moyen âge n'a jamais pu lire : *Un Dieu juste...* Et ce qu'a dit un glorieux enfant de Rousseau : « *Le Droit est le souverain du monde.* »

Ce mot magnifique n'est dit qu'à la fin du siècle ; il en est la révélation, la formule profonde et sublime.

Rousseau l'a dite par un autre, par Mirabeau. Et elle n'en est pas moins le fond du génie de Rousseau. Du moment qu'il s'est arraché de la fausse science du temps, d'une société non moins fausse, vous la voyez poindre dans ses écrits, cette belle lumière : le devoir, le Droit !

Elle brille avec tout son éclat, sa douce et féconde puissance, dans la Profession de foi du Vicaire savoyard, Dieu même soumis à la Justice, Dieu sujet du Droit ! — Disons mieux : Dieu et Droit sont identiques.

Si Rousseau eût parlé dans les termes de Mirabeau, sa parole n'eût pas agi. Autres temps, autres besoins. — A un monde prêt pour agir, le jour même de l'action, Mirabeau dit : « Le Droit est le souverain du monde, » vous êtes les sujets du Droit. — A un monde endormi encore, faible, inerte et sans élan, Rousseau dit et devait dire :

« La volonté générale, c'est le Droit et la Raison. » Votre volonté, c'est le Droit. Réveillez-vous donc, esclaves !

« Votre volonté collective, c'est la Raison elle-même. » Autrement dit : Vous êtes dieux.

Et qui donc, sans se croire dieu, pourrait faire aucune grande chose?... C'est ce jour-là que vous pouvez tranquille passer le pont d'Arcole ; c'est ce jour, qu'on s'arrache, au nom du devoir, son plus cher amour, son cœur...

Soyons dieu ! L'impossible devient possible et facile... Alors, renverser un monde, c'est peu ; mais on crée un monde.

Et voilà ce qui explique pourquoi ce faible souffle sorti d'une poitrine d'homme, cette mélodie échappée du cœur du pauvre musicien, nous *ressuscita*.

La France est remuée en ses profondeurs. L'Europe en est toute changée. La vaste, la massive Allemagne tressaille sur ses vieux fondements. Ils critiquent, mais obéissent... « Sentimentalité pure, » disent-ils en tâchant de sourire. Ils n'en suivent pas moins, ces rêveurs. Les philosophes, eux-mêmes, les abstracteurs de quintescence, vont, malgré eux, par la voie simple du pauvre Vicaire savoyard.

Et que s'est-il donc passé? Quelle lumière

divine a donc lui, pour faire un si grand changement ? Est-ce la force d'une idée, d'une inspiration nouvelle, d'une révélation d'en haut ?... Oui, il y a eu révélation. Mais la nouveauté des doctrines n'est pas ce qui agit le plus. Il y a ici un phénomène plus étrange, plus mystérieux, une influence que ressentent ceux même qui ne lisent pas, qui ne pourraient jamais comprendre. On ne sait d'où cela vient, mais depuis que cette parole ardente s'est répandue dans les airs, la température a changé, c'est comme si une tiède haleine avait soufflé sur le monde ; la terre commence à porter des fruits qu'elle n'eût donnés jamais.

Qu'est-ce, cela ? Si vous voulez que je vous le dis : c'est ce qui trouble et fond les cœurs, c'est un souffle de jeunesse ; voilà pourquoi nous cédons tous. Vous nous prouveriez en vain que cette parole est trop souvent faible, ou forcée, parfois d'un sentiment vulgaire. La jeunesse est telle, telle la passion. Tels nous fûmes, et si parfois nous retrouvons là les faiblesses de notre jeune âge, nous n'y ressentons que mieux le charme doux et amer du temps qui ne reviendra plus.

Chaleur, mélodie pénétrante, voilà la magie de Rousseau. Sa force, comme elle est dans l'*Émile* et le *Contrat social*, peut être discutée, combattue.

Mais par ses *Confessions*, ses *Rêveries*, par sa faiblesse, il a vaincu ; tous ont pleuré.

Les génies étrangers, hostiles, ont pu repousser la lumière ; mais ils ont subi la chaleur. Ils n'écoutaient pas la parole ; la musique les subjuguait... Les dieux de l'harmonie profonde, rivaux de l'orage, qui tonnaient du Rhin aux Alpes, ont eux-mêmes ressenti l'incantation toute puissante de la douce mélodie, de la simple voix humaine, du petit chant matinal, chanté pour la première fois sous la vigne des Charmettes.

Cette jeune et touchante voix, cette mélodie du cœur, on l'entend, quand ce cœur si tendre est depuis longtemps dans la terre. Les *Confessions*, qui paraissent après la mort de Rousseau, semblent un soupir de la tombe. Il revient, il ressuscite, plus puissant, plus admiré, plus adoré que jamais.

Ce miracle, il l'a de commun avec son rival, Voltaire... Rival? Non. Ennemi? Non... Qu'ils soient à jamais sur le même piédestal, les deux apôtres de l'humanité*.

Voltaire, presque octogénaire, enterré aux neiges des Alpes, brisé d'âge et de travaux, ressuscite aussi pourtant. La grande pensée du siècle, inaugurée par lui, doit être fermée par lui ; celui qui ouvrit le premier, doit reprendre et finir le chœur. Glorieux siècle ! qu'il mérite d'être appelé à jamais l'âge héroïque de l'esprit ! Voici un vieillard au bord du tombeau, il a vu passe les autres, Montesquieu, Diderot, Buffon ; il a assisté au violent succès de Rousseau, trois livres en trois ans... « Et la terre s'est tue... » Voltaire n'est point découragé ; le voici qui entre, vif et jeune, dans une carrière nouvelle... Où donc est le vieux Voltaire ? Il était mort. Mais une voix l'a tiré, vivant, du tombeau, celle qui l'avait toujours fait vivre : la voix de l'humanité.

Vieil athlète, à toi la couronne !... Te voici encore, vainqueur des vainqueurs ! Un siècle durant, par tous les combats, par toute arme et toute doctrine (opposée, contraire, n'importe), tu as poursuivi, sans te détourner jamais, un intérêt, une cause, l'humanité sainte... Et ils t'ont appelé sceptique ! ils t'ont dit variable ! ils ont cru te surprendre aux contradictions apparentes d'une parole mobile qui servait la même pensée !

Ta foi aura pour sa couronne l'œuvre même de la foi. Les autres ont dit la Justice, toi, tu la feras ; tes paroles sont des actes, des réalités. Tu défends Calas et La Barre, tu sauves Sirven, tu brises l'échafaud des protestants. Tu as vaincu pour la liberté religieuse, et tout à l'heure, pour la liberté civile, avocat des derniers serfs, pour la réforme de nos procédures barbares, de nos lois criminelles, qui elles-mêmes étaient des crimes.

Tout cela, c'est déjà la Révolution qui commence. Tu la fais, et tu la vois... Regarde, pour ta récompense, regarde : la voilà là-bas! Maintenant, tu peux mourir; ta ferme foi t'a valu de ne point partir d'ici-bas avant d'avoir vu la terre sainte.

## § VII

Quand ces deux hommes ont passé, la Révolution est faite dans la haute région des esprits.

A leurs fils maintenant, légitimes, illégitimes, de la divulguer, la répandre, en cent manières, tel en verbeuse éloquence, tel en ardente satire. Tel autre en fondra des médailles de bronze pour passer de main en main. Les Mirabeau, les Beaumarchais, les Raynal et les Mably, les Sieyès, vont faire leur œuvre.

La Révolution est en marche, toujours Rousseau, Voltaire, en tête. Les rois eux-mêmes à la suite, les Frédéric, les Catherine, les Joseph, les Léopold; c'est la Cour des deux chefs du siècle... Régnez, grands hommes, vrais rois du monde, régnez, ô mes rois!...

Tous paraissent convertis, tous veulent la Révolution ; chacun, il est vrai, la veut, non pour soi, mais pour les autres. La Noblesse la ferait volontiers sur le Clergé ; le Clergé, sur la Noblesse.

Turgot est leur épreuve à tous ; il les appelle à dire s'ils veulent vraiment s'amender. Tous disent unanimement : Non... Que ce qui doit se faire se fasse !

En attendant, je vois la Révolution partout, dans Versailles même. Tous l'admettent, jusqu'à telle limite, où elle ne les blessera pas. Louis XVI, jusqu'aux plans de Fénelon et du duc de Bourgogne ; le comte d'Artois, jusqu'à Figaro : il force le Roi de laisser jouer le terrible drame. La Reine veut la Révolution, chez elle au moins, pour les parvenus ; cette Reine, sans préjugés, met les grandes dames à la porte, pour garder sa belle amie, M<sup>me</sup> de Polignac.

L'*emprunteur* Necker tue lui-même les emprunts en publiant 'la misère de la monarchie. Révolutionnaire par la publicité, il croit l'être par ses petites assemblées provinciales, où les privilégiés diront ce qu'il faut ôter aux privilégiés.

Le spirituel Calonne vient ensuite, et ne pouvant, en crevant la caisse publique, soûler les privilégiés, il prend son parti, les accuse, les livre à la haine du peuple.

Il a fait la Révolution contre les Notables. Loménie, prêtre philosophe, la fait contre les Parlements.

Calonne dit un mot admirable, quand il avoua le déficit, montra le gouffre qui s'ouvrait : « Que reste-t-il pour le combler? *les abus.* »

C'était clair pour tous. La seule chose qui le fût moins, c'était de savoir si Calonne ne parlait pas au nom *du premier des abus,* de celui qui soutenait tous les autres, qui faisait la clef de voûte du triste édifice?... En deux mots, ces abus, dénoncés par l'homme du Roi, la royauté en était-elle le soutien, ou le remède?

Que le Clergé fût un abus, et la Noblesse un abus, cela était trop évident :

Le privilège du Clergé, fondé sur l'enseignement et l'exemple qu'il donnait jadis au peuple, était devenu un non-sens. Personne n'avait moins la foi. Dans sa dernière Assemblée, il s'agite pour obtenir qu'on punisse les philosophes, et, pour le demander, députe un athée et un sceptique, Loménie et Talleyrand.

Le privilège de la Noblesse était de même un non-sens. Jadis, elle ne payait pas, parce qu'elle payait de son épée. Elle fournissait le ban, l'arrière-ban, vaste cohue indisciplinée, qu'on appela la dernière fois en 1674. Elle continua de donner seule les officiers, fermant la carrière aux autres, rendant impossible la création d'une véritable armée. L'armée civile, l'administration, la bureaucratie, fut envahie par la Noblesse. L'armée ecclésiastique, dans ses meilleurs postes, se remplit aussi de nobles. Ceux qui faisaient profession de vivre noblement, c'est-à-dire de ne rien faire, s'étaient chargés de faire tout. Et rien ne se faisait plus.

Le Clergé et la Noblesse, encore une fois, étaient un poids pour la terre, la malédiction du pays, un mal rongeur qu'il fallait couper. Cela sautait aux yeux de tous.

La seule question obscure était celle de la royauté. Question, non de pure forme, comme on l'a tant répété, mais de fond, question intime, plus vivace qu'aucune autre en France, question non de politique seulement, mais d'amour, de religion. Nul peuple n'a tant aimé ses rois.

Les yeux s'ouvrirent sous Louis XV, se refermèrent sous Louis XVI, la question s'obscurcit encore. L'espoir du peuple se plaça encore une fois dans la royauté. Turgot espéra. Voltaire espéra... Ce pauvre jeune roi, si mal né, si mal élevé, aurait voulu pouvoir le bien. Il lutta, et fut entraîné. Ses préjugés de naissance et d'éducation, ses vertus même de famille, le menèrent à la ruine... Triste problème historique!... Des justes l'ont excusé, des justes l'ont condamné... Duplicité, restrictions mentales (peu surprenantes sans doute dans l'élève du parti jésuite), voilà ses fautes, enfin son crime, qui le mena à la mort, son appel à l'étranger... Avec tout cela, n'oublions pas qu'il avait été longtemps anti-autrichien, anti-anglais, qu'il avait mis une passion réelle à relever notre marine, qu'il avait fondé Cherbourg, à dix-huit lieues de Portsmouth, qu'il aida à couper l'Angleterre en deux, à créer une Angleterre contre l'Angleterre. Cette larme que Carnot verse en signant son arrêt, elle lui reste dans l'Histoire; l'Histoire et la Justice même, en le jugeant, pleureront.

Chaque jour amène sa peine. Ce n'est pas aujourd'hui que je dois raconter ces choses. Qu'il suffise de dire ici que le meilleur fut le dernier, grande leçon de la Providence! afin qu'il parût bien à tous que le mal était moins dans l'homme que dans l'institution même, afin que ce fût plus que le jugement du Roi, mais le jugement de l'ancienne royauté. Elle finit, cette religion. Louis XV ou Louis XVI, infâme ou honnête, le dieu n'est pas moins toujours homme; s'il ne l'est par vice, il l'est par vertu, par bonté facile. Homme et faible, incapable de refuser, de résister, chaque jour immolant le peuple au peuple des courtisans, et, comme le Dieu des prêtres, damnant la foule, sauvant ses *élus*.

Nous l'avons dit : la *religion de la Grâce*, partiale pour les élus, *le gouvernement de la Grâce*, dans les mains des favoris, sont tout à fait analogues. La mendicité privilégiée, qu'elle soit sale et monastique, ou dorée comme à Versailles, c'est toujours la mendicité. Deux puissances paternelles : la paternité ecclésiastique, caractérisée par l'Inquisition ; la paternité monarchique, par le Livre Rouge et par la Bastille.

## § VIII

### DU LIVRE ROUGE

Lorsque la reine Anne d'Autriche se trouva régente, « il n'y eut plus, dit le cardinal de Retz, que deux petits mots dans la langue : La Reine est si bonne ! »

Ce jour-là, s'arrête l'élan de la France : l'essor des classes inférieures qui, malgré la dure administration de Richelieu, avait été si puissant, il retombe sur lui-même. Pourquoi ? c'est que « la Reine est bonne ; » elle comble la foule brillante qui se presse dans le palais; toute la Noblesse de province, qui fuyait sous Richelieu, vient, demande, obtient, prend et pille; tout au moins exigent-ils *des exemptions d'impôt*. Le paysan qui est parvenu à acheter quelques terres, paie seul, tout retombe sur lui, il est obligé de revendre, il redevient fermier, métayer, pauvre domestique.

Louis XIV est dur d'abord : point d'exemption d'impôt; Colbert en raye 40,000. Le pays prospère. Mais Louis XIV devient bon; il est de plus en plus touché du sort de la pauvre Noblesse : tout pour elle, les grades, les places, les pensions, les bénéfices même, et Saint-Cyr pour les nobles demoiselles... La Noblesse est florissante, la France est aux abois.

Louis XVI est dur d'abord, grondeur, il refuse toujours; les courtisans plaisantent amèrement sa rudesse, *ses coups de boutoir*. C'est qu'il a un mauvais ministre, cet inflexible Turgot; c'est qu'hélas! la Reine ne peut rien encore. En 1778, le Roi finit par céder; la réaction de la nature agit puissamment pour la Reine; il ne peut plus rien refuser, ni à elle, ni à son frère. L'homme le plus aimable de France devient contrôleur général; M. de Calonne met autant d'esprit, de grâce à donner, que ses prédécesseurs mettaient d'adresse à éluder, refuser. « Madame, disait-il a la Reine, si c'est possible, c'est fait ; impossible, cela se fera. » La Reine achète Saint-Cloud ; le Roi, si serré jusque-là, se laisse entraîner lui-même : il achète Rambouillet. Qui dira tout ce que la Diane de Polignac, dirigeant habilement la Jules de Polignac, surprit de biens et d'argent ?

La Révolution gâta tout. Elle écarta durement le voile gracieux qui couvrait la ruine publique. Le voile arraché laissa voir le tonneau des Danaïdes. La monstrueuse affaire du Puy Paulin et de Fenestrange, ces millions jetés (entre la disette et la banqueroute), jetés par une femme insensée dans le giron d'une femme, cela dépassa de beaucoup tout ce qu'avait dit la satire. On rit, mais on rit d'horreur

L'inflexible rapporteur du Comité des Finances apprit à l'Assemblée un mystère que personne ne savait : « Le Roi, pour les dépenses, est *le seul ordonnateur.* »

La seule mesure aux dépenses était la bonté du Roi. Trop sensible pour refuser, pour affliger ceux qu'il voyait, il se trouvait en réalité dans leur dépendance. A la moindre velléité d'économie, on était triste, on le boudait. Il lui fallait bien se rendre. Plusieurs étaient plus hardis : ils parlaient haut, fort et ferme, remettaient le Roi à sa place. M. de Coigny (premier ou second amant de la Reine, par ordre de date) refusa de se prêter à l'économie qu'on eût voulu faire d'un de ses gros traitements ; il fit une scène à Louis XVI, s'emporta. Le Roi plia les épaules, ne répondit rien. Il dit le soir : « Vraiment, il m'aurait battu, que je l'aurais laissé faire. »

Il n'est pas de grande famille faisant quelque perte, point de mère illustre mariant sa fille, son fils, qui ne tire argent du Roi. « Ces grandes familles concourent à l'éclat de la monarchie, elles font la splendeur du trône, etc., etc. » Le Roi signe tristement, et copie dans son Livre Rouge : A madame..., 500,000 livres. — La dame porte au ministre : « Je n'ai pas d'argent, Madame. » Elle insiste, elle menace, elle peut nuire, elle a du crédit chez la Reine. Le ministre finit par trouver l'argent... Il ajournera plutôt, comme Loménie, le payement des petits rentiers ; qu'ils meurent de faim, s'ils veulent ; ou bien encore, comme il fit, il prendra les charités pour l'incendie et la grêle, il ira jusqu'à voler la caisse des hôpitaux.

La France est en bonnes mains. Tout va bien. Un si bon Roi ! une si aimable Reine !... La seule difficulté, c'est qu'indépendamment des *pauvres privilégiés* qui sont à Versailles, il y a une autre classe, non moins noble, et bien plus nombreuse, les *pauvres privilégiés* de province, qui n'ont rien, ne reçoivent rien, disent-ils; ils percent l'air de leurs cris... Ceux-là, bien avant le peuple, commenceront la Révolution.

A propos, il y a un peuple. Entre ces pauvres et ces pauvres qui tous ont de la fortune, nous avions oublié le peuple.

Ah! le peuple! ceci regarde messieurs les Fermiers généraux. Les choses sont bien changées. Jadis, les financiers étaient des hommes fort durs. Aujourd'hui, tous philanthropes, doux, aimables, magnifiques; d'une main ils affament, il est vrai, mais souvent de l'autre ils nourrissent. Ils mettent des millions d'hommes à la mendicité, et font des aumônes. Ils bâtissent des hôpitaux, et ils les remplissent.

« Persépolis, dit Voltaire dans un de ses contes, a trente rois de la finance, qui tirent des millions du peuple, et qui en rendent au Roi quelque chose. » Sur la gabelle, par exemple, qui rapportait cent vingt millions, la Ferme générale en gardait soixante, et daignait en laisser cinquante ou soixante au Roi.

La perception n'était rien de moins qu'une guerre organisée; elle faisait peser sur le sol une armée de deux cent mille mangeurs. Ces sauterelles rasaient tout, faisaient place nette. Pour exprimer quelque substance d'un peuple ainsi dévoré, il fallait des lois cruelles, une pénalité terrible, les galères, la potence, la roue. Les agents de la Ferme étaient autorisés à employer les armes; ils tuaient, et ils étaient jugés par les tribunaux spéciaux de la Ferme générale.

Le plus choquant du système, c'était la bonté, la facilité du Roi, des Fermiers généraux. D'une part, le Roi, de l'autre, les trente rois de la finance, donnaient (ou vendaient à bon compte) les exemptions d'impôts; le Roi faisait des nobles; les Fermiers généraux se créaient des employés fictifs qui, à ce titre, étaient exempts. Ainsi, le fisc travaillait contre lui-même; en même temps qu'il augmentait la somme à payer, il diminuait le nombre de ceux qui payaient; le poids pesant sur moins d'épaules, allait s'appesantissant.

Les deux ordres privilégiés payaient ce qui leur plaisait: le Clergé, un don gratuit imperceptible; la Noblesse contribuait pour certains droits, mais selon ce qu'elle voulait bien déclarer; les agents du fisc, chapeau bas, enregistraient sans examen, sans vérification. Le voisin payait d'autant plus.

Si c'était par la conquête, par la tyrannie d'un maître, que ce peuple périssait, il se résignerait encore. Il périt par la bonté! — Il souffrirait peut-être la dureté d'un Richelieu ; mais comment supporter la bonté d'un Loménie et d'un Calonne, la sensibilité des financiers, la philanthropie des Fermiers généraux ?

Souffrir, mourir, à la bonne heure ! mais souffrir *par élection*, mourir du fait de l'*arbitraire*, de sorte que la *Grâce* pour l'un soit mort et ruine de l'autre ! c'est trop, oh ! c'est trop de moitié.

Hommes sensibles qui pleurez sur les maux de la Révolution (avec trop de raison sans doute), versez donc aussi quelques larmes sur les maux qui l'ont amenée.

Venez voir, je vous prie, ce peuple couché par terre, pauvre Job, entre ses faux amis, ses patrons, ses fameux sauveurs, le Clergé, la royauté. Voyez le douloureux regard qu'il lance au Roi sans parler. Et ce regard, que dit-il ?

« O Roi, dont j'avais fait mon dieu, dont j'avais dressé l'autel, que j'implorais avant Dieu même, à qui, du fond de la mort, j'ai tant demandé mon salut, vous, mon espoir, vous, mon amour... quoi ! vous n'avez donc rien senti ?... »

## § IX

### LA BASTILLE

Le médecin de Louis XV et de madame de Pompadour, l'illustre Quesnay, qui logeait chez elle à Versailles, voit un jour le Roi entrer à l'improviste, et se trouble. La spirituelle femme de chambre, madame Du Hausset, qui a laissé de si curieux Mémoires, lui demanda pourquoi il se déconcertait ainsi. « Madame, répondit-il, quand je vois le Roi, je me dis : Voilà un homme qui peut me faire couper la tête. — Oh ! dit-elle, le Roi est *trop bon !* »

La femme de chambre résumait là d'un seul mot les garanties de la monarchie.

Le Roi était trop bon pour faire couper la tête à un homme ; cela n'était plus dans les mœurs. Mais il pouvait d'un mot le faire mettre à la Bastille, et l'y *oublier*.

Reste à savoir lequel vaut mieux de périr d'un coup, ou de mourir lentement en trente ou quarante années.

Il y avait en France une vingtaine de Bastilles, dont six seulement (en 1775) contenaient trois cents prisonniers. A Paris, en 79, il y avait une trentaine de prisons, où l'on pouvait être enfermé sans jugement. Une infinité de couvents servaient de suppléments à ces Bastilles.

Toutes ces prisons d'État, vers la fin de Louis XIV, furent, comme était tout le reste, gouvernées par les Jésuites. Elles furent dans leurs mains des instruments de supplice pour les protestants et les jansénites, des antres à conversion. Un secret plus profond que celui des *plombs*, des *puits* de Venise, l'oubli de la tombe, enveloppait tout. Les Jésuites étaient confesseurs de la Bastille et de bien d'autres prisons ; les prisonniers morts étaient enterrés sous de faux noms à l'église des Jésuites. Tous les moyens de terreur étaient dans leurs mains, ces cachots surtout, d'où l'on sortait parfois l'oreille ou le nez mangé par les rats... Non seulement la terreur, mais la flatterie aussi... l'une et l'autre si puissantes sur les pauvres prisonnières. L'aumônier, pour rendre la Grâce plus efficace, employait jusqu'à la cuisine, affamait, nourrissait bien, gâtait par des friandises celle qui cédait ou résistait. On cite telle prison d'État où les geôliers et les Jésuites alternaient près des prisonnières et en avaient des enfants. Une aima mieux s'étrangler.

Le lieutenant de police allait de temps à autre

déjeuner à la Bastille. Cela comptait pour visite, surveillance du magistrat. Ce magistrat ne savait rien, et c'était pourtant lui seul qui instruisait le ministre. Une famille, une dynastie, Châteauneuf et son fils La Vrillière, et son petit-fils Saint-Florentin (mort en 1777), eurent pendant un siècle le département des prisons d'État et des lettres de cachet. Pour que cette dynastie subsistât, il fallait des prisonniers; quand les protestants sortirent, on suppléa par les jansénistes; puis on prit des gens de lettres, des philosophes, les Voltaire, les Fréret, les Diderot. Le ministre généreusement donnait des lettres de cachet en blanc aux intendants, aux évêques, aux gens en place. A lui seul, Saint-Florentin en donna 50,000. Jamais on ne fut plus prodigue du plus cher trésor de l'homme, de la liberté. Ces lettres de cachet étaient l'objet d'un profitable trafic; on en vendait aux pères qui voulaient enfermer leurs fils; on en donnait aux jolies femmes trop gênées par leurs maris. Cette dernière cause de réclusion était une des plus ordinaires.

Et tout cela, par bonté. Le Roi était trop bon pour refuser une lettre de cachet à un grand seigneur. L'intendant était trop aimable pour n'en pas accorder à la prière d'une dame. Les commis du ministère, les maîtresses des commis, les amis de ces maîtresses, par obligeance, par égards, simple politesse, obtenaient, donnaient, prêtaient ces ordres terribles par lesquels on était enterré vivant. Enterré, car telle était l'incurie, la légèreté de ces employés aimables, nobles presque tous, gens de société, tous occupés de plaisirs, que l'on n'avait plus le temps, le pauvre diable une fois enfermé, de songer à son affaire.

Ainsi le *gouvernement de la Grâce*, avec tous ses avantages, descendant du Roi au dernier commis de bureau, disposait, selon le caprice et l'inspiration légère, de la liberté, de la vie.

Comprenons bien ce système.

Pourquoi tel réussit-il ? Qu'a-t-il pour que tout lui cède ? — Il a la Grâce de Dieu. Il a la bonne Grâce du Roi.

Celui qui est en disgrâce, dans ce monde de la Grâce, qu'il sorte du monde... Banni, damné et maudit.

La Bastille, la lettre de cachet, c'est l'excommunication du Roi.

L'excommunié mourra-t-il ? non. Il faudrait une décision du Roi, une résolution pénible à prendre, dont souffrirait le Roi même. Entre lui et sa conscience, ce serait un jugement. Dispensons-le de juger, de tuer. Il y a un milieu entre la vie et la mort : une vie morte, enterrée. Organisons un monde exprès pour l'oubli. Mettons le mensonge aux portes, au dehors et au dedans, pour que la vie et la mort ne restent pas incertaines... Le mort vivant ne sait plus rien des siens, ni de ses amis... « Mais ma femme ? — Ta femme est morte... je me trompe... remariée... — Et mes amis, vivent-ils ? ont-ils souvenir de moi ?... — Tes amis, eh ! radoteur, ce sont eux qui t'ont trahi... » — Ainsi l'âme du misérable, livrée à leurs jeux féroces, est nourrie de dérisions, de vipères et de mensonges.

Oublié ! mot terrible. Qu'une âme ait péri dans les âmes !... Celui que Dieu fit pour la vie, n'avait-il donc pas le droit de vivre, au moins dans la pensée ? Qui osera, sur terre, donner même au plus coupable cette mort par delà toute mort, le tuer dans le souvenir ?

Mais non, ne le croyez pas. Rien n'est oublié, nul homme, nulle chose. Ce qui a été une fois ne peut s'anéantir ainsi... Les murs même n'oublieront pas, le pavé sera complice, transmettra des sons, des bruits ; l'air n'oubliera pas ; de cette petite lucarne, où coud une pauvre fille, à la porte Saint-Antoine, on a vu, on a compris... Que dis-je ? la Bastille sera touchée elle-même. Ce rude porte-clefs est encore un homme. Je vois inscrit sur les murs l'hymne d'un prisonnier à la gloire d'un geôlier son bienfaiteur... Pauvre bienfait!... une chemise, qu'il donna à ce Lazare, barbarement abandonné, mangé des vers dans son tombeau!

Pendant que j'écris ces lignes, une montagne, une Bastille, a pesé sur ma poitrine. Hélas! pourquoi m'arrêter si longtemps sur les prisons démolies, sur les infortunés que la mort a délivrés?... Le monde est couvert de prisons, du Spielberg à la Sibérie, de Spandau au Mont-Saint-Michel. Le monde est une prison.

Vaste silence du globe, bas gémissement, humble soupir de la terre muette encore, je ne vous entends que trop... L'esprit captif, qui se tait dans les espèces inférieures, qui rêve dans le monde barbare de l'Afrique et de l'Asie, il pense, il souffre, en notre Europe.

Où parle-t-il, sinon en France, malgré les entraves? C'est encore ici que le génie muet de la terre trouve une voix, un organe. Le monde pense, la France parle.

Et c'est justement pour cela que la Bastille de France, la Bastille de Paris (j'aimerais mieux dire la prison de la pensée), fut, entre toutes les Bastilles, exécrable, infâme et maudite. Dès le dernier siècle, Paris était déjà la voix du globe. La planète parlait par trois hommes : Voltaire, Jean-Jacques et Montesquieu. Que les interprètes du monde vissent toujours pendue sur leur tête l'indigne menace, que l'étroite issue par où la douleur du genre humain pouvait exhaler ses soupirs, on essayât de la fermer, c'était trop... Nos pères l'écrasèrent, cette Bastille, en arrachèrent les pierres de leurs mains sanglantes, les jetèrent au loin. Et ensuite, ils les reprirent, et le fer leur donna une autre forme, et pour qu'à jamais elles fussent foulées sous les pieds du peuple, ils en bâtirent le pont de la Révolution...

Toutes les prisons s'étaient adoucies. Celle-ci s'était endurcie. De règne en règne, on diminuait ce que les geôliers appelaient, pour rire : les libertés de la Bastille. Peu à peu, on bouchait les fenêtres, l'on ajoutait des grilles. Sous Louis XVI, on supprima le jardin et la promenade des tours.

Deux choses, vers cette époque, ajoutèrent à l'irritation, les Mémoires de Linguet, qui firent connaître l'ignoble et féroce intérieur, et, ce qui fut plus décisif, l'affaire de Latude, non écrite, non imprimée, circulant mystérieusement en passant de bouche en bouche.

Pour moi, je dois avouer l'effet profond, cruel, que me firent les lettres du prisonnier. Ennemi déclaré des fictions barbares sur l'éternité des peines, je me suis surpris à demander à Dieu un enfer pour les tyrans.

Ah! monsieur de Sartine, ah! madame de Pompadour, quel poids vous traînez! Comme on voit par cette histoire comment, une fois dans l'injustice, on s'en va de mal en pis, comme la terreur qui pèse du tyran à l'esclave retourne au tyran. Ayant une fois tenu celui-ci prisonnier sans jugement pour une faute légère, il faut que la Pompadour, que Sartine, le tiennent toujours, qu'ils scellent sur lui d'une pierre éternelle l'enfer du silence.

Et cela ne se peut pas. Cette pierre se soulève toujours... toujours, monte une voix basse, terrible, un souffle de feu... Dès 81, Sartine en ressent l'atteinte... 84, le Roi même en est blessé... 89, le peuple sait tout, voit tout, l'échelle même par où s'enfuit le prisonnier... 93, on guillotine la famille de Sartine.

Pour le malheur des tyrans, il se trouva qu'ils avaient enfermé en ce prisonnier un homme ardent et terrible, que rien ne pouvait dompter, dont la voix ébranlait les murs, dont l'esprit, l'audace, étaient invincibles... Corps de fer, indestructible, qui devait user toutes les prisons, et la Bastille, et Vincennes, et Charenton, enfin l'horreur de Bicêtre, où tout autre aurait péri.

Ce qui rend l'accusation lourde, accablante, sans appel, c'est que cet homme, tel quel, échappé deux fois, se livra deux fois lui-même. Une fois, de sa retraite, il écrit à madame de Pompadour, et elle le fait reprendre... Quoi! l'appartement du Roi n'est donc pas un lieu sacré!...

Je suis malheureusement obligé de dire que dans cette société, molle, faible, caduque, il y eut force philanthropes, ministres, magistrats, grands seigneurs, pour pleurer sur l'aventure; pas un ne fit rien. Malesherbes pleura, et de Gourgues, et Lamoignon, et Rohan, tous pleuraient à chaudes larmes.

Il était sur son fumier, à Bicêtre, mangé des poux *à la lettre*, logé sous terre, et souvent hurlant de faim. Il avait encore adressé un *Mémoire* à je ne sais quel philanthrope, par un porte-clefs ivre. Celui-ci heureusement le perd, une femme le ramasse. Elle le lit, elle frémit, elle ne pleure pas, celle-ci, mais elle agit à l'instant.

Madame Legros était une pauvre petite mercière qui vivait de son travail, en cousant dans sa boutique; son mari, coureur de cachets, répétiteur de latin. Elle ne craignit pas de s'embarquer dans cette terrible affaire. Elle vit, avec un ferme bon sens, ce que les autres ne voyaient pas, ou bien ne voulaient pas voir: que le malheureux n'était pas fol, mais victime d'une nécessité affreuse de ce gouvernement, obligé de cacher, de continuer l'infamie de ses vieilles fautes. Elle le vit, et elle ne fut point découragée, effrayée. Nul héroïsme plus complet : elle eut l'audace d'entreprendre, la force de persévérer, l'obstination du sacrifice de chaque jour et de chaque heure, le courage de mépriser les menaces, la sagacité et toutes les saintes ruses, pour écarter, déjouer les calomnies des tyrans.

Trois ans de suite, elle suivit son but avec une opiniâtreté inouïe dans le bien, mettant à poursuivre le Droit, la Justice, cette âpreté singulière du chasseur ou du joueur, que nous ne mettons guère que dans nos mauvaises passions.

Tous les malheurs sur la route, et elle ne lâche pas prise. Son père meurt, sa mère meurt ; elle perd son petit commerce ; elle est blâmée de ses parents, vilainement soupçonnée. On lui demande si elle est la maîtresse de ce prisonnier auquel elle s'intéresse tant. La maîtresse de cette ombre, de ce cadavre dévoré par la gale et la vermine !

La tentation des tentations, le sommet, la pointe aiguë du Calvaire, ce sont les plaintes, les injustices, les défiances de celui pour qui elle s'use et se sacrifie !

Grand spectacle, de voir cette femme pauvre,

mal vêtue, qui s'en va de porte en porte, faisant la cour aux valets pour entrer dans les hôtels, plaider sa cause devant les grands, leur demander leur appui.

La police frémit, s'indigne. Madame Legros peut être enlevée d'un moment à l'autre, enfermée, perdue pour toujours; tout le monde l'en avertit. Le lieutenant de police la fait venir, la menace. Il la trouve immuable, ferme; c'est elle qui le fait trembler.

Par bonheur, on lui ménage l'appui de madame Duchesne, femme de chambre de Mesdames. Elle part pour Versailles, à pied, en plein hiver; elle était grosse de sept mois... La protectrice était absente; elle court après, gagne une entorse, et elle n'en court pas moins. Madame Duchesne pleure beaucoup, mais, hélas! que peut-elle faire? Une femme de chambre contre deux ou trois ministres, la partie est forte! Elle tenait en main la supplique; un abbé de Cour qui se trouve là la lui arrache des mains, lui dit qu'il s'agit d'un enragé, d'un misérable, qu'il ne faut pas s'en mêler.

Il suffit d'un mot pareil pour glacer Marie-Antoinette, à qui l'on en avait parlé. Elle avait la larme à l'œil. On plaisanta. Tout finit.

Il n'y avait guère en France d'homme meilleur

que le Roi. On finit par aller à lui. Le cardinal de Rohan (un polisson, mais après tout charitable), parla trois fois à Louis XVI, qui par trois fois refusa. Louis XVI était trop bon pour ne pas en croire M. de Sartine. Il n'était plus en place, mais ce n'était pas une raison pour le déshonorer, le livrer à ses ennemis. Sartine à part, il faut le dire, Louis XVI aimait la Bastille, il ne voulait pas lui faire tort, la perdre de réputation.

Le Roi était très humain. Il avait supprimé les bas cachots du Châtelet, supprimé Vincennes, créé la Force pour y mettre les prisonniers pour dettes, les séparer des voleurs.

Mais la Bastille! la Bastille! c'était un vieux serviteur que ne pouvait maltraiter à la légère la vieille monarchie. C'était un système de terreur, c'était, comme dit Tacite: « *Instrumentum regni.* »

Quand le comte d'Artois et la Reine, voulant faire jouer *Figaro*, le lui lurent, il dit seulement, comme objection sans réponse: « Il faudrait donc alors que l'on supprimât la Bastille! »

Quand la révolution de Paris eut lieu, en juillet 89, le Roi, assez insouciant, parut prendre son parti. Mais quand on lui dit que la municipalité parisienne avait ordonné la démolition de la Bastille, ce fut pour lui comme un coup à la poitrine: « Ah! dit-il, voici qui est fort! »

Il ne pouvait pas bien recevoir en 1781 une requête qui compromettait la Bastille. Il repoussa celle que Rohan lui présentait pour Latude. Des femmes de haut rang insistèrent. Il fit alors consciencieusement une étude de l'affaire, lut tous les papiers ; il n'y en avait guère d'autres que ceux de la Police, ceux des gens intéressés à garder la victime en prison jusqu'à la mort. Il répondit définitivement que c'était un homme dangereux ; qu'il ne pouvait lui rendre la liberté *jamais*.

Jamais ! Tout autre en fût resté là. Eh bien, ce qui ne se fait pas par le Roi sera fait malgré le Roi. Madame Legros persiste. Elle est accueillie des Condé, toujours mécontents et grondeurs ; accueillie du jeune duc d'Orléans, de sa sensible épouse, la fille du bon Penthièvre, accueillie des philosophes, de M. le marquis de Condorcet, secrétaire perpétuel de l'Académie des sciences, de Dupaty, de Villette, quasi gendre de Voltaire, etc., etc.

L'opinion va grondant ; le flot, le flot va montant. Necker avait chassé Sartine ; son ami et successeur Lenoir était tombé à son tour... La persévérance sera couronnée tout à l'heure. Latude s'obstine à vivre, et madame Legros s'obstine à délivrer Latude.

L'homme de la Reine, Breteuil, arrive en 83,

qui voudrait la faire adorer. Il permet à l'Académie de donner le prix de vertu à madame Legros, de la couronner... à la condition singulière qu'on ne motive pas la couronne.

Puis 1784, on arrache à Louis XVI la délivrance de Latude\*. Et quelques semaines après, étrange et bizarre ordonnance qui prescrit aux intendants de n'enfermer plus personne, à la requête des familles, que *sur raison bien motivée*, d'indiquer *le temps précis* de la détention demandée, etc. C'est-à-dire qu'on dévoilait la profondeur du monstrueux abîme d'arbitraire où l'on avait tenu la France. Elle en savait déjà beaucoup, mais le gouvernement en avouait davantage.

Du prêtre au Roi, de l'Inquisition à la Bastille, le chemin est direct, mais long. Sainte, sainte Révolution, que vous tardez à venir!... Moi qui vous attendais depuis mille ans, sur le sillon du moyen âge, quoi! je vous attends encore!... Oh! que le temps va lentement! oh! que j'ai compté les heures! Arriverez-vous jamais!

« Ah! c'est fini, dit Mably en 1784, nous sommes tombés trop bas, les mœurs sont devenues trop faibles. Jamais, oh! plus jamais ne viendra la Révolution! »

Hommes de peu de foi, ne voyez-vous pas que

tant qu'elle restait parmi vous, philosophes, parleurs, sophistes, elle ne pouvait rien faire. Grâce à Dieu, la voilà partout, dans le peuple et dans les femmes... En voici une qui, par sa volonté persévérante, indomptable, ouvre les prisons d'État; d'avance, elle a pris la Bastille... Le jour où la Liberté, la Raison, sort des raisonnements, et descend à la Nature, au cœur (et le cœur du cœur, c'est la femme), tout est fini. Tout l'artificiel est détruit... Rousseau, nous te comprenons, tu avais bien raison de dire : « Revenez à la Nature ! »

Une femme se bat à la Bastille. Les femmes font le 5 Octobre. Dès février 89, je lis avec attendrissement la courageuse lettre des femmes et filles d'Angers : « Lecture faite des arrêtés de Messieurs de la jeunesse, déclarons que *nous nous joindrons à la nation*, nous réservant de prendre soin des bagages, provisions, des consolations et services qui peuvent dépendre de nous ; nous périrons plutôt que d'abandonner nos époux, amants, fils et frères... »

O France, vous êtes sauvée ! ô monde, vous êtes sauvé !... Je revois au ciel ma jeune lueur, où j'espérais si longtemps, la lumière de Jeanne d'Arc... Que m'importe que de fille elle soit devenue un jeune homme, Hoche, Marceau, Joubert, ou Kléber!

Grande époque, moment sublime, où les plus guerriers des hommes sont pourtant les hommes de paix! où le Droit, si longtemps pleuré, se retrouve à la fin des temps, où la Grâce, au nom de laquelle la tyrannie nous écrasa, se retrouve concordante, identique à la Justice.

Qu'est-ce que l'ancien régime, le Roi, le prêtre, dans la vieille monarchie? La tyrannie au nom de la Grâce.

Qu'est-ce que la Révolution? La réaction de l'Équité, l'avènement tardif de la Justice éternelle.

Justice, ma mère, Droit, mon père, qui ne faites qu'un avec Dieu...

Car, de qui me réclamerai-je, moi, un de la foule, un de ceux qui naquirent dix millions d'hommes, et qui ne seraient jamais nés sans notre Révolution?...

Pardonnez-moi, ô Justice, je vous ai crue austère et dure, et je n'ai pas vu plus tôt que vous étiez la même chose que l'Amour et que la Grâce... Et voilà pourquoi j'ai été faible pour le moyen âge, qui répétait ce mot d'Amour sans faire les œuvres de l'Amour.

Aujourd'hui, rentré en moi-même, le cœur plus

brûlant que jamais, je te fais amende honorable, belle Justice de Dieu...

C'est toi qui es vraiment l'Amour, tu es identique à la Grâce...

Et comme tu es la Justice, tu me soutiendras dans ce livre, où mon cœur me frayait la route, jamais mon intérêt propre, ni aucune pensée d'ici-bas. Tu seras juste envers moi, et je le serai envers tous... Pour qui donc ai-je écrit ceci, si ce n'est pour toi, Justice éternelle!

*31 Janvier 1847.*

# LIVRE PREMIER

*Avril-Juillet 1789*

## CHAPITRE PREMIER

### ÉLECTIONS DE 1789

*Le peuple entier appelé à élire les électeurs, à écrire ses plaintes et ses demandes. — On comptait sur l'incapacité du peuple. — Sûreté de l'instinct populaire; fermeté du peuple, son unanimité. — On retarde la convocation des États. — On retarde les élections de Paris. — Premier acte de souveraineté nationale. — Les électeurs troublés par l'émeute. — Émeute Réveillon. — Qui y avait intérêt. — Les élections s'achèvent. (Janvier-avril 1789.)*

A convocation des États généraux de 1789 est l'ère véritable de la naissance du peuple. Elle appela le peuple entier à l'exercice de ses droits

Il put du moins écrire ses plaintes, ses vœux, élire les électeurs.

On avait vu de petites sociétés républicaines admettre tous leurs membres à la participation des droits politiques, jamais un grand royaume, un empire, comme était la France. La chose était nouvelle, non seulement dans nos annales, mais dans celles même du monde.

Aussi, quand pour la première fois, à la fin des temps, ce mot fut entendu : *Tous* s'assembleront pour élire *, *tous* écriront leurs plaintes, ce fut une commotion immense, profonde, comme un tremblement de terre; la masse en tressaillit jusqu'aux régions obscures et muettes, où l'on eût le moins soupçonné la vie.

*Toutes les villes* élurent, et non pas seulement les *bonnes* villes, comme aux anciens États ; *les campagnes* élurent, et non pas seulement les villes.

On assure que cinq millions d'hommes prirent part à l'élection.

Grande scène, étrange, étonnante ! de voir tout un peuple qui d'une fois passait du néant à l'être, qui, jusque-là silencieux, prenait tout d'un coup une voix.

Le même appel d'égalité s'adressait à des populations prodigieusement inégales, non seulement de position, mais de culture, d'état moral et d'idées. Ce peuple, comment répondrait-il ? C'était une grande question. Le fisc d'une part, la féodalité de l'autre\*, semblaient lutter pour l'abrutir sous la pesanteur des maux. La royauté lui avait ôté la vie municipale, l'éducation que lui donnaient les affaires de la Commune. Le Clergé, son instituteur obligé, depuis longtemps ne l'enseignait plus. Ils semblaient avoir tout fait pour le rendre incapable, muet, sans parole et sans pensée, et c'est alors qu'ils lui disaient : « Lève-toi maintenant, marche, parle. »

On avait compté, trop compté sur cette incapacité ; autrement jamais on n'eût hasardé de faire ce grand mouvement. Les premiers qui prononcèrent le nom des États généraux, les Parlements qui les réclamèrent, les ministres qui les promirent, Necker qui les convoqua, tous croyaient le peuple hors d'état d'y prendre une part sérieuse. Ils pensaient seulement, par cette évocation solennelle d'une grande masse inerte, faire peur aux privilégiés. La Cour qui était elle-même le privilège des privilégiés, l'abus des abus, n'avait nulle envie de leur faire la guerre. Elle espérait seulement, des contributions forcées du Clergé et de la Noblesse, remplir la caisse publique, dont elle faisait la sienne.

La Reine, que voulait-elle ? Livrée aux parvenus, chansonnée par la Noblesse, peu à peu méprisée et seule, elle voulait tirer de ces moqueurs une petite vengeance, les intimider, les obliger de se serrer près du Roi. Elle voyait son frère Joseph essayer aux Pays-Bas d'opposer les petites villes aux grosses villes, aux prélats, aux grands\*. Cet exemple, sans nul doute, la rendit moins contraire aux idées de Necker ; elle consentit à donner au Tiers autant de députés qu'en avait la Noblesse et le Clergé réunis.

Et Necker, que voulait-il ? Deux choses tout à la fois : montrer beaucoup, et faire peu.

Pour la montre, pour la gloire, pour être célébré, exalté des salons, du grand public, il fallait généreusement doubler les députés du Tiers.

En réalité, on voulait être généreux à bon marché\*\*.

Le Tiers, plus ou moins nombreux, ne ferait toujours qu'un des trois ordres, n'aurait qu'une voix contre deux ; Necker comptait bien maintenir le vote par ordre, qui avait tant de fois paralysé les anciens États généraux.

Le Tiers, d'ailleurs, dans tous les temps, avait été très modeste, très respectueux, trop bien appris pour vouloir être représenté par des hommes du Tiers. Il nommait souvent des nobles pour députés, le plus souvent des anoblis, gens du Parlement et autres, qui se piquaient de voter avec la Noblesse, contre les intérêts du Tiers qui les avait nommés.

Chose étrange, et qui prouve qu'on n'avait pas d'intention sérieuse, qu'on voulait seulement, par cette grande fantasmagorie, vaincre l'égoïsme des privilégiés, desserrer leur bourse, c'est que dans ces États appelés contre eux, on s'arrangeait néanmoins pour leur assurer une influence dominante\*. Les assemblées populaires devaient élire *à haute voix*. On ne supposait pas que les petites gens, dans un tel monde d'élection, en présence des nobles et notables, eussent assez de fermeté pour leur tenir tête, assez d'assurance pour prononcer d'autres noms que ceux qui leur seraient dictés.

En appelant à l'élection les gens de la campagne, des villages, Necker croyait faire, on n'en peut douter, une chose très politique ; autant l'esprit démocratique s'était éveillé dans les villes, autant les campagnes étaient dominées par les nobles et le Clergé, possesseurs des deux tiers des terres. Des millions d'hommes arrivaient ainsi à l'élection, qui dépendaient des privilégiés, comme fermiers, métayers, etc., ou qui indirectement devaient être influencés, intimidés par leurs agents, intendants, procureurs, hommes d'affaires. Necker savait, par l'expérience de la Suisse et des petits Cantons, que le suffrage universel peut être, dans certaines conditions, l'appui de l'aristocratie. Les Notables qu'il consulta entrèrent si bien dans cette idée, qu'ils voulaient faire électeurs les domestiques même. Necker n'y consentit pas : l'élection fût tombée entièrement dans les mains des grands propriétaires.

L'événement trompa tout calcul \*\*. Ce peuple, si peu préparé, montra un instinct très sûr. Quand on l'appela à l'élection, et qu'on lui apprit son droit, il se trouva qu'on avait peu à lui apprendre. Dans ce prodigieux mouvement de cinq ou six millions d'hommes, il y eut quelque hésitation, par l'ignorance des formes, et spécialement parce que la plupart ne savaient écrire. Mais ils surent parler ; ils surent, en présence de leurs seigneurs, sans sortir de leurs habitudes respectueuses, ni quitter leur humble maintien, nommer de dignes électeurs, qui tous nommèrent des députés sûrs et fermes.

L'admission des campagnes à l'élection eut le résultat inattendu de placer dans les députés même des ordres privilégiés une démocratie nombreuse, à laquelle on ne pensait pas, deux cents curés et davantage, très hostiles à leurs évêques. Dans la Bretagne, dans le Midi, le paysan nommait volontiers son curé, qui, d'ailleurs, sachant seul écrire, recevait les votes, et menait toute l'élection*.

Le peuple des villes, un peu mieux préparé, ayant reçu quelques lueurs de la philosophie du siècle, montra une admirable ardeur, une vive conscience de son droit. Il y parut aux élections, à la rapidité, à la certitude avec laquelle des masses d'hommes inexpérimentés firent ce premier pas politique. Il y parut à l'uniformité des Cahiers, où ils consignèrent leurs plaintes, accord inattendu, imposant, qui donna au vœu public une irrésistible force. Ces plaintes, depuis combien de temps elles étaient dans les cœurs !... Il n'en coûta guère d'écrire. Tel Cahier d'un de nos districts, qui comprenait presque un code, fut commencé à minuit et terminé à trois heures*.

Un mouvement si vaste, si varié, si peu préparé, et néanmoins unanime !... c'est un phénomène admirable. Tous y prirent part, et (moins un nombre imperceptible) tous voulurent la même chose**.

Unanime ! il y eut un accord complet, sans réserve, une situation toute simple, la nation d'un côté, et le privilège de l'autre. Et dans la nation alors, aucune distinction possible de peuple et de bourgeoisie***; une seule distinction parut, les lettrés et les illettrés ; les lettrés seuls parlèrent, écrivirent, mais ils écrivirent la pensée de tous. Ils formulèrent les demandes communes, et ces demandes, c'étaient celles des masses muettes, autant et plus que les leurs.

Ah ! qui ne serait touché au souvenir de ce moment unique, qui fut notre point de départ ! Il dura peu, mais il reste pour nous l'idéal où nous tendrons toujours, l'espoir de l'avenir... Sublime accord, où les libertés naissantes des classes, opposées plus tard, s'embrassèrent si tendrement, comme des frères au berceau, est-ce que nous ne vous verrons pas revenir sur cette terre?

Cette union des classes diverses, cette grande apparition du peuple dans sa formidable unité, était l'effroi de la Cour. Elle faisait les derniers efforts auprès du Roi pour le décider à manquer à sa parole. Le Comité Polignac avait imaginé, pour le mettre entre deux peurs, de faire écrire, signer des princes une lettre audacieuse où ils menaçaient le Roi, se portaient pour chefs des privilégiés, parlaient de refus d'impôt, de scission, presque de guerre civile.

Et pourtant, comment le Roi eût-il éludé les États? Indiqués par la Cour des Aides, demandés par les Parlements et par les Notables, promis par Brienne et promis par Necker, ils devaient enfin ouvrir le 27 avril. On les ajourna encore au 4 mai... Périlleux délai! A tant de voix qui s'élevaient, une s'était jointe, hélas! qui fut souvent entendue au dix-huitième siècle, la voix de la terre... la terre désolée, stérile, refusant la vie aux hommes!... L'hiver avait été terrible, l'été fut sec et ne donna rien, la famine commença. Les boulangers, toujours en péril devant la foule ameutée et affamée, dénoncèrent eux-mêmes des compagnies qui accaparaient les grains. Une seule chose contenait le peuple, le faisait patiemment jeûner, attendre: l'espoir des États généraux. Vague espoir, mais qui soutenait; la prochaine Assemblée était un Messie; il suffisait qu'elle parlât, et les pierres allaient se changer en pain.

Les élections, tant retardées, le furent encore plus à Paris. Elles ne furent convoquées qu'à la veille des États. On espérait que les députés n'assisteraient pas aux premières séances, et qu'avant leur arrivée, on assurerait la séparation des trois ordres, qui donnait la majorité aux privilégiés.

Autre sujet de mécontentement, et plus grave, pour Paris. Dans cette ville, la plus éclairée du royaume, l'élection était assujettie à des conditions plus sévères. Un règlement spécial, donné après la convocation, appelait comme électeurs primaires, non pas tous les imposés, mais ceux-là seulement qui payaient six livres d'impôt.

Paris fut rempli de troupes; les rues, de patrouilles; tous les lieux d'élection furent entourés de soldats. Les armes furent chargées dans la rue devant la foule.

En présence de ces vaines démonstrations, les électeurs furent très fermes. A peine réunis, ils destituèrent les présidents que le Roi leur avait donnés. Sur soixante districts, trois seulement renommèrent le président nommé par le Roi, en lui faisant déclarer qu'il présidait comme élu. Grave mesure, premier acte de la souveraineté nationale. Et c'était elle, en effet, qu'il fallait fonder. Les questions d'argent, de réformes, ne venaient qu'après. Hors du Droit, quelle garantie, quelle réforme sérieuse?

Les électeurs, créés par ces assemblées de districts, agirent précisément de même. Ils élurent président l'avocat Target; vice-président, Camus, l'avocat du Clergé; secrétaire, l'académicien

Bailly, et le docteur Guillotin, un médecin philanthrope *.

La Cour fut étonnée de la décision, de la fermeté, de la suite avec laquelle procédèrent vingt-cinq mille électeurs primaires si neufs dans la vie politique. Il n'y eut aucun désordre. Assemblés dans les églises, ils y portèrent l'émotion de la chose grande et sainte qu'ils accomplissaient. La mesure la plus hardie, la destitution des présidents nommés par le Roi, s'accomplit sans bruit, sans cris, avec la simplicité vigoureuse que donne la conscience du Droit.

Les électeurs, sous un président de leur choix, siégeaient à l'Archevêché, ils allaient procéder à la fusion des Cahiers de districts et à la rédaction du Cahier commun ; ils s'accordaient déjà sur une chose, que Sieyès avait conseillée, l'utilité de placer en tête une *Déclaration des droits de l'homme*. Au milieu de cette délicate et difficile besogne métaphysique, un bruit terrible les interrompit. C'était la foule en guenilles qui venait demander la tête d'un de leurs collègues, d'un électeur, Réveillon, fabricant de papier au faubourg Saint-Antoine. Réveillon était caché ; mais le mouvement n'en était pas moins dangereux. On était déjà au 28 avril ; les États généraux, promis pour le 27, puis encore remis au 4 mai, risquaient fort, si le mouvement durait, d'être ajournés de nouveau.

Il avait commencé précisément le 27, et il

n'était que trop facile de le propager, le continuer, l'agrandir, dans une population affamée. On avait répandu dans le faubourg Saint-Antoine que le papetier Réveillon, ex-ouvrier enrichi, avait dit durement qu'il fallait abaisser les journées à quinze sols; on ajoutait qu'il devait être décoré du cordon noir. Sur ce bruit, grand mouvement. Voilà d'abord une bande qui, devant la porte de Réveillon, pend son effigie décorée du cordon, la promène, la porte à la Grève, la brûle, en cérémonie, sous les fenêtres de l'Hôtel de Ville, sous les yeux de l'autorité municipale, qui ne s'émeut pas. Cette autorité et les autres, si éveillées tout à l'heure, semblent endormies. Le lieutenant de police, le prévôt des marchands Flesselles, l'intendant Berthier, tous ces agents de la Cour, qui naguère entouraient les élections de soldats, ont perdu leur activité.

La bande a dit tout haut qu'elle irait le lendemain faire justice chez Réveillon. Elle tient parole. La police, si bien informée, ne prend nulle précaution. C'est le colonel des Gardes françaises qui de lui-même envoie trente hommes, secours ridicule; dans une foule compacte de mille ou deux mille pillards et de cent mille curieux, les soldats ne veulent, ne peuvent rien faire. La maison est forcée, on brise, on casse, on brûle tout. Rien ne fut emporté, sauf cinq cents louis en or*. Beaucoup s'établirent aux caves, burent le vin, et les couleurs de la fabrique, qu'ils prirent pour du vin.

Chose incroyable, cette vilaine scène dura tout le jour. Remarquez qu'elle se passait à l'entrée même du faubourg, sous le canon de la Bastille, à la porte du fort. Réveillon, qui y était caché, voyait tout des tours. On envoyait de temps à autre des compagnies de Gardes françaises, qui tiraient, à poudre d'abord, puis à balles. Les pillards n'en tenaient compte, quoiqu'ils n'eussent que des pierres à jeter. Tard, bien tard, le commandant Besenval envoya des Suisses; les pillards résistèrent encore, tuèrent quelques hommes; les soldats répondirent par des décharges meurtrières, qui laissèrent sur le carreau nombre de blessés et de morts. Beaucoup de ces morts en guenilles avaient de l'argent dans leurs poches.

Si, pendant ces deux longs jours où les magistrats dormirent, où Besenval s'abstint d'envoyer des troupes, le faubourg Saint-Antoine s'était laissé aller à suivre la bande qui saccageait Réveillon, si cinquante mille ouvriers sans travail, sans pain, s'étaient mis, sur cet exemple, à piller les maisons riches, tout changeait de face; la Cour avait un excellent motif pour concentrer une armée sur Paris et sur Versailles, un prétexte spécieux pour ajourner les États. Mais la grande masse du faubourg resta honnête et s'abstint; elle regarda, sans bouger. L'émeute, ainsi réduite à quelques centaines de gens ivres et de voleurs, devenait honteuse pour l'autorité qui la permettait. Besenval trouva, à la fin, son rôle trop ridicule : il agit, et finit tout brusquement. La Cour lui en sut mauvais gré ; elle n'osa le blâmer, mais ne lui dit pas un mot*.

Le Parlement ne put se dispenser, pour son honneur, d'ouvrir une enquête ; et l'enquête resta là. On a dit, sans preuve suffisante, qu'il lui fut fait défense, au nom du Roi, de passer outre.

Quels furent les instigateurs ? Peut-être personne. Le feu, dans ces moments d'orage, prend bien de lui-même. On ne manqua pas d'accuser « le parti révolutionnaire. » Qu'était-ce que ce parti ? Il n'y avait encore nulle association active.

On prétendit que le duc d'Orléans avait donné de l'argent. Pourquoi ? Qu'y gagnait-il alors ? Le grand mouvement qui commençait offrait à son ambition trop de chances légales, pour qu'à cette époque il eût besoin de recourir à l'émeute. Il était mené, il est vrai, par des intrigants prêts à tout ; mais leur plan, à cette époque, était entièrement dirigé vers les États généraux : seul populaire entre les princes, leur duc, ils s'en croyaient sûrs, allait y jouer le premier rôle. Tout événement qui pouvait retarder les États, leur paraissait un malheur.

Qui désirait les retarder ? qui trouvait son compte à terrifier les électeurs ? qui profitait à l'émeute ?

La Cour seule, il faut l'avouer. L'affaire venait tellement à point pour elle, qu'on pourrait l'en croire auteur. Il est néanmoins plus probable qu'elle ne la commença point, mais la vit avec plaisir, ne fit rien pour l'empêcher, et regretta qu'elle finît. Le faubourg Saint-Antoine n'avait pas alors sa terrible réputation ; l'émeute, sous le canon même de la Bastille, ne semblait pas dangereuse.

Les nobles de Bretagne avaient donné l'exemple de troubler les opérations légales des États provinciaux, en remuant les paysans, en lançant contre le peuple une populace mêlée de laquais. A Paris même, un journal, *L'Ami du Roi*, peu de jours avant l'affaire Réveillon, semblait essayer des mêmes moyens : « Qu'importe ces élections ? disait-il hypocritement ; le pauvre sera toujours pauvre ; le sort de la plus intéressante portion du royaume est oublié, etc. » Comme si les premiers résultats de la Révolution que ces élections commençaient, la suppression de la dîme, la suppression de l'octroi et des Aides, la vente à bas prix de moitié des terres du royaume, n'avaient pas produit la plus subite amélioration dans le sort du pauvre qu'aucun peuple eût vue jamais !

Le 29 avril, au matin, tout se retrouva tranquille. L'assemblée des électeurs put reprendre paisiblement ses travaux. Ils durèrent jusqu'au 20 mai, et la Cour obtint l'avantage qu'elle s'était proposé par cette convocation tardive, d'empêcher la députation de Paris de siéger aux premières séances des États généraux. Le dernier élu de Paris et de la France fut celui qui dans l'opinion était le premier de tous, celui qui d'avance avait tracé à la Révolution une marche si droite et si simple, qui en avait marqué les premiers pas, un à un. Tout avançait sur le plan donné par Sieyès, d'un mouvement majestueux, pacifique et ferme, comme la Loi.

La Loi seule allait régner; après tant de siècles d'arbitraire et de caprice, le temps arrivait où personne n'aurait raison contre la Raison.

Qu'ils s'assemblent donc, qu'ils s'ouvrent, ces redoutés États généraux! Ceux qui les ont convoqués, et qui maintenant voudraient qu'on n'en eût parlé jamais, n'y peuvent rien faire. C'est un Océan qui monte; des causes infinies, profondes, agissant du fond des siècles, en soulèvent la masse grondante... Opposez-lui, je vous prie, toutes les armées du monde, ou bien le doigt d'un enfant, il n'en fait pas la différence... Dieu le pousse, la Justice tardive, l'expiation du passé, le salut de l'avenir!

## CHAPITRE II

### OUVERTURE DES ÉTATS GÉNÉRAUX

*Procession des États généraux. — Ouverture, 5 mai. — Discours de Necker. — Question de la séparation des ordres. — Le Tiers invite à la réunion. — Inaction de l'Assemblée. — Pièges qu'on lui tend (4 mai-9 juin 1789.)*

A veille de l'ouverture des États généraux, on dit solennellement à Versailles la messe du Saint-Esprit. C'était bien ce jour, ou jamais, qu'on pouvait chanter l'hymne prophétique : « Tu vas créer des peuples, et la face de la terre en sera renouvelée. »

Ce grand jour fut le 4 Mai. Les douze cents députés, le Roi, la Reine, toute la Cour, entendirent à l'église de Notre-Dame le *Veni Creator*.

Puis, l'immense procession, traversant toute la ville, se rendit à Saint-Louis. Les larges rues de Versailles, bordées de Gardes françaises et de Gardes suisses, tendues des tapisseries de la Couronne, ne pouvaient contenir la foule.

Tout Paris était venu. Les fenêtres, les toits même, étaient chargés de monde. Les balcons étaient ornés d'étoffes précieuses, parés de femmes brillantes, dans la toilette coquette et bizarre qu'on portait alors, mêlée de plumes et de fleurs. Tout ce monde était ému, attendri, plein de trouble et d'espérance *.

Une grande chose commençait; quel en serait le progrès, l'issue, les résultats, qui pouvait le dire?... L'éclat d'un tel spectacle, si varié, si majestueux, la musique, qui se faisait entendre de distance en distance, faisaient taire toute autre pensée.

Beau jour, dernier jour de paix, premier d'immense avenir!...

Les passions étaient vives, diverses, opposées sans doute, mais elles n'étaient pas aigries, comme elles le furent bientôt. Ceux même qui avaient le moins souhaité cette ère nouvelle ne pouvaient s'empêcher de partager l'émotion commune. Un député de la Noblesse avoue qu'il pleurait de joie : « Cette France, ma patrie, je la voyais, appuyée sur la religion, nous dire : Étouffez vos querelles!... Des larmes coulaient de mes yeux. Mon Dieu, ma patrie, mes concitoyens, étaient devenus moi-même. »

En tête de la procession, apparaissait d'abord une masse d'hommes, vêtus de noir, le fort et profond bataillon des cinq cents cinquante députés du Tiers ; sur ce nombre, plus de trois cents légistes, avocats ou magistrats, représentaient avec force l'avènement de la Loi. Modestes d'habits, fermes de marche et de regards, ils allaient encore sans distinction de partis, tous heureux de ce grand jour qu'ils avaient fait et qui était leur victoire.

La brillante petite troupe des députés de la Noblesse venait ensuite avec ses chapeaux à plumes, ses dentelles, ses parements d'or. Les applaudissements qui avaient accueilli le Tiers, cessèrent tout à coup. Sur ces nobles, cependant, quarante environ semblaient de chauds amis du peuple, autant que les hommes du Tiers.

Même silence pour le Clergé. Dans cet ordre, on voyait très distinctement deux ordres, une Noblesse, un Tiers-État : une trentaine de prélats, en rochets et robes violettes ; à part, et séparée d'eux par un chœur de musiciens, l'humble troupe des deux cents curés, dans leurs noires robes de prêtres.

A regarder cette masse imposante de douze cents hommes animés de grande passion, une chose put frapper l'observateur attentif. Ils offraient très peu d'individualités fortes, beaucoup d'hommes honorables sans doute et d'un talent estimé, aucun de ceux qui, par l'autorité réunie du génie et du caractère, ont le droit d'entraîner la foule, nul grand inventeur, nul héros.

Les puissants novateurs qui avaient ouvert les voies à ce siècle, n'existaient plus alors. Il restait leur pensée pour mener les nations. De grands orateurs surgirent pour l'exprimer, l'appliquer, mais ils n'y ajoutèrent pas. La gloire de la Révolution dans ces premiers moments, mais son péril aussi, ce qui pouvait la rendre moins certaine dans sa marche, c'était de se passer d'hommes, d'aller seule, par l'élan des idées, sur la foi de la raison pure, sans idole et sans faux dieu.

Ce corps de la Noblesse, qui se présentait comme dépositaire et gardien de notre gloire militaire, n'offrait aucun général célèbre. « C'étaient d'illustres obscurs que tous les grands seigneurs de France. » Un seul peut-être excitait l'intérêt, celui qui, malgré la Cour, avait le premier pris part à la guerre d'Amérique, le jeune et blond La Fayette. Personne ne soupçonnait le rôle exagéré qu'allait lui donner la fortune.

Le Tiers, dans sa masse obscure, portait déjà la Convention. Mais qui aurait su la voir? qui distinguait, dans cette foule d'avocats, la taille roide, la pâle figure de tel avocat d'Arras?

Deux choses étaient remarquées, l'absence de Sieyès, la présence de Mirabeau.

Sieyès n'était pas venu encore; on cherchait dans ce grand mouvement, celui dont la sagacité singulière l'avait vu, formulé et calculé.

Mirabeau était présent, et il attirait tous les regards. Son immense chevelure, sa tête léonine, marquée d'une laideur puissante, étonnaient, effrayaient presque; on n'en pouvait détacher les yeux. C'était un homme, celui-là, visiblement, et les autres étaient des ombres; un homme malheureusement de son temps et de sa classe, vicieux comme l'était la haute société du temps, scandaleux de plus, bruyant et courageux dans le vice : voilà ce qui l'avait perdu. Le monde était plein du roman de ses aventures, de ses captivités, de ses passions. Car il avait eu des passions, et violentes, furieuses... Qui alors en avait de telles? Et la tyrannie de ces passions, exigeantes et absorbantes, l'avait souvent mené bien bas... Pauvre par la dureté de sa famille, il eut les misères morales, les vices du pauvre, par-dessus les vices du riche. Tyrannie de la famille, tyrannie de l'État, tyrannie morale, intérieure, celle de la passion... Ah! personne ne devait saluer avec plus d'ardeur cette aurore de la Liberté, le renouvellement de l'âme, il le disait à ses amis\*. Il allait renaître jeune avec la France, jeter son vieux manteau taché... Seulement, il fallait vivre encore; au seuil de cette vie nouvelle qui s'ouvrait, fort, ardent, passionné, il n'en était pas moins entamé profondément; son teint était altéré, ses joues s'affaissaient... N'importe! Il portait haut sa tête énorme, son regard était plein d'audace. Tout le monde pressentait en lui la grande voix de la France.

Le Tiers fut applaudi en général ; puis dans la Noblesse, le seul duc d'Orléans ; le Roi enfin, qu'on remerciait ainsi d'avoir convoqué les États. Telle fut la justice du peuple.

Au passage de la Reine, il y eut quelques murmures, des femmes crièrent : « Vive le duc d'Orléans ! » croyant la blesser davantage en nommant son ennemi... L'impression fut forte sur elle, elle pensa s'évanouir, on la soutint*; mais elle se remit bien vite, relevant sa tête hautaine, belle encore. Elle s'essayait dès lors à repousser la haine publique d'un regard ferme et méprisant... Triste effort qui n'embellit pas**. Dans le solennel portrait que nous a laissé d'elle, en 1788, son peintre, madame Lebrun, qui l'aimait, et qui a dû la parer de son affection même, on sent déjà pourtant quelque chose de répulsif, de dédaigneux, d'endurci.

Ainsi, cette belle fête de paix, d'union, trahissait la guerre. On indiquait un jour à la France pour s'unir et s'embrasser dans une pensée commune, et l'on faisait en même temps ce qu'il fallait pour la diviser. Rien qu'à voir cette diversité de costumes imposée aux députés : on trouvait réalisé le mot dur de Sieyès : « Trois ordres ? Non ! trois nations. »

La Cour avait fait fouiller les vieux livres, pour y retrouver le détail odieux d'un cérémonial gothique, ces oppositions de classes, ces signes de distinction et de haine sociale qu'il eût fallu plutôt enfouir. Des blasons, des figures, des symboles, après Voltaire, après *Figaro!* c'était tard. A vrai dire, ce n'était pas tant la manie des vieilleries qui avait guidé la Cour, mais bien le plaisir secret de mortifier, d'abaisser ces petites gens qui, aux élections, avaient fait les rois, de les rappeler à leurs basses origines... La faiblesse se jouait au dangereux amusement d'humilier une dernière fois les forts.

Dès le 3 mai, la veille de la messe du Saint-Esprit, les députés étant présentés à Versailles, à ce moment de cordialité, de facile émotion, le Roi glaça les députés, qui presque tous arrivaient favorablement disposés pour lui. Au lieu de les recevoir mêlés par provinces, il les fit entrer par ordres : le Clergé, la Noblesse, d'abord... ; puis, après une pause, le Tiers.

On aurait voulu imputer ces petites insolences aux officiers, aux valets ; mais Louis XVI ne montra que trop qu'il tenait lui-même au vieux cérémonial. A la séance du 5, le Roi s'étant couvert, et la Noblesse après lui, le Tiers en voulut faire autant ; mais le Roi, pour l'empêcher de prendre ainsi l'égalité avec la Noblesse, aima mieux se découvrir.

Qui croirait que cette Cour insensée se rappelât, regrettât l'usage absurde de faire haranguer e Tiers à genoux? On ne voulut pas l'en dispenser expressément, et l'on aima mieux décider que le président du Tiers ne ferait pas de harangue. C'est-à-dire, qu'au bout de deux cents ans de séparation et de silence, le Roi revoyait son peuple, et lui défendait de parler.

Le 5 mai, l'Assemblée s'ouvrit, non chez le Roi au château, mais dans l'avenue de Paris, à la salle des Menus. Cette salle, qui malheureusement n'existe plus, était immense; elle pouvait contenir, outre les douze cents députés, quatre milliers d'auditeurs.

Un témoin oculaire, madame de Staël, fille de Necker, qui était venue là pour voir applaudir son père, nous dit qu'il le fut en effet, et que Mirabeau venant prendre place, on entendit quelques murmures... Murmures contre l'homme immoral? Cette société brillante, qui se mourait de ses vices, et venait à sa dernière fête, n'avait pas droit de sévérité*.

L'Assemblée essuya trois discours, celui du Roi, celui du garde des sceaux, et celui de Necker, tous sur le même texte, tous indignes de la circonstance. Le Roi se retrouvait enfin en présence de la nation, et il n'avait pas une parole paternelle à dire, pas un mot du cœur pour le cœur. L'exorde, c'était une gronderie gauche, timide, sournoise, sur l'esprit d'innovation. Il exprimait sa sensibilité... pour les deux ordres supérieurs, « qui se montraient disposés à renoncer à leurs privilèges pécuniaires. » La préoccupation d'argent dominaît les trois discours ; peu ou rien sur la question de droit, celle qui remplissait, élevait toutes les âmes, le droit de l'égalité. Le Roi et ses deux ministres, dans un pathos maladroit où l'enflure alterne avec la bassesse, semblent convaincus qu'il s'agit uniquement d'impôt, d'argent, de subsistances, de la question du ventre. Ils croient que si les privilégiés accordent au Tiers, en aumône, l'égalité de l'impôt, tout va s'arranger de soi-même\*. De là, trois éloges, dans les trois discours, pour le sacrifice des ordres supérieurs qui veulent bien renoncer à leurs exemptions. Les éloges vont *crescendo*, jusqu'à Necker, qui ne voit aucun héroïsme comparable dans l'histoire.

Ces éloges, qui ont plutôt l'air d'une invitation, annoncent trop clairement que ce sacrifice admirable et tant loué n'est pas fait encore. Qu'il se fasse donc bien vite ! c'est toute la question pour le Roi et les ministres, qui ont appelé là le Tiers comme épouvantail, et le renverraient volontiers. De ce grand sacrifice, ils n'ont encore que des assurances partielles, douteuses ; quelques seigneurs l'ont offert, mais les autres se sont moqués d'eux. Plusieurs membres du Clergé, contre l'opinion connue de l'assemblée du Clergé, ont donné cette espérance. Les deux ordres n'ont pas hâte de s'expliquer là-dessus ; le mot décisif ne peut sortir de leur bouche, il reste à la gorge. Il faut deux mois, les plus graves, les plus terribles circonstances, disons-le, la victoire du Tiers, pour qu'enfin, le 26 juin, le Clergé vaincu renonce; et même alors la Noblesse *promet* seulement de renoncer.

Necker parla trois heures de finance et de morale : « Rien, dit-il, sans la morale publique, sans la morale particulière. » Son discours n'en était pas moins l'immorale énumération des moyens qu'avait le Roi pour se passer d'États généraux, continuer l'arbitraire. Les États, dès lors, étaient un vulgaire don, une faveur octroyée et révocable.

Il avouait imprudemment que le Roi *était inquiet*... Il exprimait le désir que les deux ordres supérieurs, restant seuls et libres, accomplissent leurs sacrifices, sauf à se réunir au Tiers pour discuter plus tard les questions d'intérêt commun. Dangereuse insinuation! Le ministre, une fois libre de puiser l'impôt à ces riches sources de la grande propriété, n'eût guère insisté pour obtenir la réunion des ordres. Les privilégiés auraient gardé leur fausse majorité; deux ordres ligués contre un auraient empêché les réformes. Qu'importe! la banqueroute étant évitée, la disette ayant cessé, l'opinion s'étant rendormie, la question de droit, de garantie, était ajournée, l'inégalité et l'arbitraire raffermis, Necker régnait, ou plutôt la Cour, qui, une fois quitte du péril, eût renvoyé à Genève le banquier sentimental.

Le 6 mai, les députés du Tiers prennent possession de la grande salle ; la foule impatiente, qui assiégeait les portes, s'élance à leur suite.

La Noblesse à part, le Clergé à part, s'établissent dans leurs Chambres, et, sans perdre de temps, décident que les pouvoirs doivent être vérifiés par chaque ordre et dans son sein. Forte majorité dans la Noblesse, petite dans le Clergé ; un grand nombre de curés voulaient se réunir au Tiers.

Le Tiers, fort de son grand nombre et maître de la grande salle, déclare *qu'il attend les deux autres ordres*. Le vide de cet immense local semblait accuser leur absence : la salle elle-même parlait.

La question de la réunion des ordres contenait toutes les autres. Celui du Tiers, déjà double de nombre, devait y gagner la voix de cinquante nobles environ et d'une centaine de curés, partant, dominer les deux ordres d'une majorité énorme, et se trouver en tout leur juge. Le privilège jugé par ceux contre qui il fut établi ! il était facile de prévoir l'arrêt.

Donc, le Tiers attendait le Clergé et la Noblesse ; il attendait dans sa force, patiemment, comme toute chose éternelle. Les privilégiés s'agitaient ; ils se retournaient, trop tard, vers le grand privilégié, le Roi, leur centre naturel, qu'ils avaient ébranlé eux-mêmes. Ainsi, dans ce moment d'attente qui dura un mois et plus, les choses se classèrent selon leurs affinités : les privilégiés avec le Roi, l'Assemblée avec le peuple.

Elle vivait avec lui, parlait avec lui, les portes toutes grandes ouvertes; nulle barrière encore. Paris siégeait à Versailles, pêle-mêle avec les députés. Une communication continuelle existait sur toute la route. L'assemblée des électeurs de Paris, l'assemblée irrégulière, tumultueuse, que la foule tenait au Palais-Royal, demandait de moment en moment nouvelle des députés; on interrogeait avidement tout ce qui venait de Versailles. Le Tiers, qui voyait la Cour s'irriter de plus en plus et s'entourer de soldats, ne se sentait qu'une défense, la foule qui l'écoutait, la Presse qui le faisait écouter de tout le royaume. Le jour même de l'ouverture des États, la Cour essaya d'étouffer la Presse : un arrêt du Conseil supprima, condamna le journal des États généraux, que Mirabeau publiait; un autre arrêt défendit qu'aucun écrit périodique parût sans permission. Ainsi, la censure, inactive depuis plusieurs mois et comme suspendue, était rétablie en face de la nation assemblée, rétablie pour les communications nécessaires, indispensables, des députés et de ceux qui les avaient députés. Mirabeau n'en tint compte, et continua sous ce titre : *Lettres à mes commettants*. L'assemblée des électeurs de Paris, qui travaillait encore à ses Cahiers, s'interrompit (7 mai) pour réclamer unanimement contre l'arrêt du Conseil*. Ce fut la première intervention de Paris dans les affaires générales. La grande et capitale question de la liberté de la Presse se trouva emportée d'emblée. La Cour pouvait dès lors rassembler des canons et des armées ; une artillerie plus puissante, celle de la Presse, tonnait désormais à l'oreille du peuple, tout le royaume entendait.

Le 7 mai, le Tiers, sur la proposition de Malouet et de Mounier, permit à quelques-uns des siens d'inviter le Clergé et la Noblesse à venir siéger. La Noblesse passa outre, se constitua en assemblée. Le Clergé, plus divisé, plus craintif, voulut voir venir les choses ; les prélats, d'ailleurs, croyaient avec le temps gagner des voix parmi les curés.

Six jours perdus. Le 12 mai, Rabaut de Saint-Étienne, député protestant de Nîmes, fils du vieux martyr des Cévennes, proposa de conférer pour amener la réunion. A quoi le breton Chapelier voulait qu'on substituât « une *notification* de l'étonnement où le Tiers se trouvait de l'absence des autres ordres, de l'impossibilité de conférer ailleurs qu'en réunion commune, de l'intérêt et du droit qu'avait chaque député de juger la validité du titre de tous ; les États ouverts, il n'y a plus de député d'ordre ou de province, mais des représentants de la nation ; les députés du privilège y gagnent, leurs fonctions en sont agrandies. »

L'avis de Rabaut l'emporta, comme le plus modéré. Des conférences eurent lieu, et elles ne servirent qu'à aigrir les choses. Le 24 mai, Mirabeau reproduit un avis qu'il avait ouvert, d'essayer de détacher le Clergé de la Noblesse, de l'inviter à la réunion, « au nom du Dieu de paix. » L'avis était très politique ; nombre de curés attendaient impatiemment l'occasion de se réunir. La nouvelle invitation faillit entraîner l'ordre entier. A grand'peine les prélats obtinrent un délai. Le soir, ils coururent au château, au Comité Polignac. Par la Reine\*, on tira du Roi une lettre où il déclarait « désirer que les conférences reprissent en présence du garde des sceaux et d'une Commission royale. » Le Roi empêchait ainsi la réunion du Clergé au Tiers, et se faisait visiblement l'agent des privilégiés.

Cette lettre, peu royale, était un piège tendu. Si le Tiers acceptait, le Roi, juge des conférences, pouvait étouffer la question par un arrêt du Conseil, et les ordres restaient divisés. Si le Tiers refusait seul, les autres ordres acceptant, il portait seul l'odieux de l'inaction commune ; seul, dans ce moment de misère et de famine, il ne voulait pas faire un pas pour secourir la nation. Mirabeau, en montrant le piège, conseilla à l'Assemblée de paraître dupe, d'accepter les conférences, en protestant par une Adresse.

Nouveau piège. Dans ces conférences, Necker fit appel au sentiment, à la générosité, à la confiance. Il conseillait que chaque ordre s'en remît aux autres de vérifier ses pouvoirs ; en cas de dissentiment, *le Roi jugerait*. Le Clergé accepta sans hésiter. Si la Noblesse eût accepté, le Tiers restait seul contre deux. Qui le tira de ce danger? La Noblesse elle-même, folle et courant à sa perte. Le Comité Polignac ne voulut point d'un expédient proposé par son ennemi. Avant même de lire la lettre du Roi, la Noblesse avait décidé, pour fermer la voie à toute conciliation, que la délibération par ordres et le *veto* de chaque ordre sur les décisions des autres étaient des principes constitutifs de la monarchie. Le plan de Necker tentait beaucoup de nobles modérés; deux anoblis de grand talent, mais violents et de faibles têtes, Cazalès et d'Éprémesnil, embrouillèrent la question et parvinrent à éluder ce dernier moyen de salut, à repousser la planche que le Roi leur tendait dans leur naufrage (6 juin).

Un mois de retard, après le retard des trois ajournements qu'avait subis la convocation! un mois, en pleine famine!... Notez que, dans cette grande attente, les riches se tenaient immobiles, ajournaient toute dépense. Le travail avait cessé. Celui qui n'a que ses bras, son travail du jour pour nourrir le jour, allait chercher du travail, n'en trouvait pas, mendiait, ne recevait pas, volait... Des bandes affamées couraient le pays; où il y avait résistance, elles devenaient furieuses, tuaient, brûlaient... L'effroi s'étendait au loin; les communications cessaient, la disette allait croissant. Mille contes absurdes circulaient.

C'étaient, disait-on, des brigands payés par la Cour. Et la Cour rejetait l'accusation sur le duc d'Orléans.

La position de l'Assemblée était difficile. Il lui fallait siéger inactive, lorsque tout le remède qu'on pouvait espérer était dans son action. Il lui fallait fermer l'oreille en quelque sorte au cri douloureux de la France, pour sauver la France même, lui fonder la Liberté !...

Le Clergé aggrava cette position cruelle, et s'avisa contre le Tiers d'une invention vraiment pharisienne. Un prélat vint, dans l'Assemblée, pleurer sur le pauvre peuple, sur la misère des campagnes. Devant les quatre mille personnes qui assistaient à la séance, il tira de sa poche un affreux morceau de pain noir : « Voilà, dit-il, le pain du paysan. » Le Clergé proposait d'agir, de former une commission pour conférer ensemble sur la question des subsistances, sur la misère des pauvres.

Dangereux piège. Ou l'Assemblée cédait, se mettait en activité et consacrait ainsi la séparation des ordres, ou bien elle se déclarait insensible aux malheurs publics. La responsabilité du désordre *qui commençait partout, tombait sur elle d'a-plomb*. Les parleurs ordinaires se turent sur cette question compromettante. Mais des députés obscurs, MM. Populus et Robespierre*, exprimèrent avec violence, avec talent, le sentiment général. On invita le Clergé à venir *dans la salle commune* délibérer sur ces maux publics dont l'Assemblée n'était pas moins touchée que lui.

Cette réponse ne diminuait pas le péril. Quelle facilité la Cour, les nobles, les prêtres, n'avaient-ils pas désormais pour tourner le peuple? Quel beau texte qu'une Assemblée d'avocats, orgueilleuse, ambitieuse, qui avait promis de sauver la France, et la laissait mourir de misère, plutôt que de rien céder d'une injuste prétention!

La Cour saisit avidement cette arme, et crut tuer l'Assemblée. Le Roi dit au président du Clergé, qui vint lui soumettre la proposition charitable de son ordre sur l'affaire des subsistances, « qu'il verrait avec plaisir se former une commission des États généraux, qui pût l'aider de ses conseils. »

Donc, le Clergé songeait au peuple, le Roi aussi; rien n'empêchait la Noblesse de dire les mêmes paroles. Et alors, le Tiers serait resté seul. Il allait être constaté que tous voulaient le bien du peuple, le Tiers seul ne le voulait pas.

# CHAPITRE III

### ASSEMBLÉE NATIONALE

*Dernière sommation du Tiers, 10 juin. — Il prend le nom de Communes. — Les Communes prennent le titre d'Assemblée nationale, 17 juin. — Elles se saisissent du droit de l'impôt. — Le Roi fait fermer la salle. — L'Assemblée au Jeu-de-Paume, 20 juin 1789.*

LE 10 juin, Sieyès dit, en entrant dans l'Assemblée : « Coupons le câble, il est temps. » Depuis ce jour, le vaisseau de la Révolution, malgré les tempêtes et malgré les calmes, retardé, jamais arrêté, cingle vers l'avenir.

Ce grand théoricien, qui d'avance avait calculé si juste, se montra ici vraiment homme d'État :

il avait dit ce qu'il fallait faire, et il le fit au moment.

Il n'y a qu'un moment pour chaque chose. Ici, c'était le 10 juin, pas plus tôt, pas plus tard. Plus tôt, la nation n'était pas assez convaincue de l'endurcissement des privilégiés ; il leur fallait un mois pour bien mettre en lumière toute leur mauvaise volonté. Plus tard, deux choses étaient à craindre, ou que le peuple, poussé à bout, ne laissât la liberté pour un morceau de pain, que les privilégiés ne finissent tout, en renonçant à leur exemption d'impôt ; ou bien que la Noblesse, s'unissant au Clergé, ne formât (comme on le leur *conseillait*) *une Chambre Haute*. Une telle Chambre, qui de nos jours n'a nul rôle que d'être une machine commode à la royauté, eût été en 89 une puissance par elle-même : elle eût réuni ceux qui possédaient alors la moitié ou les deux tiers des terres du royaume, ceux qui, par leurs agents, leurs fermiers, leurs domestiques innombrables, avaient tant de moyens d'influer sur les campagnes. On venait de voir aux Pays-Bas le formidable accord de ces deux ordres, qui avait entraîné le peuple, chassé les Autrichiens, dépossédé l'Empereur.

Le mercredi 10 juin 1789, Sieyès proposa de *sommer* une dernière fois le Clergé et la Noblesse, de les avertir que l'appel se ferait *dans une heure* et qu'il serait *donné défaut* contre les non-comparants.

Cette sommation dans la forme judiciaire était un coup inattendu. Les députés des Communes prenaient, à l'égard de ceux qui leur contestaient l'égalité, une position supérieure, celle de juges, en quelque sorte.

Cela était sage, on risquait trop à attendre, mais cela était hardi. On a répété souvent que ceux qui avaient tout un peuple derrière eux, une ville comme Paris, n'avaient rien à craindre, qu'ils étaient les forts, qu'ils avançaient sans péril... Après coup, et toute chose ayant réussi, on peut soutenir la thèse. Sans doute, ceux qui franchirent ce pas se sentaient une grande force, mais cette force n'était nullement organisée ; le peuple n'était pas militaire, comme il l'est devenu plus tard. Une armée entourait Versailles, allemande et suisse en partie (neuf régiments au moins sur quinze) ; une batterie de canons était devant l'Assemblée... La gloire du grand logicien qui formula la pensée nationale, la gloire de l'Assemblée qui accepta la formule, fut de ne rien voir de cela, mais de croire à la logique, et d'avancer dans sa foi.

La Cour, très irrésolue, ne sut rien faire que s'enfermer dans un dédaigneux silence. Deux fois, le Roi évita de recevoir le président des Communes : il était à la chasse, disait-on ; ou bien, il était trop affligé de la mort récente du Dauphin. Et l'on savait qu'il recevait tous les jours les prélats, les nobles, les parlementaires. Ils commençaient à s'effrayer, ils venaient s'offrir au Roi. La Cour les écoutait, les marchandait, spéculait sur leurs craintes. Toutefois, il était visible que le Roi, obsédé par eux, leur prisonnier en quelque sorte, leur appartiendrait tout entier, et se montrerait de plus en plus ce qu'il était, un privilégié à la tête des privilégiés. La situation devenait nette et facile à saisir : il ne restait que deux choses, le privilège d'un côté, le Droit de l'autre.

L'Assemblée avait parlé haut. Elle attendait de sa démarche la réunion d'une partie du Clergé. Les curés se sentaient peuple, et voulaient aller prendre leur vraie place à côté du peuple. Mais les habitudes de subordination ecclésiastique, les intrigues des prélats, leur autorité, leur voix menaçante ; la Cour, la Reine, d'autre part, les tenaient encore fixés sur leurs bancs. Trois seulement se hasardèrent, puis sept, enfin dix-huit en tout. Grande risée à la Cour sur la belle conquête que faisait le Tiers.

L'Assemblée devait ou périr, ou avancer, faire un second pas. Elle devait envisager hardiment la situation simple, terrible, que nous indiquions tout à l'heure. Le Droit en face du privilège, le droit de la nation concentré dans l'Assemblée... Et il ne suffisait pas de voir cela, il fallait le faire voir et le promulguer, donner à l'Assemblée son vrai nom : Assemblée *nationale*.

Dans sa fameuse brochure, que tout le monde savait par cœur, Sieyès avait dit ce mot remarquable qui ne tomba pas en vain : « Le Tiers seul, dira-t-on, ne peut pas former les États généraux... Eh! tant mieux, il composera une *Assemblée nationale.* »

Prendre ce titre, s'intituler ainsi la nation, réaliser le dogme révolutionnaire posé par Sieyès : *Le Tiers, c'est le tout,* c'était un pas trop hardi pour le franchir tout d'abord. Il fallait y préparer les esprits, s'acheminer vers ce but peu à peu et par degré.

D'abord le mot d'*Assemblée nationale* ne se dit point dans l'Assemblée même, mais à Paris entre les électeurs qui avaient élu Sieyès, et ne craignaient pas de parler sa langue.

Le 15 mai, M. Boissy d'Anglas, obscur alors et sans influence, prononça le mot, mais pour l'éloigner, l'ajourner, avertissant la Chambre qu'elle devait se garder de toute précipitation, s'affranchir du moindre reproche de *légèreté*... Avant que le mouvement commençât, il voulait déjà enrayer.

L'Assemblée s'en tint au nom de *Communes*, qui, dans son humble signification, mal définie, la débarrassait pourtant de ce petit nom spécial, inexact, de *Tiers*. Vives réclamations de la part de la Noblesse.

Le 15 juin, Sieyès, avec audace et prudence, demanda que les Communes s'intitulassent : Assemblée des représentants connus et vérifiés *de la nation française.* Il semblait n'énoncer qu'un fait impossible à contester, les députés des Communes avaient soumis leurs pouvoirs à une vérification publique, faite solennellement dans la grande salle ouverte et devant la foule. Les deux autres ordres avaient vérifié entre eux, à huis clos. Le simple mot de députés *vérifiés* réduisait les autres au nom de députés *présumés* ; ces derniers pouvaient-ils empêcher les autres d'agir ? les absents pouvaient-ils paralyser les *présents ?* Sieyès rappelait que ceux-ci *représentaient déjà les quatre-vingt-seize centièmes* (au moins) *de la nation.*

On connaissait trop bien Sieyès pour douter que cette proposition ne fût un degré pour amener à une autre, plus hardie, plus décisive. Mirabeau lui reprocha tout d'abord « de lancer l'Assemblée dans la carrière, sans lui montrer le but auquel il voulait la conduire. »

Et en effet, au second jour de la bataille, la lumière se fit. Deux députés servirent de précurseurs à Sieyès. M. Legrand proposa que l'Assemblée se constituât en Assemblée *générale ;* qu'elle ne se tînt arrêtée par rien de ce qui sortirait de *l'indivisibilité d'une Assemblée nationale.* M. Galand demanda que, le Clergé et la Noblesse étant simplement deux corporations, la nation étant une et indivisible, l'Assemblée se constituât Assemblée légitime et active *des représentants de la nation* française. Sieyès alors sortit des obscurités, laissa les ambages, et proposa le titre d'*Assemblée nationale.*

Depuis la séance du 10, Mirabeau regardait Sieyès marcher sous la terre, et il était effrayé. Cette marche rectiligne aboutissait à un point, où elle rencontrait de front la royauté, l'aristocratie. S'arrêterait-elle par respect devant l'idole vermoulue? il n'y avait pas d'apparence. Or, malgré la dure discipline par laquelle la tyrannie forma Mirabeau pour la liberté, il faut dire que le fameux tribun était aristocrate de goût et de mœurs, royaliste de cœur; il l'était d'origine et de sang, pour ainsi dire. Deux choses, l'une grande, l'autre basse, le poussaient aussi. Entouré de femmes avides, il lui fallait de l'argent; et la monarchie lui paraissait la main ouverte et prodigue, versant l'argent, les faveurs. Elle lui avait été dure, cruelle, cette royauté; mais cela même la servait maintenant auprès de lui; il eût trouvé beau de sauver un roi qui avait signé dix-sept fois l'ordre de l'emprisonner. Tel fut ce pauvre grand homme si magnanime et généreux, qu'on voudrait pouvoir rejeter ses vices sur son déplorable entourage, sur la barbarie paternelle, qui l'isola de la famille. Son père le persécuta toute sa vie, et il a demandé en mourant d'être enterré auprès de son père*.

Le 10, lorsque Sieyès proposa de *donner défaut* contre les non-comparants, Mirabeau appuya ce mot dur, parla fort et ferme. Mais le soir, voyant le péril, il prit sur lui d'aller voir Necker, son ennemi**; il voulait l'éclairer sur la situation, offrir à la royauté le secours de sa parole puissante.

Mal reçu et indigné, il n'entreprit pas moins de barrer la route à Sieyès, de se mettre, lui tribun, lui relevé d'hier par la Révolution, et qui n'avait de force qu'elle, il voulut, dis-je, se mettre en face d'elle, et s'imagina l'arrêter.

Tout autre y eût péri d'abord, sans pouvoir s'en tirer jamais. Qu'il soit plus d'une fois tombé dans l'impopularité, et qu'il ait pu remonter toujours, c'est ce qui donne une idée bien grande du pouvoir de l'éloquence sur cette nation, sensible entre toutes au génie de la parole.

Quoi de plus difficile que la thèse de Mirabeau! Il essayait, devant cette foule émue, exaltée, devant un peuple élevé au-dessus de lui-même par la grandeur de la crise, d'établir « que le peuple ne s'intéressait pas à de telles discussions, qu'il demandait seulement de ne payer que ce qu'il pouvait, et de porter paisiblement sa misère. »

Après ces paroles basses, affligeantes, décourageantes, fausses d'ailleurs en général, il se hasardait à poser la question de principe : « Qui vous a convoqués? Le Roi... Vos mandats, vos Cahiers, vous autorisent-ils à vous déclarer l'Assemblée des seuls représentants connus et vérifiés?... Et si le Roi vous refuse sa sanction?... La suite en est évidente. Vous aurez des pillages, des boucheries, vous n'aurez pas même l'exécrable honneur d'une guerre civile. »

Quel titre fallait-il donc prendre?

Mounier et les imitateurs du gouvernement anglais proposaient : Représentants *de la majeure partie* de la nation, en l'absence de la mineure partie. Cela divisait la nation en deux, conduisait à l'établissement des deux Chambre.

Mirabeau préférait la formule : Représentants du *peuple* français. Ce mot, disait-il, était élastique, pouvait dire peu ou beaucoup.

C'est précisément le reproche que lui firent deux légistes éminents, Target (de Paris), Thouret (de Rouen). Ils lui demandèrent si *peuple* signifiait *plebs* ou *populus*. L'équivoque était mise à nu. Le Roi, le Clergé, la Noblesse, auraient sans nul doute interprété *peuple* dans le sens de *plebs*, du peuple inférieur, d'une simple *partie* de la nation.

Beaucoup n'avaient pas senti l'équivoque, ni combien elle allait faire perdre de terrain à l'Assemblée. Tous le comprirent, lorsque Malouet, l'ami de Necker, accepta ce mot de *peuple*.

La peur que Mirabeau essayait de faire du *veto* royal, ne fit qu'indigner. Le janséniste Camus, l'un des plus fermes caractères de l'Assemblée, répondit ces fortes paroles : « Nous sommes ce que nous sommes. Le *veto* peut-il empêcher que la vérité ne soit une et immuable? La sanction royale peut-elle changer l'ordre des choses, et altérer leur nature? »

Mirabeau, irrité par la contradiction, et perdant toute prudence, s'emporta jusqu'à dire : « Je crois le *veto* du Roi tellement nécessaire, que j'aimerais mieux vivre à Constantinople qu'en France, s'il ne l'avait pas... Oui, je le déclare, je ne connaîtrais rien de plus terrible que l'aristocratie souveraine de six cents personnes qui demain pourraient se rendre inamovibles, après-demain héréditaires, et finiraient, comme les aristocraties de tous les pays du monde, par tout envahir. »

Ainsi, de deux maux, l'un possible, l'autre présent, Mirabeau préférait le mal présent et certain. Dans l'hypothèse qu'un jour cette Assemblée pourrait vouloir se perpétuer et devenir un tyran héréditaire, il armait du pouvoir tyrannique d'empêcher toute réforme, cette Cour incorrigible qu'il s'agissait de réformer... *Le Roi ! le Roi !* pourquoi abuser toujours de cette vieille religion? Qui ne savait que depuis Louis XIV il n'y avait point de roi? La guerre était entre deux républiques : l'une qui siégeait dans l'Assemblée, c'étaient les grands esprits du temps, les meilleurs citoyens, c'était la France elle-même; l'autre, la république des abus, tenait son conciliabule chez Diane de Polignac, aux vieux cabinets des Dubois, des Pompadour et des Du Barry.

Le discours de Mirabeau fut accueilli d'un tonnerre d'indignation, d'une tempête d'imprécations et d'insultes. La rhétorique éloquente par laquelle il réfutait ce que personne n'avait dit (que le mot de *peuple* est vil) n'avait nullement donné le change.

Il était neuf heures du soir. On ferma la discussion pour aller aux voix. La netteté singulière avec laquelle la question s'était posée sur la royauté elle-même faisait craindre que la Cour ne fît la seule chose qu'elle avait à faire pour empêcher le peuple d'être roi le lendemain : elle avait la force brutale, une armée autour de Versailles ; elle pouvait l'employer, enlever les principaux députés, dissoudre les États, et si Paris remuait, affamer Paris... Ce crime hardi était son dernier coup de dé ; on croyait qu'elle le jouerait. On voulait le prévenir en constituant l'Assemblée cette nuit même. C'était l'avis de plus de quatre cents députés ; une centaine, au plus, était contre. Cette petite minorité empêcha toute la nuit, par les cris et la violence, qu'on ne pût faire l'appel nominal. Mais ce spectacle honteux d'une majorité tyrannisée, de l'Assemblée mise en péril par le retard, l'idée que, d'un moment à l'autre, l'œuvre de la Liberté, le salut de l'avenir, pouvaient être anéantis, tout exalta jusqu'au transport la foule qui remplissait les tribunes ; un homme s'élança, et saisit au collet Malouet, le meneur principal de ces crieurs obstinés*. L'homme s'évada. Les cris continuèrent. « En présence de ce tumulte, dit Bailly qui présidait, l'Assemblée resta ferme et digne ; patiente autant que forte, elle attendait en silence que cette bande turbulente fût épuisée par ses cris. » A une heure après minuit, les députés étant moins nombreux, on remit le vote au matin.

Le matin, au moment du vote, on annonça au président qu'il était mandé à la chancellerie pour prendre une lettre du Roi. Cette lettre, où il rappelait qu'on ne pouvait rien sans le concours des trois ordres, serait arrivée bien à point pour fournir un texte aux cent opposants, donner lieu à de longs discours, inquiéter, refroidir beaucoup d'esprits faibles. L'Assemblée, avec une gravité royale, ajourna la lettre du Roi, défendit à son président de quitter la salle avant la fin de la séance. Elle voulait voter, et vota.

Les diverses motions pouvaient se réduire à trois, ou plutôt à deux :

1° Celle de Sieyès : Assemblée *nationale ;*

2° Celle de Mounier : Assemblée des représentants de la *majeure* partie de la nation, en l'absence de la *mineure partie.* La formule équivoque de Mirabeau rentrait dans celle de Mounier, le mot *peuple* pouvant se prendre dans un sens restreint, et comme la *majeure partie de la nation.*

Mounier avait l'avantage apparent d'une littéralité judaïque, d'une justesse arithmétique, au fond contraire à la justice. Elle opposait symétriquement, mettait en regard, et comme de niveau, deux valeurs énormément différentes. L'Assemblée représentait la nation, moins les privilégiés, c'est-à-dire 96 ou 98 centièmes, contre 4 centièmes (selon Sieyès), 2 centièmes (selon Necker). Pourquoi donner à ces 2 ou 4 centièmes une si énorme importance ? Ce n'était pas à coup sûr pour ce qu'ils gardaient de puissance morale, ils n'en avaient plus ; c'était dans la réalité parce que toute la grande propriété du royaume, les deux tiers des terres, étaient dans leurs mains. Mounier était l'avocat de la propriété contre la population, de la terre contre l'homme. Point de vue féodal, anglais et matérialiste ; Sieyès avait donné la formule française.

Avec l'arithmétique de Mounier, sa justesse injuste, avec l'équivoque de Mirabeau, la nation restait *une classe ;* et la grande propriété, la terre, constituait aussi *une classe* en face de la nation. Nous restions dans l'injustice antique ; le moyen âge continuait, le système barbare où la glèbe compta plus que l'homme, où la terre, le fumier, la cendre, furent suzerains de l'esprit.

Sieyès, mis aux voix d'abord, eut près de cinq cents voix pour lui, et il n'y eut pas cent opposants\*. Donc l'Assemblée fut proclamée *Assemblée nationale*. Beaucoup crièrent : « Vive le Roi ! »

Deux interruptions vinrent encore, comme pour arrêter l'Assemblée : l'une, de la Noblesse, qui envoyait sous un prétexte ; l'autre, de certains députés, qui voulaient qu'avant tout, on créât un président, un bureau régulier. L'Assemblée passa outre, et procéda à la solennité du serment. En présence d'une foule émue de quatre mille spectateurs, les six cents députés, debout, la main levée, dans un silence profond, les yeux fixés sur l'honnête et grave figure de leur président, l'écoutèrent lisant la formule, et crièrent : « Nous le jurons ! » Un sentiment universel de respect et de religion remplit tous les cœurs.

L'Assemblée était fondée, elle vivait ; il lui manquait la force, la certitude de vivre. Elle se l'assura, en saisissant le droit d'impôt. Elle déclara que l'impôt, *illégal jusqu'alors*, serait perçu *provisoirement* « jusqu'au jour de la séparation de la présente Assemblée. » C'était, d'un coup, condamner tout le passé, s'emparer de l'avenir.

Elle adoptait hautement la question de l'honneur, la Dette, et s'en portait garant.

Et tous ces actes royaux étaient en langage royal, dans les formules même que le Roi seul prenait jusqu'ici : « L'Assemblée *entend et décrète...* »

Finalement, elle s'inquiétait des subsistances publiques. Le pouvoir administratif ayant défailli autant que les autres, la législature, seule autorité respectée alors, était forcée d'intervenir. Elle demandait au reste pour son Comité de subsistances ce que le Roi lui-même avait offert à la députation du Clergé, la communication des renseignements qui éclairaient cette matière. Mais ce qu'il offrait alors, il ne voulut plus l'accorder.

Le plus surpris de tous fut Necker : il croyait naïvement mener le monde, et le monde avançait sans lui. Il avait toujours regardé la jeune Assemblée comme sa fille, sa pupille ; il répondait au Roi qu'elle serait docile et sage ; et voilà que tout à coup, sans consulter le tuteur, elle allait seule, avançait, enjambait les vieilles barrières sans daigner même y regarder... Dans sa stupéfaction immobile, Necker reçut deux conseils d'un royaliste, d'un républicain, et les deux revenaient au même. Le royaliste était l'intendant Bertrand de Molleville, un intendant d'ancien régime, passionné et borné ; le républicain était Durovray, un de ces démocrates que le Roi avait chassés de Genève en 1782.

Il faut savoir ce que c'était que cet étranger qui, dans une crise si grave, s'intéressait tant à la France, et se hasardait à donner conseil. Durovray, établi en Angleterre, pensionné par les Anglais, devenu anglais de cœur et de maximes, fut un peu plus tard un chef d'émigrés. En attendant, il faisait partie d'un petit Comité genevois qui, malheureusement pour nous, circonvenait Mirabeau. L'Angleterre semblait entourer le principal organe de la Liberté française*. Peu favorable aux Anglais jusque-là, le grand homme s'était laissé prendre à ces ex-républicains, soi-disant martyrs de la Liberté. Les Durovray, les Dumont, et autres faiseurs médiocres, infatigables, étaient toujours là pour aider à la paresse. Il était déjà malade, et faisait ce qu'il fallait pour l'être de plus en plus. Ses nuits tuaient ses jours ; au matin, il se souvenait de l'Assemblée, des affaires, et il cherchait sa pensée; il avait là tout à point la pensée anglaise, rédigée par les Genevois; il prenait les yeux fermés, et il y mettait le talent. Telle était sa facilité, son imprévoyance, qu'à la tribune même sa parole admirable n'était parfois qu'une traduction des notes que ces Genevois, de moment en moment, lui faisaient passer.

Durovray, qui n'était point en rapport avec Necker, se fit son conseiller officieux dans cette grave circonstance.

Il voulait, comme Bertrand de Molleville, que le Roi *cassât le décret* de l'Assemblée, lui ôtât son nom d'*Assemblée nationale*, ordonnât la réunion des trois ordres, se déclarât le *législateur provisoire de la France*, fît, *par l'autorité royale*, ce que les Communes avaient fait sans elle. Bertrand croyait avec raison qu'après ce coup, il ne restait qu'à dissoudre. Durovray prétendait que l'Assemblée, brisée, humiliée, sous la prérogative royale, accepterait son petit rôle de machine à faire des lois*.

Dès le 17 au soir, les chefs du Clergé, le cardinal de La Rochefoucauld et l'archevêque de Paris, avaient couru à Marly implorer le Roi, la Reine. Le 19, vaines disputes dans la Chambre de la Noblesse : Orléans propose de s'unir au Tiers; Montesquiou, de s'unir au Clergé. Le même jour, les curés avaient emporté la majorité de leur ordre pour la réunion au Tiers, coupé l'ordre en deux. Le cardinal, l'archevêque, le soir même, retournent encore à Marly, se jettent aux genoux du Roi : C'est fait de la religion. Puis viennent les gens du Parlement : La monarchie est perdue, si l'on ne dissout les États.

Parti dangereux, déjà impossible à suivre. Le flot montait d'heure en heure. Versailles, Paris, frémissaient... Necker avait persuadé à deux ou trois des ministres, au Roi même, que son Projet était le seul moyen de salut. On l'avait relu, ce Projet, dans un dernier Conseil définitif, le vendredi 19, au soir ; tout était fini, convenu : « Déjà les portefeuilles se refermaient, dit Necker, lorsqu'on vit entrer un officier de service ; il parla bas au Roi, et, sur-le-champ, Sa Majesté se leva, ordonnant à ses ministres de rester en place. M. de Montmorin, assis près de moi, me dit : « Il n'y a rien de fait ; la Reine seule a pu se per-
« mettre d'interrompre le Conseil d'État ; les
« princes apparemment l'ont circonvenue. »

Tout fut arrêté : on pouvait le prévoir ; c'était pour cela, sans nul doute, qu'on avait mené le Roi à Marly, loin de Versailles et du peuple, seul avec la Reine, plus tendre et plus faible pour elle, dans leur douleur commune pour la mort de leur enfant... Belle occasion, forte prise pour les suggestions des prêtres. La mort du Dauphin n'était-elle pas un avis sévère de la Providence, lorsque le Roi se prêtait aux innovations dangereuses d'un ministre protestant ?

Le Roi, flottant encore, mais déjà presque vaincu, se contenta d'ordonner, pour empêcher le Clergé de se réunir au Tiers, que la salle serait fermée le lendemain samedi (20 juin); le prétexte était les préparatifs nécessaires pour une séance royale qui se tiendrait le lundi.

Tout cela, arrêté dans la nuit, affiché dans Versailles à six heures du matin. Le président de l'Assemblée nationale apprend par hasard qu'elle ne peut se réunir. Il était plus de sept heures, lorsqu'il reçoit une lettre, non du Roi (comme il était naturel, le Roi écrivait bien de sa main au président du Parlement), mais simplement un avis du jeune Brézé, maître des cérémonies. Ce n'était pas au président, à M. Bailly en son logis, qu'un tel avis devait être donné, mais à l'Assemblée elle-même. Bailly n'avait pas pouvoir pour agir à sa place. A l'heure indiquée la veille pour la séance, à huit heures, il se rend à la porte de la salle avec beaucoup de députés. Arrêté par la sentinelle, il proteste contre l'empêchement, déclare la séance tenante. Plusieurs jeunes députés firent mine de forcer la porte; l'officier fit prendre les armes, annonçant ainsi que sa consigne ne faisait nulle réserve pour l'inviolabilité.

Voilà donc nos nouveaux rois, mis et tenus à la porte, comme des écoliers indociles. Les voilà errants, à la pluie, parmi le peuple, sur l'avenue de Paris. Tous s'accordent sur la nécessité de tenir séance, et de s'assembler. Les uns disent:

A la place d'Armes ! — d'autres : A Marly ! — tel : A Paris ! Ce parti était extrême, il mettait le feu aux poudres...

Le député Guillotin ouvrit l'avis moins hasardé de se rendre au Vieux-Versailles, et de s'établir au Jeu-de-Paume... Triste lieu, laid, démeublé, pauvre... Et il n'en valait que mieux. L'Assemblée y fut pauvre, et représenta ce jour-là d'autant plus le peuple. Elle resta debout tout le jour, ayant à peine un banc de bois... Ce fut comme la crèche pour la nouvelle religion, son étable de Bethléhem.

Un de ces curés intrépides qui avaient décidé la réunion du Clergé, l'illustre Grégoire, longtemps après, lorsque l'Empire avait si cruellement effacé la Révolution sa mère, allait souvent près de Versailles voir les ruines de Port-Royal ; un jour (en revenant sans doute), il entra dans le Jeu-de-Paume*... L'un ruiné, l'autre abandonné... Des larmes coulèrent des yeux de cet homme si ferme, qui n'avait molli jamais... Deux religions à pleurer, c'était trop pour un cœur d'homme !

Nous aussi, nous l'avons revu, en 1846, ce témoin de la Liberté, ce lieu dont l'écho répéta sa première parole, qui reçut, qui garde encore son mémorable serment... Mais que pouvions-nous lui dire ? quelles nouvelles lui donner du monde qu'il enfanta ?... Ah ! le temps n'a pas marché vite, les générations se sont succédé, l'œuvre n'a guère avancé... Quand nous posâmes le pied sur ses dalles vénérables, la honte nous vint au cœur de ce que nous sommes, du peu que nous avons fait. Nous nous sentîmes indigne, et sortîmes de ce lieu sacré.

# CHAPITRE IV

## SERMENT DU JEU-DE-PAUME

*Serment du Jeu-de-Paume, 20 juin 1789. — L'Assemblée errante. Coup d'État ; Projet de Necker ; Déclaration du Roi, 23 juin 1789; l'Assemblée refuse de se séparer. — Le Roi prie Necker de rester, mais ne révoque point sa Déclaration.*

ES voilà dans le Jeu-de-Paume, assemblés malgré le Roi... Mais que vont-ils faire ?

N'oublions pas qu'à cette époque, l'Assemblée tout entière est royaliste, sans excepter un seul membre\*.

N'oublions pas qu'au 17, quand elle se donna le titre d'Assemblée nationale, elle cria : Vive le Roi. Et quand elle s'attribua le droit de voter l'impôt, déclarant illégal l'impôt perçu jusqu'alors, les opposants étaient sortis, plutôt que de consacrer par leur présence cette atteinte à l'autorité royale \*.

Le Roi, cette vieille ombre, cette superstition antique, si puissante dans la salle des États généraux, elle pâlit au Jeu-de-Paume. La misérable enceinte, toute moderne, nue, démeublée, n'a pas un seul recoin où les songes du passé puissent s'abriter encore. Règnent donc ici l'Esprit pur, la Raison, la Justice, ce roi de l'avenir.

Ce jour, il n'y eut plus d'opposant\*\*, l'Assemblée fut une, de pensée et de cœur. Ce fut un des modérés, Mounier de Grenoble, qui proposa à l'Assemblée la Déclaration célèbre : Qu'en quelque lieu qu'elle fût forcée de se réunir, là était toujours l'Assemblée nationale ; *que rien ne pouvait l'empêcher* de continuer ses délibérations ; que, jusqu'à l'achèvement et l'affermissement de la Constitution, elle faisait *le serment de ne se séparer jamais.*

Bailly jura le premier, et prononça le serment si distinctement, si haut, que toute la foule du peuple qui se pressait au dehors, put entendre, et applaudit, dans l'ivresse de l'enthousiasme... Des cris de : Vive le Roi s'élevèrent de l'Assemblée et du peuple... C'était le cri de la vieille France, dans les vives émotions, et il se mêla encore au serment de la résistance \*\*\*.

En 1792, Mounier, émigré alors, seul sur la

terre étrangère, s'interroge et se demande si sa proposition du 20 juin fut fondée en droit, si sa loyauté de royaliste et son devoir de citoyen ont été d'accord... Et là même, dans l'émigration, parmi tous les préjugés de la haine et de l'exil, il se répond : Oui !

Oui, dit-il, le serment est juste ; on voulait la dissolution, elle eût eu lieu sans le serment ; la Cour, délivrée des États, ne les eût convoqués jamais ; il fallait renoncer à fonder cette Constitution réclamée unanimement dans les vœux écrits de la France... — Voilà ce qu'un royaliste, le modéré des modérés, un juriste habitué à trouver des décisions morales dans les textes positifs, prononce sur l'acte primordial de notre Révolution.

Que faisait-on pendant ce temps à Marly ? Le samedi et le dimanche, Necker fut aux prises avec les gens du Parlement, auxquels le Roi l'avait livré, et qui, avec le sang-froid qu'ont parfois les fous, bouleversaient son projet, en effaçaient ce qui l'aurait pu faire passer, lui ôtaient son caractère bâtard, pour en faire un pur coup d'État brutal, à la Louis XV, un simple lit de justice, comme le Parlement en avait subi tant de fois. Les discussions furent poussées dans la soirée. Ce fut à minuit seulement que le président apprit, dans son lit, que la séance royale ne pouvait avoir lieu le matin, qu'elle était remise à mardi.

La Noblesse était venue le dimanche à Marly,

à grand bruit et en grand nombre. Elle avait, dans une Adresse, remontré au Roi qu'il s'agissait de lui, maintenant, bien plus que de la Noblesse. La Cour s'était animée d'audace chevaleresque ; les gens d'épée semblaient n'attendre qu'un signal contre les hommes de plume. Le comte d'Artois, au milieu de ces bravades, devint ivre d'insolence, jusqu'à faire dire au Jeu-de-Paume qu'il jouerait le lendemain.

L'Assemblée se retrouve donc, au lundi matin, sur le pavé de Versailles, errante, sans feu ni lieu. Digne amusement pour la Cour. Le maître de la salle a peur, craint les princes. L'Assemblée ne réussit pas mieux à la porte des Récollets où elle s'en va frapper : les moines n'osent se compromettre... Quels sont donc ces vagabonds, cette bande dangereuse devant laquelle se ferment toutes les portes ?... Rien que la nation elle-même.

Et pourquoi ne pas délibérer sous le ciel ? Quel plus noble lieu d'assemblée ?... Mais ce jour même la majorité du Clergé veut venir siéger avec les Communes. Où les recevoir ? Heureusement, déjà les cent trente-quatre curés, et quelques prélats à leur tête, s'étaient établis le matin dans l'église de Saint-Louis. L'Assemblée y fut introduite dans la nef, et les ecclésiastiques, d'abord réunis dans le chœur, en sortirent pour venir prendre place dans son sein. — Beau moment, et de joie sincère ! « Le temple de la religion, dit un orateur ému, devint celui de la patrie. »

Ce même jour, lundi 22, Necker bataillait encore en vain. Son projet, funeste à la liberté parce qu'il y conservait une ombre de modération, fit place à un autre plus franc, plus propre à mettre les choses dans leur véritable jour. Necker n'était plus qu'un médiateur coupable entre le bien et le mal, gardant un semblant d'équilibre entre le juste et l'injuste, courtisan, à la fois, du peuple et des ennemis du peuple. Au dernier Conseil qui se tint le lundi, à Versailles, les princes y furent appelés, rendirent à la liberté le service essentiel d'écarter cet intermédiaire équivoque qui empêchait la raison et la déraison de se bien voir face à face.

Avant que la séance commence, je veux examiner les deux Projets, celui de Necker, celui de la Cour. Sur le premier, je n'en veux croire que Necker lui-même.

### PROJET DE NECKER

Dans son livre de 1796, écrit en pleine réaction, Necker nous avoue confidentiellement ce que c'était que son *projet*; il montre que ce *projet* était *hardi, très hardi*... en faveur des privilégiés. Cet aveu lui coûte un peu à faire, mais enfin, il en fait l'effort : « Le défaut de mon *projet* est sa trop grande hardiesse; je risquais tout ce que je pouvais risquer... — Expliquez-vous... — Je le ferai, je le dois. Daignez m'écouter*. »

C'est aux émigrés qu'il parle, qu'il adresse cette apologie. Vaine entreprise ! Comment lui pardonneront-ils jamais d'avoir appelé le peuple à la vie politique, fait cinq millions d'électeurs ?

1° Les réformes nécessaires, infaillibles, que la Cour avait refusées si longtemps, et qu'elle acceptait par force, il les promulguait par le Roi. Lui, qui savait à ses dépens que le Roi était un jouet pour la Reine et la Cour, une simple affiche, rien de plus, il se prêtait à continuer cette triste comédie.

La Liberté, le Droit sacré qui existe par lui-même, il en faisait un don du Roi, *une Charte octroyée*, comme fut en 1814 la Charte de l'invasion... Mais il fallait trente ans de guerre, et toute l'Europe à Paris, pour que la France acceptât cette Constitution du mensonge.

2° Point d'unité législative, *deux Chambres* au moins. C'était comme un conseil timide à la France, de se faire anglaise ; à quoi il y avait en effet deux avantages : de fortifier les privilégiés, prêtres et nobles, désormais concentrés en une Chambre Haute ; puis, de faciliter au Roi les moyens d'amuser le peuple, d'empêcher par la Chambre Haute au lieu d'empêcher lui-même, d'avoir (nous le voyons aujourd'hui) deux *veto* pour un.

3° Le Roi permettrait aux trois ordres de délibérer en commun sur les affaires *générales;* mais quant aux *privilèges* de distinction personnelle, d'honneurs, quant aux *droits attachés aux fiefs,* nulle discussion commune... C'était justement là ce que la France regardait comme l'affaire *générale* par excellence. Qui donc osait voir une affaire spéciale dans la question d'honneur?

4° Ces États boiteux, tantôt réunis, tantôt séparés en trois ordres, tantôt actifs, tantôt immobiles par leur triple mouvement, Necker les balance encore, les entrave, les neutralise par des *États provinciaux,* augmentant la division, quand la France a soif d'unité.

5° Voilà ce qu'il donne, et dès qu'il l'a donné, il le retire à l'instant... Cette belle machine législative, personne ne la verra jouer, il nous en envie le spectacle, elle fonctionne à huis clos : *Nulle publicité des séances.* La loi se fera ainsi, loin du jour, dans les ténèbres, comme pourrait se faire un complot contre la Loi.

6° La Loi ! que signifie ce mot, sans liberté personnelle? qui peut agir, élire, voter librement, quand personne n'est sûr de coucher chez soi? Cette première condition de vie sociale, antérieure, indispensable à l'action politique, Necker ne l'assure pas encore. Le Roi invitera l'Assemblée *à rechercher les moyens qui pourraient permettre* l'abolition des lettres de cachet... En attendant, il les garde, les enlèvements arbitraires, les prisons d'État, la Bastille.

Voilà l'extrême concession que, dans son meilleur moment, poussée par un ministre populaire, fait la vieille royauté. Encore, ne peut-elle aller jusque-là. Le Roi nominal promet ; le vrai roi, qui est la Cour, se moque de la promesse... Qu'ils meurent dans leur péché !

### DÉCLARATION DU ROI (23 JUIN 89)

Le plan de la Cour vaut mieux que le plan bâtard de Necker. Au moins, on y voit plus clair. Tout ce qui est mal chez Necker est conservé précieusement, mais richement augmenté.

Cet acte, qu'on peut appeler le testament du despotisme, se divise en deux parties : 1° La prohibition des garanties, sous ce titre : Déclaration concernant la *présente* tenue des États ; 2° Les réformes, les bienfaits, comme ils disent\* : Déclaration des *intentions* du Roi, de ses vœux, de ses désirs, pour le futur contingent. Le mal est sûr ; et le bien, possible. Voyons le détail :

I. Le Roi brise la volonté de cinq millions d'électeurs, déclarant que leurs demandes ne sont que des renseignements.

Le Roi brise les décisions des députés du Tiers, les déclarant « nulles, illégales, inconstitutionnelles. »

Le Roi veut que les ordres restent distincts, qu'un seul puisse entraver les autres (que deux centièmes de la nation pèsent autant que la nation).

*S'ils veulent* se réunir, il le permet, *pour cette fois seulement,* — et seulement encore pour les affaires *générales;* — dans ces affaires générales *ne sont compris* ni les droits des trois ordres, ni la constitution des prochains États, ni les propriétés féodales et seigneuriales, ni les privilèges d'argent ou d'honneurs...C'est tout l'ancien régime qui se trouve ainsi excepté.

Tout ceci est de la Cour. Voici, selon toute apparence, l'article du Roi, celui qui lui tenait au cœur, qu'il aura écrit lui-même : L'ordre du Clergé aura un *veto* spécial (contre la Noblesse et le Tiers) pour tout ce qui touche la religion, la discipline, le régime des ordres séculiers *et réguliers.* — Ainsi, pas un moine de moins, nulle réforme à faire. Ces couvents chaque jour plus odieux et plus inutiles, qu'on ne pouvait plus recruter, le Clergé voulait les maintenir tous... La Noblesse fut furieuse. Elle perdait son plus bel espoir; elle avait bien compté qu'un jour ou l'autre cette proie lui reviendrait; tout au moins espérait-elle que si le Roi et le peuple la pressaient trop de faire quelque sacrifice, elle ferait généreusement celui du Clergé.

*Veto* sur *veto*... A quoi bon? Voici un luxe de précautions, bien plus sûres pour rendre tout résultat impossible. Dans les délibérations communes des trois ordres, il suffit que les *deux tiers d'un seul ordre* réclament contre la délibération, pour que la décision soit remise au Roi. Bien plus, la chose décidée, *il suffit que cent membres* réclament pour qu'il n'y ait rien de décidé... C'est-à-dire que ces mots d'Assemblée, de délibération, de décision, ne sont qu'une mystification, une farce... Mais qui la jouerait sans rire ?...

II. Maintenant, arrivent les *bienfaits :* Publicité des finances, vote de l'impôt, fixité des dépenses pour laquelle *les États indiqueront les moyens*, et Sa Majesté « les adoptera, *s'ils s'accordent avec la dignité royale* et la célérité du service public. »

Second bienfait : Le Roi sanctionnera l'égalité d'impôt, *quand le Clergé et la Noblesse voudront renoncer à leurs privilèges pécuniaires.*

Troisième bienfait : Les propriétés seront respectées, *spécialement les dîmes, droits et devoirs féodaux.*

Quatrième bienfait : Liberté individuelle ? Non. Le Roi invite les États à *chercher*, et à lui *proposer*, des moyens pour *concilier* l'abolition des *lettres de cachet* avec les précautions *nécessaires*, soit pour ménager l'honneur de familles, soit pour réprimer les commencements de sédition, etc.

Cinquième : Liberté de la Presse ? Non. Les États chercheront le moyen de *concilier* la liberté de la Presse avec *le respect dû à la religion*, aux mœurs et à l'honneur des citoyens.

Sixième: Admission de tous aux emplois? Non. Refusé *expressément pour l'armée*. Le Roi déclare *de la manière la plus expresse* qu'il veut *conserver* en entier, sans la moindre atteinte, *l'institution de l'armée*. C'est-à-dire que le roturier n'arrivera jamais aux grades, etc. Ainsi, le législateur idiot pousse les choses à la violence, à la force, à l'épée. Et c'est ce moment qu'il prend pour briser la sienne... Qu'il appelle maintenant des soldats, qu'il en entoure l'Assemblée, qu'il les pousse vers Paris, c'est autant de défenseurs qu'il donne à la Révolution.

La veille du grand jour, à minuit, trois députés nobles, MM. d'Aiguillon, de Menou, de Montmorency, vinrent avertir le président des résultats du dernier Conseil, tenu le soir même à Versailles : « M. Necker n'appuiera pas de sa présence un Projet contraire au sien, il n'ira pas à la séance, et sans doute il va partir. » La séance s'ouvrait à dix heures; Bailly put dire aux députés, et ceux-ci à bien d'autres, le grand secret de la journée. L'opinion eût pu se diviser, prendre le change, si l'on eût vu le ministre populaire siéger à côté du Roi; lui absent, le Roi restait découvert, délaissé de l'opinion. La Cour espérait faire son coup, sous l'abri de Necker, à ses dépens; elle ne lui a jamais pardonné de ne point s'être laissé abuser et déshonorer par elle.

Ce qui prouve que tout était su, c'est qu'à la sortie même du château, le Roi trouva dans la foule un morne silence\*. L'affaire était éventée, la grande scène tant préparée n'avait plus d'effet.

Le misérable petit esprit d'insolence qui menait la Cour, avait fait imaginer de faire entrer les deux ordres supérieurs par devant, par la grande porte ; les Communes, par derrière, de les tenir sous un hangar, moitié à la pluie.

Le Tiers, ainsi humilié, sali et mouillé, serait entré tête basse, pour recevoir sa leçon.

Personne pour introduire, porte fermée, la Garde au dedans. — Mirabeau, au président : « Monsieur, conduisez la nation au-devant du Roi ! » Le président frappe à la porte ; les Gardes du corps, du dedans : « Tout à l'heure. » Le président : « Messieurs, où donc est le maître des cérémonies ? » Les Gardes du corps : « Nous n'en savons rien. » Les députés : « Eh bien, partons, allons-nous-en ! » Enfin, le président parvient à faire venir le capitaine des Gardes, qui s'en va chercher Brézé.

Les députés, entrant à la file, trouvent dans la salle le Clergé et la Noblesse, qui, déjà en place et siégeant, semblent les attendre, comme juges... Du reste, la salle est vide. Rien de plus triste que cette salle immense, d'où le peuple est exilé.

Le Roi lut avec sa simplicité ordinaire la harangue qu'on lui avait composée, ces paroles despotiques si étranges dans sa bouche. Il en sentait peu la violence provocante, car il se montra surpris de l'aspect que présentait l'Assemblée. Les nobles ayant applaudi l'article qui consacrait les droits féodaux, des voix hautes et claires dirent : « Paix là ! »

Le Roi, après un moment de silence et d'étonnement, finit par un mot grave, intolérable, qui jetait le gant à l'Assemblée, commençait la guerre : « Si vous m'abandonnez dans une si belle entreprise, seul, je ferai le bien de mes peuples, *seul, je me considérerai comme leur véritable représentant.* »

Et enfin : « *Je vous ordonne, Messieurs, de vous séparer tout de suite,* et de vous rendre demain matin dans les Chambres affectées à votre ordre, pour y reprendre vos séances. »

Le Roi sortit, la Noblesse et le Clergé suivirent. Les Communes demeurèrent assises, tranquilles, en silence*.

Le maître des cérémonies entre alors et, d'une voix basse, dit au président : « Monsieur, vous avez entendu l'ordre du Roi ? » — Il répondit : « L'Assemblée s'est ajournée après la séance royale ; je ne puis la séparer sans qu'elle en ait délibéré. » — Puis se tournant vers ses collègues voisins de lui : « Il me semble que la nation assemblée ne peut pas recevoir d'ordre. »

Ce mot fut repris admirablement par Mirabeau ; il l'adressa au maître des cérémonies ; de sa voix forte, imposante, et dans une majesté terrible, il lui lança ces paroles : « Nous avons entendu les intentions qu'on a suggérées au Roi ; et vous, Monsieur, qui ne sauriez être son organe auprès de l'Assemblée nationale, vous qui n'avez ici ni place, ni voix, ni droit de parler, vous n'êtes pas fait pour nous rappeler son discours... Allez dire à ceux qui vous envoient que nous sommes ici par la volonté du peuple, et qu'on ne nous en arrachera que par la puissance des baïonnettes*. »

Brézé fut déconcerté, atterré ; il sentit la royauté nouvelle, et rendant à celle-ci ce que l'étiquette ordonnait pour l'autre, il sortit à reculons, comme on faisait devant le Roi**.

La Cour avait imaginé un autre moyen de renvoyer les Communes, moyen brutal employé jadis avec succès dans les États généraux, de faire simplement démeubler la salle, démolir l'amphithéâtre, l'estrade du Roi. Des ouvriers entrent en effet ; mais sur un mot du président, ils s'arrêtent, déposent leurs outils, contemplent avec admiration la majesté calme de l'Assemblée, deviennent des auditeurs attentifs et respectueux.

Un député proposa de discuter le lendemain les résolutions du Roi. Il ne fut pas écouté. Camus établit avec force, et fit déclarer : « Que la séance n'était qu'un acte ministériel, que l'Assemblée persistait dans ses arrêtés. »

Le jeune dauphinois Barnave : « Vous avez déclaré ce que vous êtes ; vous n'avez pas besoin de sanction. »

Le breton Glezen : « Quoi donc ! le souverain parle en maître, quand il devrait consulter. »

Pétion, Buzot, Garat, Grégoire, parlèrent aussi fortement. Et Sieyès, avec simplicité : « Messieurs, vous êtes aujourd'hui ce que vous étiez hier. »

L'Assemblée déclara ensuite, sur la proposition de Mirabeau, que ses membres étaient inviolables, que quiconque mettait la main sur un député, était traître, infâme, et digne de mort.

Ce décret n'était pas inutile. Les Gardes du corps s'étaient formés en ligne devant la salle.

On croyait que soixante députés seraient enlevés dans la nuit.

La Noblesse, son président en tête, alla tout droit remercier son sauveur le comte d'Artois, puis Monsieur, qui fut prudent, et se garda bien d'être chez lui. Beaucoup allèrent voir la Reine, triomphante, rayonnante, qui, donnant la main à sa fille, portant le Dauphin, leur dit : « Je le confie à la Noblesse. »

Le Roi ne partageait aucunement cette joie. Le silence du peuple, si nouveau pour lui, l'avait accablé. Quand Brézé vint lui apprendre que les députés du Tiers restaient en séance, et lui demanda ses ordres, il se promena quelques minutes, et du ton d'un homme ennuyé, dit enfin : « Eh bien ! qu'on les laisse. »

Le Roi parlait sagement. Il y avait tout à craindre. Un pas de plus, et Paris marchait sur

Versailles. Déjà Versailles était bouleversé. Voilà cinq mille, six mille hommes, qui montent au château. La Reine voit avec terreur cette étrange Cour, toute nouvelle, qui remplit en un moment les jardins, les terrasses, déjà les appartements. Elle prie, supplie le Roi de défaire ce qu'elle a fait, de rappeler Necker... Il n'avait pas à revenir de bien loin ; il était là, tout à côté, convaincu à son ordinaire que rien n'irait jamais sans lui. Louis XVI lui dit avec bonhomie : « Moi, je n'y tiens nullement, à cette Déclaration. »

Necker n'en voulut pas davantage, ne fit aucune condition. Sa vanité satisfaite, l'ivresse d'entendre crier : *Necker !* lui ôtait toute autre pensée. Il sortit, gonflé de joie, dans la grande cour du château, et pour rassurer la foule, il passa tout au travers... Là, des fols se mirent à genoux, lui baisèrent les mains... Lui, troublé : « Oui, mes enfants, oui, mes enfants, je reste, rassurez-vous... » Et il alla fondre en larmes dans son cabinet.

Pauvre instrument de la Cour, il restait sans exiger rien ; il restait pour couvrir la cabale de son nom, lui servir d'affiche, la rassurer contre le peuple ; il rendait cœur à ces braves, et leur donnait le temps d'appeler encore des troupes.

# CHAPITRE V

## MOUVEMENT DE PARIS

*Assemblée des electeurs, 25 juin. — Mouvement des Gardes françaises. — Agitation du Palais-Royal. — Intrigues du parti d'Orléans. — Le Roi ordonne la réunion des ordres, 27 juin. — Le peuple délivre les Gardes françaises, 30 juin. — La Cour prépare la guerre. — Paris demande à s'armer. — Renvoi de Necker, 11 juillet 1789.*

La situation était étrange, visiblement provisoire.

L'Assemblée n'avait pas obéi. Mais le Roi n'avait rien révoqué.

Le Roi avait rappelé Necker. Mais il tenait l'Assemblée comme prisonnière au milieu des troupes. Mais il avait exclu le public des séances; la grande porte restait fermée; l'Assemblée entrait par la petite, et discutait à huis clos.

L'Assemblée réclama faiblement, mollement.

La résistance du 23 semblait avoir épuisé ses forces.

Paris ne mollit pas de même.

Il ne se résigna pas à voir ses députés lui faire des lois en prison.

Le 24, la fermentation fut terrible.

Elle éclate le 25, de trois manières à la fois : par les électeurs, par la foule, par les soldats. Le siège de la Révolution se place à Paris.

Les électeurs s'étaient promis, après les élections, de se réunir encore, pour compléter leurs *instructions* aux députés qu'ils avaient élus. Quoique le ministère leur en refusât la permission, le coup d'État du 23 les fit passer outre ; ils firent aussi leur coup d'État, et d'eux-mêmes se réunirent, le 25, rue Dauphine. Une misérable salle de traiteur, occupée à ce moment même par une noce qui fit place, reçut d'abord l'assemblée des électeurs de Paris. Ce fut leur Jeu-de-Paume, à eux.

Là, Paris, par leur organe, prit l'engagement de soutenir l'Assemblée nationale. L'un d'eux, Thuriot, leur conseilla d'aller à l'Hôtel de Ville, à la grande salle Saint-Jean, qu'on n'osa leur refuser.

Ces électeurs étaient pour la plupart des riches, des bourgeois notables ; l'aristocratie y était en nombre. Mais il y avait parmi eux des têtes fort exaltées. Deux hommes d'abord, ardents révolutionnaires, avec une tendance singulière au mysticisme ; l'un était l'abbé Fauchet, éloquent et intrépide ; l'autre, son ami Bonneville (le traducteur de Shakespeare). Tous deux au treizième siècle se seraient fait brûler comme hérétiques, à coup sûr. Au dix-huitième, ils prirent, autant et plus que personne, l'initiative de la résistance, qu'on n'aurait guère attendue de l'assemblée bourgeoise* des électeurs. Bonneville, le 6 juin, proposa qu'on armât Paris, et, le premier, cria : Aux armes**!

Fauchet, Bonneville, Bertolio, Carra, un violent journaliste, firent les motions hardies qui auraient dû se faire dans l'Assemblée nationale : 1° la Garde bourgeoise ; 2° l'organisation prochaine d'une vraie Commune, élective et annuelle ; 3° une Adresse au Roi pour l'éloignement des troupes et la liberté de l'Assemblée, pour la révocation du coup d'État du 23***.

Le jour même de la première assemblée des électeurs, comme si le cri : Aux armes ! eût retenti dans les casernes, les soldats des Gardes françaises, retenus depuis plusieurs jours, forcèrent la consigne, se promenèrent dans Paris et vinrent fraterniser avec le peuple du Palais-Royal. Déjà, depuis quelque temps, des sociétés secrètes s'organisaient parmi eux ; ils juraient de n'obéir à aucun ordre qui serait contraire aux ordres de l'Assemblée. L'acte du 23, dans lequel le Roi déclare de la manière la plus forte *qu'il ne changerait jamais l'institution de l'armée,* c'est-à-dire que la Noblesse aurait toujours tous les grades, que le roturier ne pourrait monter, que le soldat mourrait soldat, cette déclaration insensée dut achever ce que la contagion révolutionnaire avait commencé.

Ces Gardes françaises, habitués dans Paris, mariés pour la plupart, avaient vu supprimer peu auparavant, par leur colonel, un homme dur, M. Du Châtelet, le dépôt où l'on élevait gratis les enfants de troupe. Le seul changement qu'on fit *aux institutions militaires*, on le fit contre eux.

Pour bien apprécier ce mot *institutions de l'armée*, il faut savoir qu'au budget de ce temps, les officiers comptaient pour 46 millions, les soldats pour 44 \*. Il faut savoir que Jourdan, Joubert, Kléber, qui d'abord avaient servi, quittèrent l'état militaire, comme une impasse, une carrière désespérée. Augereau était sous-officier d'infanterie. Hoche était sergent des Gardes françaises ; Marceau, soldat. Ces jeunes gens de grand cœur et de haute ambition étaient cloués là pour toujours. Hoche, qui avait vingt et un ans, n'en faisait pas moins son éducation, comme pour être général en chef : littérature, politique, philosophie même, il dévorait tout. Faut-il dire que ce grand homme, pour acheter quelques livres, brodait des gilets d'officiers, et les vendait dans un café \*\* ! La faible paye du soldat était, sous un prétexte ou l'autre, absorbée par des retenues que des officiers, dit-on, dissipaient entre eux \*\*\*.

Le mouvement des Gardes françaises n'était point une émeute prétorienne, un brutal mouvement de soldats. Il arrivait à l'appui des Déclarations des électeurs et du peuple.

Cette troupe vraiment française, parisienne en grande partie, suivait Paris, suivait la Loi, la Loi vivante, l'Assemblée nationale.

Ils arrivent au Palais-Royal, salués, pressés de la foule, embrassés, presque étouffés. Le soldat, ce vrai paria de l'ancienne monarchie, si maltraité par les nobles, est recueilli par le peuple... Et qu'est-il, sous l'uniforme, sinon le peuple lui-même? Deux frères se sont retrouvés, le soldat, le citoyen, deux enfants d'une même mère ; ils tombent dans les bras l'un de l'autre, et les larmes coulent...

La haine et l'esprit de parti ont rabaissé tout cela, défiguré ces grandes scènes, obscurci l'Histoire à plaisir. On s'est attaché à telle ou telle anecdote ridicule. Digne amusement des petits esprits! On a donné à ces mouvements immenses je ne sais quelles misérables, quelles imperceptibles causes... Eh! malheureux! expliquez donc par la paille que la vague emporte l'agitation de l'Océan.

Non, ces mouvements furent ceux d'un peuple, vrais, sincères, immenses, unanimes; la France y prit part, Paris y prit part, tous (chacun dans sa mesure), tous agirent, ceux-ci du bras et de la voix, ceux-là de leur pensée, de leur ardent désir, du plus profond de leur cœur.

Et que disais-je, la France? Le monde, eût été mieux dit. Un ennemi, un envieux, un Genevois imbu de tous les préjugés anglais, ne peut s'empêcher d'avouer que, dans ce moment décisif, le monde entier regardait, qu'il observait avec une sympathie inquiète la marche de notre Révolution, qu'il sentait que la France faisait à ses risques et périls les affaires du genre humain*...

Un agronome anglais, Arthur Young, homme positif, spécial, venu ici, chose bizarre, pour étudier l'agriculture, dans un tel moment, s'étonne du silence profond qui règne autour de Paris; nulle voiture, à peine un homme. La terrible agitation qui concentrait tout au dedans, faisant du dehors un désert... Il entre, le tumulte l'effraye; il traverse avec étonnement cette capitale du bruit. On le mène au Palais-Royal, au centre de l'incendie, au point brûlant de la fournaise. Dix mille hommes parlaient à la fois; aux croisées, dix mille lumières; c'était un jour de victoire pour le peuple, on tirait des feux d'artifice, on faisait des feux de joie... Ébloui, étourdi devant cette mouvante Babel, il s'en retire à la hâte... Cependant l'émotion si grande, si vive, de ce peuple uni dans une pensée, gagne bientôt le voyageur; il s'associe peu à peu, sans s'avouer son changement, aux espérances de la liberté; l'Anglais fait des vœux pour la France**!

Tous s'oubliaient. Le lieu, l'étrange lieu où la

scène se passait, semblait, dans de tels moments, s'oublier lui-même. Le Palais-Royal n'était plus le Palais-Royal. Le vice, dans la passion d'une grandeur si sincère, à la flamme de l'enthousiasme devenait pur un instant. Les plus dépravés relevaient la tête et regardaient dans le ciel; leur passé, ce mauvais songe, était mort au moins pour un jour; honnêtes? ils ne pouvaient pas l'être, mais ils se sentaient héroïques, au nom des libertés du monde!... Amis du peuple, frères entre eux, n'ayant plus rien d'égoïstes, tout prêts à tout partager.

Qu'il y eût des agitateurs intéressés dans cette foule, cela ne peut faire un doute. La minorité de la Noblesse, hommes d'ambition et de bruit, les Lameth et les Duport, travaillaient le peuple par leurs brochures, par leurs agents. D'autres bien pires s'y joignaient. Tout cela se passait, il faut bien le dire, sous les fenêtres du duc d'Orléans, sous les yeux de cette cour intrigante, avide, immonde... Hélas! qui n'aurait pitié de notre Révolution? ce mouvement naïf, désintéressé, sublime, épié, couvé des yeux par ceux qui croient un jour ou l'autre le tourner à leur profit!

Regardons à ces fenêtres. J'y vois distinctement une femme blanche, un homme noir. Ce sont les conseillers du prince, le vice et la vertu, madame de Genlis et Choderlos de Laclos. Les rôles sont divisés. Dans cette maison où tout est faux, la vertu est représentée par madame de Genlis, sécheresse et sensiblerie, un torrent de larmes et d'encre, le charlatanisme d'une éducation modèle, la constante exhibition de la jolie Paméla\*. De ce côté du palais est le bureau philanthropique où la charité s'organise à grand bruit la veille des élections\*\*.

Le temps n'est plus où le prince jockey pariait, après souper, de courir tout nu de Paris à Bagatelle. C'est aujourd'hui un homme d'État avant tout, un chef de parti ; ses maîtresses le veulent ainsi. Elles ont rêvé deux choses, une bonne loi de divorce et un changement de dynastie. Le confident politique du prince est cet homme sombre, taciturne, qui semble vous dire : « Je conspire, nous conspirons. » Ce profond Laclos qui, par son petit livre des *Liaisons dangereuses*, se flatte d'avoir fait passer le roman du vice au crime, y insinue que la galanterie scélérate est un prélude utile au scélérat politique. C'est ce nom qu'il ambitionne, ce rôle qu'il joue à ravir... Plusieurs disent, pour flatter le prince : « Laclos est un homme noir. »

Il n'était pourtant pas facile de faire un chef de parti de ce duc d'Orléans ; il était usé à cette époque, fini de corps et de cœur, très faible d'esprit. Des fripons lui faisaient faire de l'or dans les greniers du Palais-Royal, et ils lui avaient fait faire connaissance du diable\*\*\*.

Une autre difficulté, c'est que ce prince, sous

tous les vices acquis, en avait un naturel, fondamental et durable, qui ne finit pas par l'épuisement, comme les autres, qui reste fidèle à son homme. Je parle de l'avarice. « Je donnerais, disait-il, l'opinion publique pour un écu de six francs. » Ce n'était pas un mot en l'air. Il l'avait bien appliqué, lorsque, malgré la clameur publique, il avait bâti le Palais-Royal.

Ses conseillers politiques n'étaient pas assez habiles pour le relever de là. Ils lui firent faire plus d'une démarche fausse et imprudente.

En 1788, le frère de madame de Genlis, un jeune homme sans autre titre que celui d'officier de la maison d'Orléans, écrit au Roi, pour demander... rien autre chose que le premier ministère, la place de Necker et de Turgot; il se fait fort de rétablir en un moment les finances de la monarchie. Le duc d'Orléans se fait porteur de l'incroyable missive, la remet au Roi, l'appuie, et devient l'amusement de la Cour.

Les sages conseillers du prince avaient cru faire passer ainsi tout doucement le pouvoir entre ses mains. Trompés dans cette espérance, ils agirent plus ouvertement, essayèrent de faire un Guise, un Cromwell, se tournèrent du côté du peuple. Là aussi, ils rencontrèrent de grandes difficultés. Tous ne furent pas dupes; la ville d'Orléans n'élut pas le prince; et, par représailles, il lui retira brusquement les bienfaits par lesquels il avait cru acheter son élection.

Rien n'avait été épargné cependant, ni l'argent ni l'intrigue. Ceux qui conduisaient l'affaire avaient imaginé de coller une brochure tout entière de Sieyès aux instructions électorales que le duc envoyait dans ses domaines, et de placer ainsi leur maître sous l'affiche et le patronage du grand penseur, alors si populaire, qui n'avait pourtant nul rapport avec le duc d'Orléans.

Quand les Communes firent le pas décisif de prendre le titre d'*Assemblée nationale*, on avertit le duc d'Orléans que le moment était venu de se montrer, de parler, d'agir, qu'un chef de parti ne pouvait rester un personnage muet. On obtint de lui qu'il lirait au moins un discours de quatre lignes pour engager la Noblesse à se réunir au Tiers. Il le fit, mais en lisant, le cœur lui faillit, il se trouva mal. On vit, en le déboutonnant, que dans la crainte d'être assassiné par la Cour, ce prince trop prudent mettait, en guise de cuirasse, cinq ou six gilets l'un sur l'autre*.

Le jour du coup d'État manqué (23 juin), le duc crut le Roi perdu, et lui roi demain ou après ; il ne put cacher sa joie**. La terrible fermentation de Paris, au soir et le lendemain, annonçait assez qu'un grand mouvement éclaterait. Le 25, la minorité de la Noblesse sentit qu'elle baissait beaucoup, si Paris prenait l'initiative : elle alla, le duc d'Orléans en tête, s'unir aux Communes. L'homme du prince, Sillery, le commode mari de madame de Genlis, fit, au nom de tous, un discours peu convenable, celui qu'aurait fait un médiateur, un arbitre accepté entre le Roi et le peuple : « Ne perdons jamais de vue le respect que nous devons au meilleur des rois... Il nous offre la paix, pourrions-nous ne pas l'accepter ! etc. »

Le soir, grande joie à Paris pour cette réunion des nobles amis du peuple. Une Adresse à l'Assemblée se trouve au café de Foy; tout le monde signe, jusqu'à trois mille personnes, à la hâte, la plupart sans lire. Cette pièce, faite de bonne main, contenait un mot étrange sur le duc d'Orléans : « Ce prince, objet de la *vénération* publique. » Un tel mot pour un tel homme semblait cruellement dérisoire; un ennemi n'aurait pas dit mieux. Les agents maladroits du prince crurent apparemment que l'éloge le plus hasardé serait le mieux payé aussi.

Grâce à Dieu, la grandeur, l'immensité du mouvement, épargna à la Révolution l'indigne médiateur. Depuis le 25, l'élan fut tellement unanime, l'accord si puissant, que les agitateurs emportés eux-mêmes durent perdre la prétention de rien diriger. Paris mena ses meneurs. Les Catilina de salons et de cafés n'eurent qu'à se ranger à la suite. Une autorité se trouva tout à coup dans Paris, que l'on avait cru sans chef et sans guide, l'assemblée des électeurs. D'autre part, les Gardes françaises commençant à se déclarer, on put prévoir que la force ne manquerait pas à l'autorité nouvelle. Pour tout résumer d'un mot, les médiateurs obligeants pouvaient se tenir tranquilles : si l'Assemblée était captive à Versailles, elle avait son asile ici, au cœur même de la France, et au besoin Paris pour armée.

La Cour, indignée, frémissante, mais encore plus effrayée, se décida, le 26 au soir, à accorder la réunion des ordres. Le Roi y invita la Noblesse ; et, pour ménager un moyen de protester contre tout ce qui se faisait, on fit écrire par le comte d'Artois cette parole imprudente (fausse alors) : « La vie du Roi est en danger. »

Le 27, eut donc lieu la réunion tant attendue. La joie fut excessive dans Versailles, insensée et folle. Le peuple fit des feux de joie, il cria : Vive la Reine ! Il fallut qu'elle vînt au balcon. La foule lui demanda qu'elle lui montrât le Dauphin, en signe de réconciliation complète et de raccommodement. Elle y consentit encore, et reparut avec son enfant. Elle n'en méprisait que plus cette foule crédule, et elle appelait des troupes.

Elle n'avait pris aucune part à la réunion des ordres. Et pouvait-on bien dire qu'il y eût réunion ? C'était toujours des ennemis qui maintenant étaient dans une même salle, se voyaient, se coudoyaient. Le Clergé avait fait expressément ses réserves. Les protestations des nobles arrivaient une à une, comme autant de défis, et remplissaient des séances ; ceux qui venaient ne daignaient s'asseoir, ils erraient, se tenaient debout comme simples spectateurs. Ils siégeaient, mais ailleurs, dans un conciliabule. Beaucoup avaient dit qu'ils partaient, et ils restaient à Versailles ; visiblement, ils attendaient.

L'Assemblée perdait le temps. Les avocats qui y étaient en majorité parlaient beaucoup et longtemps, croyaient trop à la parole. Que la Constitution se fît, tout était sauvé, selon eux. Comme si la Constitution peut être quelque chose, avec un gouvernement en conspiration permanente ! une liberté de papier, écrite ou verbale, tandis que le despotisme aurait la force et l'épée ! nonsens, dérision !

Mais ni la Cour, ni Paris, ne voulaient de compromis. Tout tournait à la violence ouverte. Les militaires de Cour étaient impatients d'agir. Déjà, M. Du Châtelet, colonel des Gardes françaises, avait mis à l'Abbaye onze de ces soldats qui avaient juré de n'obéir à aucun ordre contraire à ceux de l'Assemblée. Et il ne s'en tint pas là. Il voulut les tirer de la prison militaire et les envoyer à celle des voleurs, à cet épouvantable égout, prison, hôpital à la fois, qui réunissait sous le même fouet les galériens et les vénériens*. L'affaire terrible de Latude, plongé là pour y mourir, avait révélé Bicêtre, jeté une première lueur ; un livre récent de Mirabeau avait soulevé les cœurs, terrifié les esprits**... Et c'était là qu'on allait mettre des hommes dont le crime était de ne vouloir être que les soldats de la Loi.

Le jour même où on va les transférer à Bicêtre, on l'apprend au Palais-Royal. Un jeune homme monte sur une chaise, crie : « A l'Abbaye ! allons délivrer ceux qui n'ont pas voulu tirer sur le peuple ! » Des soldats s'offrent ; les citoyens les remercient et vont seuls. La foule grossit en route, les ouvriers s'y joignent avec de bonnes barres de fer. A l'Abbaye, ils étaient quatre mille. On enfonce le guichet ; on brise, à coups de maillets, de haches, de barres, les grosses portes intérieures. Les victimes sont délivrées. On sortait, lorsqu'on rencontre des hussards et des dragons qui venaient bride abattue, l'épée haute... Le peuple saute à la bride ; on s'explique ; les soldats ne veulent pas massacrer les libérateurs des soldats ; ils rengainent, ôtent leurs casques ; on apporte du vin, et tous boivent ensemble au Roi et à la nation.

Tout ce qui était en prison fut délivré en même temps. La foule mène sa conquête chez elle, à son Palais-Royal. Parmi les délivrés, on portait un vieux soldat qui, depuis des années, pourrissait à l'Abbaye et ne pouvait plus marcher. Le pauvre diable, qui depuis si longtemps n'éprouvait que des rigueurs, était trop ému : « J'en mourrai, messieurs, disait-il, je mourrai de tant de bonté ! »

Il n'y en avait qu'un de bien coupable, on le

ramena en prison. Tout le reste, pêle-mêle, citoyens, soldats, prisonniers, un cortège immense, arrive au Palais-Royal; on dresse une table dans le jardin, on les fait asseoir. La difficulté était de les loger : on les couche au spectacle dans la salle des Variétés; et on monte la garde à la porte. Le lendemain, établis en un hôtel qui se trouvait sous les arcades, soldés, nourris par le peuple. Toute la nuit, on avait illuminé des deux côtés de Paris, et autour de l'Abbaye, et dans le Palais-Royal. Bourgeois, ouvriers, riches et pauvres, dragons, hussards, Gardes françaises, tous se promenaient ensemble, sans qu'il y eût d'autre bruit que les cris : Vive la nation ! Tous se livraient au transport de cette réunion fraternelle, à leur jeune confiance dans l'avenir de la Liberté.

Le matin, de bonne heure, les jeunes gens étaient à Versailles, aux portes de l'Assemblée. Là, ils ne trouvèrent que glace. Une révolte militaire, une prison forcée, tout cela apparaissait à Versailles sous l'aspect le plus sinistre. Mirabeau, se tenant à côté de la question, proposa une Adresse aux Parisiens pour leur conseiller d'être sages. On s'arrêta à l'avis (peu rassurant pour ceux qui réclamaient l'intercession de l'Assemblée) de déclarer que l'affaire ne regardait que le Roi, qu'on ne pouvait qu'implorer sa clémence.

C'était le 1ᵉʳ juillet. Le 2, le Roi écrit, non à l'Assemblée, mais à l'archevêque de Paris, que si les coupables rentrent en prison, il pourra faire grâce. La foule trouva cette promesse si peu sûre, qu'elle alla demander à la Ville, aux électeurs, ce qu'il fallait croire. Longue hésitation de ceux-ci; mais la foule insiste, elle augmente à chaque instant. A une heure après minuit, les électeurs s'engagent à aller demain à Versailles, *à ne point rentrer sans la grâce*. Sur leur parole, les délivrés se mirent eux-mêmes en prison, et furent élargis bientôt.

Ceci n'était point de la paix. La guerre enveloppait Paris, tous les régiments étrangers étaient arrivés. On avait appelé pour les commander l'Hercule et l'Achille de la vieille monarchie, le vieux maréchal de Broglie. La Reine avait mandé Breteuil, son homme de confiance, ex-ambassadeur à Vienne, homme de plume qui, pour le bruit et les bravades, valait tout homme d'épée. « Son gros son de voix ressemblait à de l'énergie; il marchait à grand bruit, en frappant du pied, comme s'il avait voulu faire sortir une armée de terre... »

Tout cet appareil de guerre réveilla enfin l'Assemblée. Mirabeau, qui déjà le 27 avait lu, sans être écouté, une Adresse pour la paix, en proposa une nouvelle pour l'éloignement des troupes; cette pièce, harmonieuse et sonore, flatteuse à l'excès pour le Roi, fut très goûtée par l'Assemblée. La meilleure chose qu'elle contînt, la demande d'une Garde bourgeoise, fut la seule qu'on en ôta*.

Les électeurs de Paris qui, les premiers, avaient fait cette demande écartée par l'Assemblée, la reprirent avec force le 10 juillet.

Carra, dans une dissertation fort abstraite, à la Sieyès, posa le droit de la Commune, droit imprescriptible et, dit-il, *antérieur même à celui de la monarchie*, lequel droit comprend spécialement celui de se garder soi-même. Bonneville, en son nom, au nom de son ami Fauchet, demandait qu'on passât à l'application, qu'on avisât à se constituer en Commune, conservant *provisoirement le prétendu* corps municipal. Charton voulait de plus *que les soixante districts fussent assemblés* de nouveau, qu'on transmît leurs décisions à l'Assemblée nationale, qu'on *s'entendît avec les grandes villes* du royaume.

Toutes ces motions hardies se faisaient dans la grande salle Saint-Jean de l'Hôtel de Ville, par-devant un peuple immense; Paris semblait se serrer autour de cette autorité qu'il avait créée, il ne se fiait à nulle autre; il eût voulu en tirer l'ordre de s'organiser, s'armer, d'assurer son salut lui-même.

La mollesse de l'Assemblée nationale n'était pas pour le rassurer. Le 11 juillet, elle reçut la réponse du Roi à l'Adresse, et s'en contenta. Quelle réponse cependant? Que les troupes étaient là pour assurer la liberté de l'Assemblée, que si elles causaient ombrage, le roi la transférerait à Noyon ou à Soissons, c'est-à-dire la placerait entre deux ou trois corps d'armée. Mirabeau ne put obtenir que l'on insistât pour le renvoi des troupes. Visiblement, la réunion des cinq cents députés du Clergé et de la Noblesse avait énervé l'Assemblée. Elle laissa la grande affaire, et se mit à écouter une *Déclaration des droits de l'homme* que présenta La Fayette.

Un modéré, très modéré, le philanthrope Guillotin, vint tout exprès à Paris pour communiquer cette quiétude à l'assemblée des électeurs. Honnête homme, et trompé sans doute, il assura que tout allait bien, que M. Necker était plus solide que jamais. Des applaudissements accueillirent cette excellente nouvelle; et les électeurs, non moins dupes que l'Assemblée, s'amusèrent, comme elle, à l'admirable *Déclaration des droits*, que par bonheur on venait d'apporter de Versailles. Ce jour même, pendant que le bon Guillotin parlait, M. Necker, congédié, était déjà bien loin sur le chemin de Bruxelles.

Quand Necker reçut l'ordre de s'éloigner à l'instant, il se mettait à table, il était trois heures. Le pauvre homme, qui avait si tendrement épousé le ministère, ne le quitta jamais qu'en pleurant, sut pourtant se contraindre devant ses convives et fit bonne contenance. Après dîner, sans même avertir sa fille, il partit avec sa femme, prenant la route la plus courte pour sortir du royaume, celle des Pays-Bas. Les gens de la Reine, chose indigne, étaient d'avis qu'on l'arrêtât; ils connaissaient si peu Necker, qu'ils avaient peur qu'il ne désobéît au Roi et ne se jetât dans Paris!

MM. de Broglie et de Breteuil, au premier jour qu'on les manda, avaient été eux-mêmes effrayés de voir où l'on s'engageait. Broglie ne voulait pas qu'on renvoyât Necker; Breteuil aurait dit : « Donnez-nous donc alors cent mille hommes et cent millions. — Vous les aurez, » dit la Reine. Et l'on se mit à fabriquer secrètement une monnaie de papier*.

M. de Broglie, pris au dépourvu, lourd de ses soixante et onze ans, s'agitait beaucoup sans agir. Ordres, contre-ordres, se croisaient. Son hôtel était un quartier général, plein de commis, d'ordonnances, d'aides de camp prêts à monter à cheval. « On dressait une liste d'officiers généraux; on faisait un ordre de bataille**. »

Les autorités militaires n'étaient pas trop d'accord entre elles. Il n'y avait pas moins de trois chefs : Broglie, qui allait être ministre; Puységur, qui l'était encore; enfin Besenval, qui, depuis huit ans, avait le commandement des provinces de l'intérieur, et à qui l'on signifia sèchement qu'il obéirait au vieux maréchal. Besenval lui expliqua la situation, le danger, et qu'on n'était pas en campagne, mais devant une ville de huit cent mille âmes au dernier degré de l'exaltation. Broglie ne voulut pas l'écouter. Ferme sur sa guerre de Sept-Ans, ne connaissant que le soldat, que les forces brutes, plein de mepris pour le bourgeois, il était convaincu qu'à la seule vue d'un uniforme le peuple fuirait. Il ne crut pas nécessaire d'envoyer des troupes à Paris; seulement il l'environna de régiments étrangers, ne s'inquiétant pas d'augmenter par là l'irritation populaire. Tous ces soldats allemands présentaient l'aspect d'une invasion autrichienne ou suisse; les noms barbares de leurs régiments effarouchaient les oreilles : Royal-Cravate était à Charenton; à Sèvres, Reinach et Diesbach; Nassau était à Versailles; Salis-Samade, à Issy; les hussards de Bercheny, à l'École-Militaire; ailleurs, Châteauvieux, Esterhazy, Rœmer, etc.

La Bastille, assez défendue de ses épaisses murailles, venait de recevoir un renfort de Suisses. Elle avait des munitions, une monstrueuse masse de poudre, à faire sauter toute la ville. Les canons, en batterie sur les tours depuis le 30 juin, regardaient Paris de travers, et, tout chargés, passaient leur gueule menaçante entre les créneaux.

## CHAPITRE VI

### INSURRECTION DE PARIS

*Danger de Paris. — Explosion de Paris, 12 juillet 1789. — Inaction de Versailles. — Provocation des troupes; Paris prend les armes. — L'Assemblée nationale s'adresse en vain au Roi, 13 juillet. — Les électeurs de Paris autorisent l'armement. — Organisation de la Garde bourgeoise. — Hésitation des électeurs. — Le peuple saisit des poudres, cherche des fusils. — Sécurité de la Cour.*

Du 23 juin au 12 juillet, de la menace du Roi à l'explosion du peuple, il y eut une halte étrange. C'était, dit un observateur, c'était un temps orageux, lourd, sombre, comme un songe agité et pénible, plein d'illusions, de trouble. Fausses alarmes, fausses nouvelles; fables, inventions de toutes sortes. On savait, on ne savait pas. On voulait tout expliquer, tout deviner. On voyait des causes profondes, même aux choses indifférentes. Des mouvements commençaient sans auteur et sans projet, d'eux-mêmes, d'un fond général de défiance, de sourde colère. Le pavé brûlait, le sol était comme miné, vous entendiez dessous déjà gronder le volcan.

On a vu que dès la première assemblée des électeurs, Bonneville avait crié : Aux armes ! Cri étrange dans cette assemblée des notables de Paris, et qui tombait de lui-même. Plusieurs frémirent, d'autres sourirent, et l'un d'eux, prophétiquement : « Jeune homme, remettez votre motion à quinze jours. »

Aux armes ? contre une armée tout organisée qui était aux portes. Aux armes ? quand cette armée pouvait si aisément affamer la ville, quand la disette s'y faisait déjà sentir, quand on voyait la queue s'allonger à la porte des boulangers... Les pauvres gens des campagnes entraient par toutes les barrières, hâves, déguenillés, sur leurs longs bâtons de voyage. Une masse de vingt mille mendiants, qu'on occupait à Montmartre, était suspendue sur la ville ; si Paris faisait un mouvement, cette autre armée pouvait descendre. Déjà quelques-uns avaient essayé de brûler et de piller les barrières.

Il y avait à parier que la Cour porterait les premiers coups. Il lui fallait faire sortir le Roi des scrupules, des velléités de paix, en finir une fois avec tous les compromis... Pour cela, il fallait vaincre.

De jeunes officiers de hussards, des Sombreuil et des Polignac, allèrent jusque dans le Palais-Royal narguer la foule, et ils sortirent le sabre à la main. Visiblement, la Cour se croyait trop forte ; elle souhaitait des violences*.

Le dimanche, 12 juillet, au matin, jusqu'à dix heures, personne encore à Paris ne savait le renvoi de Necker. Le premier qui en parla au Palais-Royal fut traité d'aristocrate, menacé. Mais la nouvelle se confirme ; elle circule, la fureur aussi... A ce moment, il était midi, le canon du Palais-Royal vint à tonner. « On ne peut rendre, dit *L'Ami du Roi*, le sombre sentiment de terreur dont ce bruit pénétra les âmes. » Un jeune homme, Camille Desmoulins, sort du café de Foy, saute sur une table, tire l'épée, montre un pistolet : « Aux armes ! Les Allemands du Champ-de-Mars entreront ce soir dans Paris pour égorger les habitants ! Arborons une cocarde ! » Il arrache une feuille d'arbre et la met à son chapeau : tout le monde en fait autant ; les arbres sont dépouillés.

« Point de théâtres ! point de danse ! c'est un jour de deuil ! » On va prendre au cabinet des figures de cire le buste de Necker ; d'autres, toujours là pour profiter des circonstances, y joignent celui d'Orléans. On les porte couverts de crêpes à travers Paris ; le cortège, armé de bâtons, d'épées, de pistolets, de haches, suit d'abord la rue Richelieu, puis, en tournant le boulevard, les rues Saint-Martin, Saint-Denis, Saint-Honoré, et vient à la place Vendôme. Là, devant les hôtels des Fermiers généraux, un détachement de dragons attendait le peuple; il fondit sur lui, le dispersa, lui brisa son Necker; un Garde française sans armes resta ferme, et fut tué.

Les barrières qu'on achevait à peine, ces lourdes petites bastilles de la Ferme générale, furent partout, ce même dimanche, attaquées par le peuple, mal défendues par la troupe, qui pourtant tua du monde. Elles brûlèrent pendant la nuit.

La Cour, si près de Paris, ne pouvait rien ignorer. Elle resta immobile, n'envoya ni ordre, ni troupe. Elle attendait apparemment que le trouble augmentant, devenant révolte et guerre, lui donnât ce que l'affaire Réveillon, etouffée trop tôt, n'avait pu donner, un prétexte spécieux pour dissoudre l'Assemblée. Donc, elle laissait à loisir Paris s'enfoncer dans son tort. Elle gardait bien Versailles, les ponts de Sèvres et de Saint-Cloud, coupait toute communication, et se croyait sûre de pouvoir toujours, au pis aller, affamer Paris. Elle-même, entourée de troupes, allemandes pour les deux tiers, qu'avait-elle à craindre?... Rien, que de perdre la France.

Le ministre de Paris (il y en avait un alors) resta à Versailles. Les autres autorités, le lieutenant de police, le prévôt des marchands Flesselles, l'intendant Berthier, parurent de même inactifs. Flesselles, mandé à la Cour\*, ne put s'y rendre, mais vraisemblablement il en eut les instructions.

Le commandant Besenval, sans responsabilité, puisqu'il ne pouvait agir que par les ordres de Broglie, restait paresseusement à l'École-Militaire. Il n'osait se servir des Gardes françaises, et les tenait consignés. Mais il avait plusieurs détachements de divers corps, et trois régiments disponibles, un de Suisses et deux de cavalerie allemande. Vers l'après-midi, voyant le trouble augmenter, il mit ses Suisses dans les Champs-Élysées avec quatre pièces de canon, et réunit ses cavaliers sur la place Louis XV. Avant le soir, avant l'heure où l'on rentre le dimanche, la foule revenait par les Champs-Élysées, remplissait les Tuileries; c'était généralement des promeneurs inoffensifs, des familles qui voulaient rentrer de bonne heure, « parce qu'il y avait du bruit. » Cependant la vue de ces soldats allemands en bataille sur la place ne laissait pas d'émouvoir. Des hommes dirent des injures, des enfants jetèrent des pierres\*\*. C'est alors que Besenval, craignant à la fin qu'on ne lui reprochât à Versailles de n'avoir rien fait, donna l'ordre insensé, barbare, digne de son étourderie, de pousser ce peuple avec les dragons. Ils ne pouvaient se mouvoir dans cette foule compacte qu'en écrasant quelques personnes. Leur colonel, le prince de Lambesc, entre dans les Tuileries, mais d'abord au pas. Il rencontre une barricade de chaises ; les bouteilles, les pierres commencent à pleuvoir sur lui ; il répond par des coups de feu. Les femmes jettent des cris perçants ; les hommes se mettent à fermer les Tuileries derrière Lambesc. Il jugea prudent de sortir. Un homme fut renversé, foulé ; un vieillard qui fuyait fut blessé grièvement.

La foule, sortie des Tuileries avec des cris d'effroi et d'indignation, remplit Paris du récit de cette brutalité, de ces Allemands poussant leurs chevaux contre des femmes et des enfants, du vieillard blessé, disait-on, de la main même du prince... Alors, on court aux armuriers, on prend ce qu'on trouve. On court à l'Hôtel de Ville pour demander des armes, sonner le tocsin. Nul magistrat municipal n'était à son poste. Quelques électeurs de bonne volonté s'y rendirent vers six heures du soir, occupèrent dans la grande salle leur enceinte réservée, et tâchèrent de calmer la foule. Mais derrière cette foule, déjà entrée, il y en avait une autre sur la place, qui criait : Des armes ! qui croyait que la ville avait un arsenal caché, qui menaçait de brûler tout. Ils forcent le poste, envahissent la salle, poussent la barrière, pressent les électeurs jusque sur leur bureau. Alors, ils leur font à la fois mille récits de ce qui vient de se passer... Les électeurs ne peuvent refuser les armes des Gardes de la Ville ; mais déjà le peuple les a cherchées, trouvées, prises ; déjà un homme en chemise, sans bas ni souliers, a pris la place du factionnaire, et, le fusil sur l'épaule, monte fièrement la garde à la porte de la salle *.

Les électeurs reculaient devant la responsabilité d'autoriser le mouvement. Ils accordèrent seulement la convocation des districts, et envoyèrent quelques-uns des leurs « aux postes des citoyens armés, pour les prier, au nom de la patrie, de surseoir aux attroupements et voies de fait. » Elles avaient commencé le soir d'une manière fort sérieuse. Des Gardes françaises, échappés de leurs casernes, se formèrent au Palais-Royal, marchèrent sur les Allemands et vengèrent leur camarade. Ils tuèrent trois cavaliers sur le boulevard, puis allèrent à la place Louis XV, qu'ils trouvèrent évacuée.

Le lundi 13 juillet, le député Guillotin, puis deux électeurs, allèrent à Versailles, et supplièrent l'Assemblé « de concourir à établir une Garde bourgeoise. » Ils firent un tableau effrayant de la crise de Paris. L'Assemblée vota deux députations, l'une au Roi, l'autre à la Ville. Elle ne tira du Roi qu'une sèche et ingrate réponse, bien étrange quand le sang coulait : « Qu'il ne pouvait rien changer aux mesures qu'il avait prises, qu'il était seul juge de leur nécessité, que la présence des députés à Paris ne pouvait faire aucun bien... »

— L'Assemblée indignée arrêta : 1° que M. Necker

emportait les regrets de la nation; 2° qu'elle insistait pour l'éloignement des troupes; 3° que non seulement les ministres, mais les Conseils du Roi, *de quelque rang* qu'ils pussent être, étaient personnellement responsables des malheurs présents; 4° que nul pouvoir n'avait droit de prononcer l'infâme mot de banqueroute. — L'article 3 désignait assez la Reine et les princes; le dernier les flétrissait. — L'Assemblée reprit ainsi sa noble attitude : désarmée au milieu des troupes, sans autre appui que la Loi, menacée pour le soir même de dispersion, d'enlèvement, elle marqua bravement ses ennemis à la face, de leur vrai nom : *banqueroutiers*[*].

L'Assemblée, après ce vote, n'avait qu'un asile, l'Assemblée même, la salle qu'elle occupait; hors de là, pas un pouce de terre au monde; aucun de ses membres n'osait plus coucher chez lui. Elle craignait aussi que la Cour ne mît la main sur ses Archives. La veille, le dimanche, l'un des secrétaires, Grégoire, avait enveloppé, scellé, caché tous les papiers dans une maison de Versailles[**]. Le lundi, il présida par *intérim*, soutint de son grand courage ceux qui mollissaient, leur rappelant le Jeu-de-Paume, et le mot du Romain : « Que le monde croule, les ruines le frapperont sans l'effrayer. » (Impavidum ferient ruinæ.)

On déclara la séance permanente, et elle continua pendant soixante-douze heures. M. La

Fayette, qui n'avait pas peu contribué au vigoureux arrêté, fut nommé vice-président.

Paris était cependant dans la plus vive anxiété. Le faubourg Saint-Honoré croyait de moment en moment voir entrer les troupes. Malgré les efforts des électeurs, qui coururent la nuit pour faire déposer les armes, tout le monde s'armait ; personne n'était disposé à recevoir paisiblement les Croates et les Pandours, à porter les clefs à la Reine. Le lundi matin, dès six heures, toutes les cloches de toutes les églises sonnant coup sur coup le tocsin, quelques électeurs se rendent à l'Hôtel de Ville, y trouvent déjà la foule, la renvoient dans les districts. A huit heures, voyant qu'elle insiste, ils affirment que la Garde bourgeoise est autorisée, ce qui n'était pas encore. Le peuple crie toujours : Des armes ! à quoi les électeurs répondent : « Si la Ville en a, on ne peut les obtenir que par le prévôt des marchands. — Eh bien, envoyez-le chercher ! »

Le prévôt Flesselles, ce même jour, était mandé à Versailles par le Roi, à l'Hôtel de Ville par le peuple. Soit qu'il n'osât se refuser à cet appel de la foule, soit qu'il crût pouvoir mieux servir le Roi à Paris, il alla à l'Hôtel de Ville, fut applaudi dans la Grève, dit paternement : « Vous serez contents, mes amis, je suis votre père. » Il déclara dans la salle qu'il ne voulait présider que par élection du peuple. Là-dessus, nouveaux transports.

Il n'y avait pas encore d'armée parisienne, et l'on discutait déjà quel serait le général. L'américain Moreau de Saint-Méry, qui présidait les électeurs, montra un buste de La Fayette, et ce nom fut fort applaudi. D'autres proposèrent, obtinrent, qu'on offrît le commandement au duc d'Aumont, qui demanda vingt-quatre heures pour réfléchir, et puis refusa. Le commandant en second fut le marquis de La Salle, militaire éprouvé, écrivain patriote, plein de dévouement et de cœur.

Tout cela traînait, et la foule frémissait d'impatience : elle avait hâte d'être armée, et non sans raison. Les mendiants de Montmartre jetaient la pioche, descendaient en ville; des masses d'hommes remuaient, inconnus, sans aveu. L'effroyable misère des campagnes avait rabattu de toutes parts des troupeaux d'affamés sur Paris; la famine le peuplait.

Dès le matin, sur un bruit qu'il y avait du blé à Saint-Lazare, la foule y court, et y trouve en effet une masse énorme de farines, que les bons Pères avaient entassées, de quoi charger plus de cinquante voitures, qui furent conduites à la Halle. On brisa tout, on mangea, on but ce qui était dans la maison : du reste, on n'emporta rien; le premier qui essaya de le faire fut pendu par le peuple même.

Les prisonniers de Saint-Lazare avaient échappé. On délivra ceux de la Force, qui étaient détenus pour dettes. Les criminels du Châtelet voulaient profiter du moment, et déjà enfonçaient les portes. Le concierge appela une bande de peuple qui passait ; elle entra, fit feu sur les rebelles, et les força de rentrer dans l'ordre.

Les armes du Garde-Meuble furent enlevées, mais plus tard remises fidèlement.

Les électeurs, ne pouvant plus différer l'armement, essayèrent de le limiter. Ils votèrent, et le prévôt prononça : Que chacun des soixante districts élirait, armerait deux cents hommes, et que tout le reste serait désarmé. — C'était une armée de *douze mille* notables ; à merveille pour la police, mais très mal pour la défense. Paris eût été livré. Le même jour, l'après-midi, on décida : Que la Milice parisienne serait de *quarante-huit mille* hommes. La cocarde aux couleurs de la ville, bleue et rouge\*. Cet arrêté fut le jour même confirmé par tous les districts.

Un Comité permanent est nommé pour veiller, nuit et jour, à l'ordre public. On le forme d'électeurs. — « Pourquoi les seuls électeurs ? dit un homme qui s'avance. — Et qui voulez-vous qu'on nomme ? — Moi, » dit-il. Il est nommé par acclamation.

Le prévôt hasarda alors une question grave : « A qui prêtera-t-on serment ? — A l'assemblée des citoyens, » dit vivement un électeur.

L'affaire des subsistances pressait autant que celle des armes. Le lieutenant de Police, mandé par les électeurs, dit que les arrivages ne le regardaient en rien. La ville dut aviser à se nourrir comme elle pourrait. Tous ses abords étaient occupés par les troupes ; il fallait que les fermiers, les marchands qui apportaient les denrées, se hasardassent à traverser des postes et des camps d'étrangers qui ne parlaient qu'allemand. En supposant qu'ils arrivassent, ils trouvaient mille difficultés pour repasser les barrières.

Paris devait mourir de faim, ou vaincre, et vaincre en un jour. Comment espérer ce miracle ? Il avait l'ennemi dans la ville même, à la Bastille et à l'École-Militaire, l'ennemi à toutes les barrières ; les Gardes françaises, sauf un petit nombre, restaient dans leurs casernes, ne se décidaient pas encore. Que le miracle se fît par les Parisiens tout seuls, c'était presque ridicule à dire. Ils passaient pour une population douce, amollie, *bonne enfant*. Que ce peuple devînt tout à coup une armée aguerrie, rien n'était moins vraisemblable.

Voilà certainement ce que pensaient les hommes froids, les notables, les bourgeois qui composaient le Comité de la Ville. Ils voulaient gagner du temps, ne pas aggraver l'immense responsabilité qui déjà pesait sur eux. Ils gouvernaient Paris depuis le 12. Était-ce comme électeurs ? le pouvoir électoral s'étendait-il jusque-là ? Ils croyaient à tout moment voir le vieux maréchal de Broglie venir, avec toutes ses troupes, leur demander compte... De là, leurs hésitations, leur conduite longtemps équivoque ; de là, la défiance du peuple, qui trouvait en eux son obstacle principal, et fit ses affaires sans eux.

Vers le milieu du jour, les électeurs envoyés à Versailles en reviennent ; ils rapportent la réponse menaçante du Roi, le décret de l'Assemblée.

C'était tout de bon la guerre. Les envoyés avaient rencontré sur les routes la cocarde verte, couleur du comte d'Artois. Ils avaient passé à travers la cavalerie, toutes les troupes allemandes qui stationnaient sur la route, dans leurs blancs manteaux autrichiens.

La situation était terrible, dénuée, de peu d'espoir, à voir le matériel. Mais le cœur était immense, chacun le sentait grandir d'heure en heure dans sa poitrine. Tous venaient, à l'Hôtel de Ville, s'offrir au combat ; c'étaient des corporations, des quartiers, qui formaient des légions de volontaires. La Compagnie de l'Arquebuse offrit ses services. L'École de chirurgie vint, Boyer en tête ; la Basoche voulait passer devant, combattre à l'avant-garde ; tous ces jeunes gens juraient de mourir jusqu'au dernier.

Combattre ? Mais avec quoi ? Sans armes, sans fusils, sans poudre ?

L'Arsenal, disait-on, était vide. Le peuple ne se tint pas content. Un invalide et un perruquier firent sentinelle aux environs, et bientôt ils virent sortir une grande quantité de poudre, qui allait être embarquée pour Rouen. Ils coururent à l'Hôtel de Ville, et obligèrent les électeurs de faire apporter ces poudres. Un brave abbé se chargea de la mission périlleuse de les garder et de les distribuer au peuple*.

Il ne manquait plus que des fusils. On savait qu'il y en avait un grand dépôt dans Paris. L'intendant Berthier en avait fait venir trente mille, et il avait ordonné la fabrication de deux cent mille cartouches. Le prévôt ne pouvait ignorer ce grand mouvement de l'Intendance. Pressé d'indiquer le dépôt, il dit que la manufacture de Charleville lui promettait trente mille fusils, et que, de plus, douze mille allaient arriver d'un moment à l'autre. A l'appui de ce mensonge, voilà des chariots qui traversent la Grève, portant ce mot : Artillerie. Ce sont les fusils sans doute. Le prévôt fait emmagasiner les caisses. Mais il veut des Gardes françaises pour en faire la distribution. On court aux casernes ; et, comme on devait l'attendre, les officiers ne donnent pas un soldat. Il faut donc que les électeurs distribuent les fusils eux-mêmes. Ils ouvrent les caisses. Qu'y trouvent-ils? Des chiffons. La fureur du peuple est au comble, il crie à la trahison. Flesselles, ne sachant que dire, s'avise de les envoyer aux Célestins, aux Chartreux : « Les moines ont des armes cachées. » Nouveau désappointement: les Chartreux ouvrent, montrent tout; la perquisition la plus exacte ne donne pas un fusil.

Les électeurs autorisèrent les districts à fabriquer cinquante mille piques, et elles furent forgées en trente-six heures; mais ce temps si court était long pour une telle crise. Tout pouvait être fini dans la nuit. Le peuple, qui savait toujours, quand ses chefs ne savaient pas, apprit le soir l'existence du grand dépôt de fusils qui était aux Invalides. Les députés d'un district allèrent le soir même trouver le commandant Besenval et Sombreuil, gouverneur de l'Hôtel. « J'en écrirai à Versailles, » dit froidement Besenval. Il avertit en effet le maréchal de Broglie. Chose étrange, prodigieuse! il n'eut aucune réponse.

Ce silence inconcevable tenait sans doute, on l'a dit, à l'anarchie complète qui régnait dans le Conseil, tous étant discordants sur tout, sauf un point bien arrêté : la dissolution de l'Assemblée nationale. Il tenait aussi, je le crois, à la méprise de la Cour, qui, trop fine et trop subtile, voyait dans ce grand mouvement l'effet d'une petite intrigue, croyait que le Palais-Royal faisait tout, et qu'Orléans payait tout... Explication puérile : est-ce qu'on solde des millions d'hommes? Le duc avait donc aussi payé le soulèvement de Lyon et du Dauphiné, qui, au même moment, proclamaient le refus de l'impôt? Il avait payé les villes de Bretagne, qui prenaient les armes? payé les soldats, qui, à Rennes, refusèrent de tirer sur les bourgeois?

Le buste du prince, il est vrai, avait été porté

en triomphe. Mais le prince lui-même était venu à Versailles se remettre à ses ennemis, protester qu'il avait autant, et plus que personne, peur de cette émeute. On le pria de vouloir bien coucher au château. La Cour l'ayant sous la main, croyant tenir le fabricateur de toute la machination, en eut peu d'inquiétude. Le vieux maréchal, à qui toutes les forces militaires étaient confiées en ce moment, s'enveloppa bien de troupes, tint le roi en sûreté, mit en défense Versailles, à qui personne ne songeait, et laissa les vaines fumées de Paris se dissiper d'elles-mêmes.

# CHAPITRE VII

## PRISE DE LA BASTILLE

### 14 JUILLET 1789

*Difficulté de prendre la Bastille. — L'idée de l'attaque appartient au peuple. — Haine du peuple pour la Bastille. — Joie du monde en apprenant la prise de la Bastille. — Le peuple enlève les fusils aux Invalides. — La Bastille était en défense. — Thuriot somme la Bastille. — Les électeurs y envoient inutilement plusieurs députations. — Dernière attaque; Élie, Hullin. — Danger du retard. — Le peuple se croit trahi, menace le prévôt, les électeurs. — Les vainqueurs à l'Hôtel de ville. — Comment la Bastille se livra. — Mort du gouverneur. — Prisonniers mis à mort. — Prisonniers graciés. — Clémence du peuple.*

VERSAILLES, avec un gouvernement organisé, un roi, des ministres, un général, une armée, n'était qu'hésitation, doute, incertitude, dans la plus complète anarchie morale.

Paris, bouleversé, délaissé de toute autorité légale, dans un désordre apparent, atteignit, le 14 Juillet, ce qui moralement est l'ordre le plus profond, l'unanimité des esprits.

Le 13 juillet, Paris ne songeait qu'à se défendre. Le 14, il attaqua.

Le 13 au soir, il y avait encore des doutes, et il n'y en eut plus le matin. Le soir était plein de trouble, de fureur désordonnée. Le matin fut lumineux et d'une sérénité terrible.

Une idée se leva sur Paris avec le jour, et tous virent la même lumière. Une lumière dans les esprits, et dans chaque cœur une voix : « Va, et tu prendras la Bastille ! »

Cela était impossible, insensé, étrange à dire... Et tous le crurent néanmoins. Et cela se fit.

La Bastille, pour être une vieille forteresse, n'en était pas moins imprenable, à moins d'y mettre plusieurs jours, et beaucoup d'artillerie. Le peuple n'avait, en cette crise, ni le temps, ni les moyens de faire un siège régulier. L'eût-il fait, la Bastille n'avait pas à craindre, ayant assez de vivres pour attendre un secours si proche, et d'immenses munitions de guerre. Ses murs de dix pieds d'épaisseur au sommet des tours, de trente ou quarante à la base, pouvaient rire longtemps des boulets ; et ses batteries, à elle, dont le feu plongeait sur Paris, auraient pu, en attendant, démolir tout le Marais, tout le faubourg Saint-Antoine. Ses tours, percées d'étroites croisées et de meurtrières, avec doubles et triples grilles, permettaient à la garnison de faire en toute sûreté un affreux carnage des assaillants.

L'attaque de la Bastille ne fut nullement raisonnable. Ce fut un acte de foi.

Personne ne proposa. Mais tous crurent, et tous agirent. Le long des rues, des quais, des ponts, des boulevards, la foule criait à la foule : « A la Bastille ! à la Bastille ! » Et dans le tocsin qui sonnait, tous entendaient : « A la Bastille ! »

Personne, je le répète, ne donna l'impulsion. Les parleurs du Palais-Royal passèrent le temps à dresser une liste de proscription, à juger à mort la Reine, la Polignac, Artois, le prévôt Flesselles, d'autres encore. Les noms des vainqueurs de la Bastille n'offrent pas un seul des faiseurs de motions. Le Palais-Royal ne fut pas le point de départ, et ce n'est pas non plus au Palais-Royal que les vainqueurs ramenèrent les dépouilles et les prisonniers.

Encore moins les électeurs qui siégeaient à l'Hôtel de Ville eurent-ils l'idée de l'attaque. Loin de là, pour l'empêcher, pour prévenir le carnage que la Bastille pouvait faire si aisément, ils allèrent jusqu'à promettre au gouverneur que, s'il retirait ses canons, on ne l'attaquerait pas. Les électeurs ne trahissaient point, comme ils en furent accusés, mais ils n'avaient pas la foi.

Qui l'eut ? Celui qui eut aussi le dévouement,

la force, pour accomplir sa foi. Qui? Le peuple, tout le monde.

Les vieillards qui ont eu le bonheur et le malheur de voir tout ce qui s'est fait dans ce demi-siècle unique, où les siècles semblent entassés, déclarent que tout ce qui suivit de grand, de national, sous la République et l'Empire, eut cependant un caractère partiel, non unanime, que le seul 14 Juillet fut le jour du peuple entier. Qu'il reste donc, ce grand jour, qu'il reste une des fêtes éternelles du genre humain, non seulement pour avoir été le premier de la délivrance, mais pour avoir été le plus haut dans la concorde!

Que se passa-t-il dans cette courte nuit, où personne ne dormit, pour qu'au matin, tout dissentiment, toute incertitude disparaissant avec l'ombre, ils eurent les mêmes pensées?

On sait ce qui se fit au Palais-Royal, à l'Hôtel de Ville; mais ce qui se passa au foyer du peuple, c'est là ce qu'il faudrait savoir.

Là pourtant, on le devine assez par ce qui suivit, là chacun fit dans son cœur le jugement dernier du passé, chacun, avant de frapper, le condamna sans retour... L'Histoire revint cette nuit-là, une longue histoire de souffrances, dans l'instinct vengeur du peuple. L'âme des pères qui, tant de siècles, souffrirent, moururent en silence, revint dans les fils, et parla.

Hommes forts, hommes patients, jusque-là si

pacifiques, qui deviez frapper en ce jour le grand coup de la Providence, la vue de vos familles, sans ressource autre que vous, n'amollit pas votre cœur. Loin de là, regardant une fois encore vos enfants endormis, ces enfants dont ce jour allait faire la destinée, votre pensée grandie embrassa les libres générations qui sortiraient de leur berceau, et sentit dans cette journée tout le combat de l'avenir!...

L'avenir et le passé faisaient tous deux même réponse; tous deux ils dirent : Va!...

Et ce qui est hors du temps, hors de l'avenir et hors du passé, l'immuable Droit le disait aussi. L'immortel sentiment du Juste donna une assiette d'airain au cœur agité de l'homme, il lui dit : « Va paisible, que t'importe? Quoi qu'il t'arrive, mort, vainqueur, je suis avec toi! »

Et qu'est-ce que la Bastille faisait à ce peuple? Les hommes du peuple n'y entrèrent presque jamais... Mais la Justice lui parlait, et une voix qui plus fortement encore parle au cœur, la voix de l'humanité et de la miséricorde; cette voix douce qui semble faible et qui renverse les tours, déjà, depuis dix ans, elle faisait chanceler la Bastille.

Il faut dire vrai : si quelqu'un eut la gloire de la renverser, c'est cette femme intrépide qui, si longtemps, travailla à la délivrance de Latude contre toutes les puissances du monde. La royauté refusa, la nation arracha la grâce; cette femme, ou ce héros, fut couronnée dans une solennité publique. Couronner celle qui avait pour ainsi dire forcé les prisons d'État, c'était déjà les flétrir, les vouer à l'exécration publique, les démolir dans le cœur et dans le désir des hommes... Cette femme avait pris la Bastille.

Depuis ce temps, le peuple de la ville et du faubourg, qui sans cesse, dans ce lieu si fréquenté, passait, repassait dans son ombre\*, ne manquait pas de la maudire. Elle méritait bien cette haine. Il y avait bien d'autres prisons; mais celle-ci, c'était celle de l'arbitraire capricieux, du despotisme fantasque, de l'inquisition ecclésiastique et bureaucratique. La Cour, si peu religieuse en ce siècle, avait fait de la Bastille le domicile des libres esprits, la prison de la pensée. Moins remplie sous Louis XVI, elle avait été plus dure (la promenade fut ôtée aux prisonniers), plus dure et non moins injuste : on rougit pour la France d'être obligé de dire que le crime d'un des prisonniers était d'avoir donné un secret utile à notre marine ! On craignit qu'il ne le portât ailleurs.

Le monde entier connaissait, haïssait la Bastille. Bastille, tyrannie, étaient, dans toutes les langues, deux mots synonymes. Toutes les nations, à la nouvelle de sa ruine, se crurent délivrées.

En Russie, dans cet empire du mystère et du silence, cette Bastille monstrueuse entre l'Europe et l'Asie, la nouvelle arrivait à peine que vous auriez vu des hommes de toutes nations crier, pleurer sur les places; ils se jetaient dans les bras l'un de l'autre, en se disant la nouvelle : « Comment ne pas pleurer de joie ? *La Bastille est prise\*!* »

Le matin même du grand jour, le peuple n'avait pas d'armes encore.

La poudre qu'il avait prise la veille à l'Arsenal, et mise à l'Hôtel de Ville, lui fut lentement distribuée pendant la nuit par trois hommes seulement. La distribution ayant cessé un moment vers deux heures, la foule désespérée enfonça les portes du magasin à coups de marteau; chaque coup faisait feu sur les clous.

Point de fusils! Il fallait aller les prendre, les enlever des Invalides. Cela était très hasardeux. Les Invalides sont, il est vrai, une maison tout ouverte. Mais le gouverneur Sombreuil, vieux et brave militaire, avait reçu un fort détachement d'artillerie et des canons, sans compter ceux qu'il avait. Pour peu que ces canons servissent, la foule pouvait être prise en flanc par les régiments que Besenval avait à l'École-Militaire, facilement dispersée.

Ces régiments étrangers auraient-ils refusé d'agir? Quoi qu'en dise Besenval, il est permis d'en douter. Ce qui apparaît bien mieux, c'est que, laissé sans ordre, il était lui-même plein d'hésitation et comme paralysé d'esprit. Le matin même, à cinq heures, il avait eu une visite étrange. Un homme entre, pâle, les yeux enflammés, la parole rapide et courte, le maintien audacieux... Le vieux fat, qui était l'officier le plus frivole de l'ancien régime, mais brave et froid, regarde l'homme, et le trouve beau ainsi : « Monsieur le baron, dit l'homme, il faut qu'on vous avertisse pour éviter la résistance. Les barrières seront brûlées aujourd'hui *; j'en suis sûr, et n'y peux rien, vous non plus. N'essayez pas de l'empêcher. »

Besenval n'eut pas peur. Mais il n'avait pas moins reçu le coup, subi l'effet moral. « Je lui trouvai, dit-il, je ne sais quoi d'éloquent qui me frappa... J'aurais dû le faire arrêter, et je n'en fis rien. » C'étaient l'ancien régime et la Révolution qui venaient de se voir face à face, et celle-ci laissait l'autre saisi de stupeur.

Il n'était pas neuf heures, et déjà trente mille hommes étaient devant les Invalides. On voyait en tête le procureur de la Ville ; le Comité des électeurs n'avait osé le refuser. On voyait quelques compagnies de Gardes françaises, échappées de leur caserne. On remarquait au milieu les clercs de la Basoche, avec leur vieil habit rouge, et le curé de Saint-Étienne-du-Mont, qui, nommé président de l'assemblée réunie dans son église, ne déclina pas l'office périlleux de conduire la force armée.

Le vieux Sombreuil fut très habile. Il se présenta à la grille, dit qu'il avait effectivement des fusils, mais que c'était un dépôt qui lui était confié, que sa délicatesse de militaire et de gentilhomme ne lui permettait pas de trahir. Cet argument imprévu arrêta la foule tout court; admirable candeur du peuple, à ce premier âge de la Révolution. — Sombreuil ajoutait qu'il avait envoyé un courrier à Versailles, qu'il attendait la réponse, le tout avec force protestations, d'attachement et d'amitié pour l'Hôtel de Ville et la Ville en général.

La plupart voulaient attendre. Il se trouva là heureusement un homme moins scrupuleux* qui empêcha la foule d'être ainsi mystifiée. Il n'y avait pas de temps à perdre; et ces armes, à qui étaient-elles, sinon à la nation?... On sauta dans les fossés, et l'Hôtel fut envahi; vingt-huit mille fusils furent trouvés dans les caves, enlevés, avec vingt pièces de canon.

Tout ceci entre neuf et onze. Mais courons à la Bastille.

Le gouverneur De Launay était sous les armes, dès le 13, dès deux heures de nuit. Il n'avait négligé aucune précaution. Outre ses canons des tours, il en avait de l'Arsenal, qu'il mit dans la cour, chargés à mitraille. Sur les tours, il fit porter six voitures de pavés, de boulets et de ferraille, pour écraser les assaillants**. Dans les meurtrières du bas, il avait douze gros fusils de rempart qui tiraient chacun une livre et demie de balles. En bas, il tenait ses soldats les plus sûrs, trente-deux Suisses, qui n'avaient aucun scrupule de tirer sur des Français. Ses quatre-vingt-deux invalides étaient pour la plupart dispersés, loin des portes, sur les tours. Il avait évacué les bâtiments avancés qui couvraient le pied de la forteresse.

Le 13, rien, sauf des injures que les passants venaient dire à la Bastille.

Le 14, vers minuit, sept coups de fusil sont tirés sur les factionnaires des tours. Alarme! Le gouverneur monte avec l'état-major, reste une demi-heure, écoutant les bruits lointains de la ville; n'entendant plus rien, il descend.

Le matin, beaucoup de peuple, et, de moment en moment, des jeunes gens (du Palais-Royal? ou autres); ils crient qu'il faut leur donner des armes. On ne les écoute pas. On écoute, on introduit la députation pacifique de l'Hôtel de Ville qui, vers dix heures, prie le gouverneur de retirer ses canons, promettant que, s'il ne tire point, on ne l'attaquera pas. Il accepte volontiers, n'ayant nul ordre de tirer, et, plein de joie, oblige les envoyés de déjeuner avec lui.

Comme ils sortaient, un homme arrive, qui parle d'un tout autre ton.

Un homme violent, audacieux, sans respect humain, sans peur ni pitié, ne connaissant nul obstacle, ni délai, portant en lui le génie colérique de la Révolution... Il venait sommer la Bastille.

La terreur entre avec lui. La Bastille a peur ; le gouverneur ne sait pourquoi, mais il se trouble, il balbutie.

L'homme, c'était Thuriot, un dogue terrible, de la race de Danton. Nous le retrouverons deux fois, au commencement et à la fin ; sa parole est deux fois mortelle : il tue la Bastille*, il tue Robespierre.

Il ne doit pas passer le pont, le gouverneur ne le veut pas, et il passe. De la première cour, il marche à la seconde ; nouveau refus, et il passe ; il franchit le second fossé par le pont-levis. Et le voilà en face de l'énorme grille qui fermait la troisième cour. Celle-ci semblait moins une cour qu'un puits monstrueux, dont les huit tours, unies entre elles, formaient les parois. Ces affreux géants ne regardaient point du côté de cette cour, n'avaient point une fenêtre. A leur pied, dans leur ombre, était l'unique promenade du prisonnier ; perdu au fond de l'abîme, oppressé de ces masses énormes, il n'avait à contempler que l'inexorable nudité des murs. D'un côté seulement, l'on avait placé une horloge entre deux figures de captifs aux fers, comme pour enchaîner le temps et faire plus lourdement peser la lente succession des heures.

Là étaient les canons chargés, la garnison, l'état-major.

Rien n'imposa à Thuriot : « Monsieur, dit-il au gouverneur, je vous somme au nom du peuple, au nom de l'honneur et de la patrie, de retirer vos canons, et de rendre la Bastille. » Et, se tournant vers la garnison, il répéta les mêmes mots.

Si M. De Launay eût été un vrai militaire, il n'eût pas introduit ainsi le parlementaire au cœur de la place; encore moins l'eût-il laissé haranguer la garnison. Mais il faut bien remarquer que les officiers de la Bastille étaient la plupart officiers par la grâce du lieutenant de police; ceux même qui n'avaient servi jamais portaient la croix de Saint-Louis. Tous, depuis le gouverneur jusqu'aux marmitons, avaient acheté leurs places, et ils en tiraient parti. Le gouverneur, à ses soixante mille livres d'appointement, trouvait moyen chaque année d'en ajouter tout autant par ses rapines. Il nourrissait sa maison aux dépens des prisonniers; il avait réduit leur chauffage, gagnait sur leur vin*, sur leur triste mobilier. Chose impie, barbare, il louait à un jardinier le petit jardin de la Bastille, qui couvrait un bastion, et pour ce misérable gain, il avait ôté aux prisonniers cette promenade, ainsi que celle des tours, c'est-à-dire l'air et la lumière.

Cette âme basse et avide avait encore une chose qui lui abaissait le courage : il savait qu'il était connu; les terribles *Mémoires* de Linguet avaient rendu De Launay illustre en Europe. La Bastille était haïe, mais le gouverneur était personnellement haï. Les cris furieux du peuple, qu'il entendait, il les prenait pour lui-même ; il était plein de trouble et de peur.

Les paroles de Thuriot eurent un effet différent sur les Suisses et sur les Français. Les Suisses ne les comprirent pas ; leur capitaine, M. de Flue, fut résolu à tenir. Mais l'état-major, mais les invalides, furent ébranlés ; ces vieux soldats, en rapport habituel avec le peuple du faubourg, n'avaient nulle envie de tirer sur lui. Voilà la garnison divisée ; que feront les deux partis ? s'ils ne peuvent s'accorder, vont-ils tirer l'un sur l'autre ?

Le triste gouverneur, d'un ton apologétique, dit ce qui venait d'être convenu avec la Ville. Il jura et fit jurer à la garnison que, s'ils n'étaient attaqués, ils ne commenceraient pas.

Thuriot ne s'en tint pas là. Il veut monter sur les tours, voir si effectivement les canons sont retirés. De Launay, qui n'en était pas à se repentir de l'avoir déjà laissé pénétrer si loin, refuse ; mais ses officiers le pressent, il monte avec Thuriot.

Les canons étaient reculés, masqués, toujours en direction. La vue de cette hauteur de cent quarante pieds était immense, effrayante ; les rues, les places, pleines de peuple ; tout le jardin de l'Arsenal, comble d'hommes armés... Mais voilà de l'autre côté une masse noire qui s'avance... C'est le faubourg Saint-Antoine.

Le gouverneur devint pâle. Il prend Thuriot au

bras : « Qu'avez-vous fait? Vous abusez du titre de parlementaire! vous m'avez trahi! »

Tous deux étaient sur le bord, et De Launay avait une sentinelle sur la tour. Tout le monde dans la Bastille faisait serment au gouverneur; il était, dans sa forteresse, le roi et la loi. Il pouvait se venger encore...

Mais ce fut tout au contraire Thuriot qui lui fit peur : « Monsieur, dit-il, un mot de plus, et je vous jure qu'un de nous deux tombera dans le fossé\*. »

Au moment même, la sentinelle approche, aussi troublée que le gouverneur, et s'adressant à Thuriot : « De grâce, monsieur, montrez-vous! il n'y a pas de temps à perdre; voilà qu'ils s'avancent... Ne vous voyant pas, ils vont attaquer. » Il passa la tête aux créneaux; et le peuple, le voyant en vie, et fièrement monté sur la tour, poussa une immense clameur de joie et d'applaudissement.

Thuriot descendit avec le gouverneur, traversa de nouveau la cour, et parlant encore à la garnison : « Je vais faire mon rapport; j'espère que le peuple ne se refusera pas à fournir une Garde bourgeoise qui garde la Bastille avec vous\*\*. »

Le peuple s'imaginait entrer dans la Bastille, à la sortie de Thuriot. Quand il le vit partir pour faire son rapport à la Ville, il le prit pour traître et le menaça. L'impatience allait jusqu'à la fureur; la foule prit trois invalides et voulait les mettre en pièces. Elle s'empara d'une demoiselle qu'elle croyait être la fille du gouverneur, il y en avait qui voulaient la brûler, s'il refusait de se rendre. D'autres l'arrachèrent de leurs mains. « Que deviendrons-nous, disaient-ils, si la Bastille n'est pas prise avant la nuit?... » Le gros Santerre, un brasseur que le faubourg s'était donné pour commandant, proposait d'incendier la place en y lançant de l'huile d'œillet et d'aspic *, qu'on avait saisie la veille et qu'on enflammerait avec du phosphore. Il envoyait chercher des pompes.

Un charron, ancien soldat, sans s'amuser à ce parlage, se mit bravement à l'œuvre. Il avance, la hache à la main, monte sur le toit d'un petit corps de garde, voisin du premier pont-levis, et sous une grêle de balles il travaille paisiblement, coupe, abat les chaînes, fait tomber le pont. La foule passe; elle est dans la cour. On tirait à la fois des tours et des meurtrières qui étaient au bas. Les assaillants tombaient en foule, et ne faisaient aucun mal à la garnison. De tous les coups de fusil qu'ils tirèrent tout le jour, deux portèrent: un seul des assiégés fut tué.

Le Comité des électeurs, qui déjà voyait arriver les blessés à l'Hôtel de Ville, qui déplorait l'effusion du sang, aurait voulu l'arrêter. Il n'y avait plus qu'un moyen pour cela, c'était de sommer la Bastille au nom de la Ville, et d'y faire entrer la Garde bourgeoise. Le prévôt hésitait fort; Fauchet insista **; d'autres électeurs pressèrent.

Ils allèrent, comme députés ; mais, dans le feu et la fumée, ils ne furent pas même vus ; ni la Bastille ni le peuple ne cessèrent de tirer. Les députés furent dans le plus grand péril.

Une seconde députation, le procureur de la Ville marchant à la tête, avec un tambour et un drapeau, fut aperçue de la place. Les soldats qui étaient sur les tours arborèrent un drapeau blanc, renversèrent leurs armes. Le peuple cessa de tirer, suivit la députation, entra dans la cour. Arrivés là, ils furent accueillis d'une furieuse décharge qui coucha plusieurs hommes par terre, à côté des députés. Très probablement, les Suisses qui étaient en bas avec De Launay ne tinrent compte des signes que faisaient les invalides\*.

La rage du peuple fut inexprimable. Depuis le matin, on disait que le gouverneur avait attiré la foule dans la cour pour tirer dessus ; ils se crurent trompés deux fois, et résolurent de périr ou de se venger des traîtres. A ceux qui les rappelaient, ils disaient dans leur transport : « Nos cadavres serviront du moins à combler les fossés ! » Et ils allèrent obstinément, sans se décourager jamais, contre la fusillade, contre ces tours meurtrières, croyant qu'à force de mourir ils pourraient les renverser.

Mais alors, et de plus en plus, nombre d'hommes généreux qui n'avaient encore rien fait s'indignèrent d'une lutte tellement inégale, qui n'était qu'un assassinat. Ils voulurent en être. Il n'y eut plus moyen de tenir les Gardes françaises ; tous prirent parti pour le peuple. Ils allèrent trouver les commandants nommés par la Ville, et les obligèrent de leur donner cinq canons. Deux colonnes se formèrent, l'une d'ouvriers et de bourgeois, l'autre de Gardes françaises. La première prit pour son chef un jeune homme d'une taille et d'une force héroïques, Hullin, horloger de Genève, mais devenu domestique, chasseur du marquis de Conflans ; le costume hongrois de chasseur fut pris sans doute pour un uniforme ; les livrées de la servitude guidèrent le peuple au combat de la Liberté. Le chef de l'autre colonne fut Élie, officier de fortune, du Régiment de la Reine, qui, d'abord en habit bourgeois, prit son brillant uniforme, se désignant bravement aux siens et à l'ennemi. Dans ses soldats, il en avait un, admirable de vaillance, de jeunesse, de pureté, l'une des gloires de la France, Marceau, qui se contenta de combattre, et ne réclama rien dans l'honneur de la victoire.

Les choses n'étaient guère avancées quand ils arrivèrent. On avait poussé, allumé trois voitures de paille, brûlé les casernes et les cuisines. Et l'on ne savait plus que faire. Le désespoir du peuple retombait sur l'Hôtel de Ville. On accusait le prévôt, les électeurs, on les pressait avec menaces d'ordonner le siège de la Bastille. Jamais on n'en put tirer l'ordre.

Divers moyens bizarres, étranges, étaient proposés aux électeurs pour prendre la forteresse. Un charpentier conseillait un ouvrage de charpenterie, une catapulte romaine pour lancer des pierres contre les murailles. Les commandants de la Ville disaient qu'il fallait attaquer dans les règles, ouvrir la tranchée. Pendant ces longs et vains discours, on apporta, on lut un billet que l'on venait de saisir ; Besenval écrivait à De Launay de tenir jusqu'à la dernière extrémité.

*Pour sentir le prix du temps*, dans cette crise suprême, pour s'expliquer l'effroi du retard, il faut savoir qu'à chaque instant il y avait de fausses alertes. On supposait que la Cour, instruite à deux heures de l'attaque de la Bastille, commencée depuis midi, prendrait ce moment pour lancer sur Paris ses Suisses et ses Allemands. Ceux de l'École-Militaire passeraient-ils le jour sans agir ? cela n'était pas vraisemblable. Ce que dit Besenval du peu de fond qu'il pouvait faire sur ses troupes a l'air d'une excuse. Les Suisses se montrèrent très fermes à la Bastille, il y parut au carnage ; les dragons allemands avaient tiré plusieurs fois le 12, tué des Gardes françaises ; ceux-ci avaient tué des dragons ; la haine de corps assurait la fidélité.

Le faubourg Saint-Honoré dépavait, se croyait attaqué de moment en moment ; la Villette était dans les mêmes transes, et effectivement un régiment vint l'occuper, mais trop tard.

Toute lenteur semblait trahison. Les tergiversations du prévôt le rendaient suspect, ainsi que les électeurs. La foule indignée sentit qu'elle perdait le temps avec eux. Un vieillard s'écrie : « Amis, que faisons-nous là avec ces traîtres? Allons plutôt à la Bastille! » Tout s'écoula ; les électeurs stupéfaits se trouvèrent seuls... L'un d'eux sort, et rentrant tout pâle, avec le visage d'un spectre : « Vous n'avez pas dix minutes à vivre, si vous restez... La Grève frémit de rage... Les voilà qui montent... » Ils n'essayèrent pas de fuir, et c'est ce qui les sauva.

Toute la fureur du peuple se concentra sur le prévôt des marchands. Les envoyés des districts venaient successivement lui jeter sa trahison à la face. Une partie des électeurs, se voyant compromis devant le peuple, par son imprudence et ses mensonges, tournèrent contre lui, l'accusèrent. D'autres, le bon vieux Dussaulx (le traducteur de Juvénal), l'intrépide Fauchet, essayèrent de le défendre, innocent ou coupable, de le sauver de la mort. Forcé par le peuple de passer du bureau dans la grande salle Saint-Jean, ils l'entourèrent, et Fauchet s'assit à côté de lui. Les affres de la mort étaient sur son visage : « Je le voyais, dit Dussaulx, mâchant sa dernière bouchée de pain, elle lui restait aux dents, et il la garda deux heures sans venir à bout de l'avaler. » Environné de papiers, de lettres, de gens qui venaient lui parler affaires, au milieu des cris de mort, il faisait effort pour répondre avec affabilité. Ceux du

Palais-Royal et du district de Saint-Roch étant les plus acharnés, Fauchet y courut pour demander grâce. Le district était assemblé dans l'église de Saint-Roch ; deux fois, Fauchet monta en chaire, priant, pleurant, disant les paroles ardentes que son grand cœur pouvait trouver dans cette nécessité ; sa robe, toute criblée des balles de la Bastille\*, était éloquente aussi ; elle priait pour le peuple même, pour l'honneur de ce grand jour, pour laisser pur et sans tache le berceau de la Liberté.

Le prévôt, les électeurs, restaient à la salle Saint-Jean, entre la vie et la mort, plusieurs fois couchés en joue. Tous ceux qui étaient là, dit Dussaulx, étaient comme des sauvages : parfois, ils écoutaient, regardaient en silence ; parfois, un murmure terrible, comme un tonnerre sourd, sortait de la foule. Plusieurs parlaient et criaient, mais la plupart étaient étourdis de la nouveauté du spectacle. Les bruits, les voix, les nouvelles, les alarmes, les lettres saisies, les découvertes vraies ou fausses, tant de secrets révélés, tant d'hommes amenés au tribunal, brouillaient l'esprit et la raison ; un des électeurs disait : « N'est-ce pas le jugement dernier ?... » L'étourdissement était arrivé à ce point qu'on avait tout oublié, le prévôt et la Bastille\*\*.

Il était cinq heures et demie. Un cri monte de la Grève. Un grand bruit, d'abord lointain, éclate, avance, se rapproche, avec la rapidité, le fracas de la tempête... La Bastille est prise !

Dans cette salle déjà pleine, il entre d'un coup mille hommes, et dix mille poussaient derrière. Les boiseries craquent, les bancs se renversent, la barrière est poussée sur le bureau, le bureau sur le président.

Tous armés, de façons bizarres, les uns presque nus, d'autres vêtus de toutes couleurs. Un homme était porté sur les épaules et couronné de lauriers, c'était Élie, toutes les dépouilles et les prisonniers autour. En tête, parmi ce fracas où l'on n'aurait pas entendu la foudre, marchait un jeune homme recueilli et plein de religion; il portait suspendue et percée de sa baïonnette une chose impie, trois fois maudite, le règlement de la Bastille.

Les clefs aussi étaient portées, ces clefs monstrueuses, ignobles, grossières, usées par les siècles et par les douleurs des hommes. Le hasard ou la Providence voulut qu'elles fussent remises à un homme qui ne les connaissait que trop, à un ancien prisonnier. L'Assemblée nationale les plaça dans ses Archives, la vieille machine des tyrans à côté des lois qui ont brisé les tyrans. Nous les tenons encore aujourd'hui, ces clefs, dans l'Armoire-de-Fer des Archives de la France... Ah! puissent, dans l'Armoire-de-Fer, venir s'enfermer les clefs de toutes les Bastilles du monde!

La Bastille ne fut pas prise, il faut le dire, elle se livra. Sa mauvaise conscience la troubla, la rendit folle, et lui fit perdre l'esprit.

Les uns voulaient qu'on se rendît, les autres tiraient, surtout les Suisses, qui, cinq heures durant, sans péril, n'ayant nulle chance d'être atteints, désignèrent, visèrent à leur aise, abattirent qui ils voulaient. Ils tuèrent quatre-vingt-trois hommes, en blessèrent quatre-vingt-huit. Vingt des morts étaient de pauvres pères de famille qui laissaient des femmes, des enfants pour mourir de faim.

La honte de cette guerre sans danger, l'horreur de verser le sang français, qui ne touchaient guère les Suisses, finirent par faire tomber les armes des mains des invalides. Les sous-officiers, à quatre heures, prièrent, supplièrent De Launay de finir ces assassinats. Il savait ce qu'il méritait; mourir pour mourir, il eut envie un moment de se faire sauter, idée horriblement féroce : il aurait détruit un tiers de Paris. Ses cent trente-cinq barils de poudre auraient soulevé la Bastille dans les airs, écrasé, enseveli tout le faubourg, tout le Marais, tout le quartier de l'Arsenal... Il prit la mèche d'un canon. Deux sous-officiers empêchèrent le crime, ils croisèrent la baïonnette, et lui fermèrent l'accès des poudres. Il fit mine alors de se tuer, et prit un couteau, qu'on lui arracha.

Il avait perdu la tête, et ne pouvait donner d'ordre*. Quand les Gardes françaises eurent mis leurs canons en batterie, et tiré (selon quelques-uns), le capitaine des Suisses vit bien qu'il fallait traiter : il écrivit, il passa un billet * où il demandait à sortir avec les honneurs de la guerre. — Refusé. — Puis, la vie sauve. — Hullin et Élie promirent.

La difficulté était de faire exécuter la promesse. Empêcher une vengeance entassée depuis des siècles, irritée par tant de meurtres que venait de faire la Bastille, qui pouvait cela?... Une autorité qui datait d'une heure, qui venait de la Grève à peine, qui n'était même connue que des deux petites bandes de l'avant-garde, n'était pas suffisante pour contenir cent mille hommes qui suivaient.

La foule était enragée, aveugle, ivre de son danger même. Elle ne tua cependant qu'un seul homme dans la place, elle épargna ses ennemis les Suisses, qu'à leurs sarraux elle prenait pour des domestiques ou des prisonniers; elle blessa, maltraita ses amis les invalides. Elle aurait voulu pouvoir exterminer la Bastille; elle brisa à coups de pierres les deux esclaves du cadran; elle monta aux tours pour insulter les canons; plusieurs s'en prenaient aux pierres, et s'ensanglantaient les mains à les arracher. On alla vite aux cachots délivrer les prisonniers; deux étaient devenus fous. L'un, effarouché du bruit, voulait se mettre en défense; il fut tout surpris quand ceux qui brisèrent sa porte se jetèrent dans ses bras en le mouillant de leurs larmes. Un autre, qui avait une barbe jusqu'à la ceinture, demanda comment se portait Louis XV ; il croyait qu'il régnait encore. A ceux qui demandaient son nom, il disait qu'il s'appelait le major de l'Immensité.

Les vainqueurs n'avaient pas fini : ils soutenaient dans la rue Saint-Antoine un autre combat. En avançant vers la Grève, ils rencontraient de proche en proche des foules d'hommes, qui, n'ayant pas pris part au combat, voulaient pourtant faire quelque chose, tout au moins massacrer les prisonniers. L'un fut tué dès la rue des Tournelles, un autre sur le quai. Des femmes suivaient échevelées, qui venaient de reconnaître leurs maris parmi les morts, et elles les laissaient là pour courir aux assassins ; l'une d'elles, écumante, demandait à tout le monde qu'on lui donnât un couteau.

De Launay était mené, soutenu, dans ce grand péril, par deux hommes de cœur et d'une force peu commune, Hullin et un autre. Ce dernier alla jusqu'au Petit-Antoine, et fut arraché de lui par un tourbillon de foule. Hullin ne lâcha pas prise. Conduire son homme de là à la Grève, qui est si près, c'était plus que les douze travaux d'Hercule. Ne sachant plus comment faire, et voyant qu'on ne connaissait De Launay qu'à une chose, que seul il était sans chapeau, il eut l'idée héroïque de lui mettre le sien sur la tête, et dès ce moment reçut les coups qu'on lui destinait [*].
Il passa enfin l'Arcade-Saint-Jean ; s'il pouvait lui faire monter le perron, le lancer dans l'escalier,

tout était fini. La foule le voyait bien ; aussi, de son côté, fit-elle un furieux effort. La force de géant qu'Hullin avait déployée ne lui servit plus ici. Étreint du boa énorme que la masse tourbillonnante serrait et resserrait sur lui, il perdit terre, fut poussé, repoussé, lancé sur la pierre. Il se releva par deux fois. A la seconde, il vit dans l'air, au bout d'une pique, la tête de De Launay.

Une autre scène se passait dans la salle Saint-Jean. Les prisonniers étaient là, en grand danger de mort; on s'acharnait surtout contre trois invalides qu'on croyait avoir été les canonniers de la Bastille. L'un était blessé; le commandant de La Salle, par d'incroyables efforts, en invoquant son titre de commandant, vint à bout de le sauver; pendant qu'il le menait dehors, les deux autres furent entraînés, accrochés à la lanterne du coin de la Vannerie, en face de l'Hôtel de Ville.

Ce grand mouvement, qui semblait avoir fait oublier Flesselles, fut pourtant ce qui le perdit. Ses implacables accusateurs du Palais-Royal, peu nombreux, mais mécontents de voir la foule occupée de tout autre affaire, se tenaient près du bureau, le menaçaient, le sommaient de les suivre... Il finit par leur céder, soit qu'une si longue attente de la mort lui parût pire que la mort même, soit qu'il espérât échapper dans la préoccupation universelle du grand événement du jour: « Eh bien, messieurs, dit-il, allons au Palais-

Royal. » Il n'était pas au quai, qu'un jeune homme lui cassa la tête d'un coup de pistolet.

La masse du peuple accumulé dans la salle ne demandait pas de sang ; il le voyait couler avec stupeur, dit un témoin oculaire. Il regardait bouche béante ce prodigieux spectacle, bizarre, étrange à rendre fou. Les armes du moyen âge, de tous les âges, se mêlaient ; les siècles étaient présents. Élie, debout sur une table, le casque en tête, à la main son épée faussée à trois places, semblait un guerrier romain. Il était tout entouré de prisonniers, et priait pour eux. Les Gardes françaises demandaient pour récompense la grâce des prisonniers.

A ce moment, on amène, on apporte plutôt, un homme suivi de sa femme ; c'était le prince de Montbarrey, ancien ministre, arrêté à la barrière. La femme s'évanouit, l'homme est jeté sur le bureau, tenu sous les bras de douze hommes, plié en deux... Le pauvre diable, dans cette étrange attitude, expliqua qu'il n'était plus ministre depuis longtemps, que son fils avait eu grande part à la révolution de sa province... Le commandant de La Salle parlait pour lui, et s'exposait beaucoup lui-même. Cependant on s'adoucit, on lâcha prise un moment. De La Salle, qui était très fort, enleva le malheureux... Ce coup de force plut au peuple et fut applaudi...

Au moment même, le brave et excellent Élie trouva moyen de finir d'un coup tout procès, tout jugement. Il aperçut les enfants du service de la Bastille, et se mit à crier: « Grâce pour les enfants! grâce! »

Vous auriez vu alors les visages bruns, les mains noircies par la poudre, qui commençaient à se laver de grosses larmes, comme tombent après l'orage les grosses gouttes de pluie... Il ne fut plus question de justice, ni de vengeance. Le tribunal était brisé. Élie avait vaincu les vainqueurs de la Bastille. Ils firent jurer aux prisonniers fidélité à la nation, et les emmenèrent avec eux ; les invalides s'en allèrent paisiblement à leur Hôtel; les Gardes françaises s'emparèrent des Suisses, les mirent en sûreté dans leurs rangs, les conduisirent à leurs propres casernes, les logèrent et les nourrirent.

Les veuves, chose admirable! se montrèrent aussi magnanimes. Indigentes et chargées d'enfants, elles ne voulurent pas recevoir seules une petite somme qui leur fut distribuée; elles mirent dans le partage la veuve d'un pauvre invalide qui avait empêché la Bastille de sauter, et qui fut tué par méprise. La femme de l'assiégé fut ainsi comme adoptée par celles des assiégeants.

# LIVRE II

*14 Juillet — 6 Octobre 1789*

## CHAPITRE PREMIER

### LA FAUSSE PAIX

*Versailles, le 14 Juillet. — Le Roi à l'Assemblée, 15 juillet. — Deuil et misère de Paris. — Députation à l'Assemblée de la Ville de Paris, 15 juillet. — La fausse paix. — Le Roi va à Paris, 17 juillet. — Première émigration : Artois, Condé, Polignac, etc. — Isolement du Roi.*

L'Assemblée passa toute la journée du 14 entre deux craintes, les violences de la Cour, les violences de Paris, les chances d'une insurrection, peut-être malheureuse, qui tuerait la liberté. On écoutait tous les bruits, on mettait l'oreille à terre, on croyait reconnaître le retentissement d'une canonnade lointaine. Ce mouvement pouvait être le dernier; plusieurs voulaient qu'on posât à la hâte les bases de la Constitution, que l'Assemblée, si elle devait être dispersée, détruite, laissât d'elle ce testament, cette lumière pour guider la résistance.

La Cour organisait l'attaque; peu de choses manquaient pour l'exécution. A deux heures, l'intendant Bertier en ordonnait encore les détails à l'École-Militaire. Son beau-père, Foulon, sous-ministre de la Guerre, achevait à Versailles les préparatifs. Paris devait, à la nuit, être attaqué de sept côtés à la fois*. On discutait en Conseil la liste des députés qui seraient enlevés le soir; on proscrivait celui-ci, on exemptait celui-là; M. de Breteuil défendait l'innocence de Bailly. La Reine cependant et madame de Polignac allaient à l'Orangerie animer les troupes, faire donner du vin aux soldats, qui dansaient et formaient des rondes. Pour compléter l'enivrement, la belle des belles emmenait chez elle les officiers, les troublait de liqueurs, de ses douces paroles et de ses regards... Ces aveugles une fois lancés, la nuit aurait été sanglante... On surprit leurs lettres, où ils écrivaient : « Nous marchons à l'ennemi... » Quel ennemi? La Loi et la France.

Voilà cependant un tourbillon de poussière sur l'avenue de Paris, c'est un gros de cavaliers, c'est le prince de Lambesc, avec tous ses officiers, qui fuit le peuple de Paris... Mais il trouve celui de Versailles ; si l'on n'eût craint de blesser les autres, on aurait tiré sur lui.

M. de Noailles arrive : « La Bastille est prise. » M. de Wimpfen arrive : « Le gouverneur est tué, il a failli être traité comme lui. » Deux envoyés des électeurs viennent enfin, exposent à l'Assemblée l'état affreux de Paris. On s'indigne, on invoque contre la Cour et les ministres la vengeance de Dieu et des hommes... « Des têtes ! dit Mirabeau ; il nous faut M. de Broglie*. »

Une députation de l'Assemblée va trouver le Roi, et n'en tire que deux paroles équivoques. Il envoie des officiers pour prendre le commandement de la Milice bourgeoise... Il ordonne aux troupes du Champ-de-Mars de se replier... — Mouvement très bien entendu pour l'attaque générale.

Indignation de l'Assemblée, clameur, envoi d'une seconde députation... « Le cœur du Roi est déchiré, mais il ne peut rien de plus. »

Louis XVI, dont on a si souvent déploré la faiblesse, avait ici les apparences d'une fermeté déplorable.

Bertier était venu près de lui ; il était dans son cabinet, l'affermissait**, lui disait que le mal était peu de chose. Dans le trouble où était Paris, il y avait encore des chances pour la grande attaque du soir. Cependant, on sut bientôt que la Ville était sur ses gardes. Elle avait déjà placé des canons sur Montmartre, qui couvraient la Villette, tenaient en respect Saint-Denis.

Parmi les rapports contradictoires, le Roi ne donna nul ordre, et, fidèle à ses habitudes, alla se coucher de bonne heure. Le duc de Liancourt qui, par le droit de sa charge, entrait toujours, même de nuit, ne put le voir périr ainsi, dans son apathie et son ignorance. Il entra, il l'éveilla. Il aimait le Roi, et il voulait le sauver. Il lui dit son danger, la grandeur du mouvement, son irrésistible force, qu'il devait l'accepter, devancer le duc d'Orléans, se rapprocher de l'Assemblée... Louis XVI, mal éveillé (et qui ne s'éveilla jamais) : « Mais quoi! c'est donc une révolte? — Sire, c'est une révolution. »

Le Roi ne cachait rien à la Reine; on sut tout chez le comte d'Artois. Ses serviteurs eurent grand'peur. La royauté pouvait se sauver à leurs dépens. Un d'eux, qui connaissait le prince, le prit par son côté sensible, par la peur, lui dit qu'il était proscrit au Palais-Royal, comme Flesselles et De Launay, qu'il pouvait calmer les esprits, en s'unissant au Roi dans la démarche populaire qu'imposait la nécessité. Le même homme, qui était député, courut à l'Assemblée (il était minuit), y trouva le bonhomme Bailly qui n'osait aller coucher, et lui demanda, de la part du prince, un discours que le Roi pût prononcer le lendemain.

Il y avait quelqu'un, à Versailles, affligé autant

que personne. Je parle du duc d'Orléans. Le 12 juillet, son buste avait été porté triomphalement, et puis brutalement cassé. Et tout avait fini là, personne ne s'en était ému. Le 13, quelques-uns parlèrent de lieutenance générale ; mais ce peuple était comme sourd, il n'entendait pas, ou ne voulait pas entendre. Le 14, au matin, madame de Genlis fit la démarche, audacieuse, incroyable, d'envoyer sa Paméla avec un rouge laquais, tout au milieu de l'émeute*. Quelqu'un dit : « Que n'est-ce la Reine ! » Et ce mot tomba encore... Toutes les petites intrigues furent comme noyées dans ce mouvement immense ; tout misérable intérêt périt dans l'élan de ce jour sacré.

Le pauvre duc d'Orléans alla le matin du 15 au château, au Conseil. Mais il resta à la porte. Il attendit, puis écrivit, non pas pour demander la lieutenance générale, non pour offrir sa médiation (comme il était convenu entre lui, Mirabeau et quelques autres), mais pour assurer le Roi, en bon et loyal sujet, que si les temps devenaient plus fâcheux, il passerait en Angleterre. Il ne bougea tout le jour de l'Assemblée, de Versailles ; le soir, alla au château** : contre toute accusation de complot, il s'assurait l'*alibi*, il se lavait les mains pour la prise de la Bastille. Mirabeau fut furieux, et dès lors s'éloigna de lui. Il dit (j'adoucis les termes) : « C'est un eunuque pour le crime ; il voudrait, mais il ne peut ! »

L'homme du duc d'Orléans, Sillery-Genlis, pendant que le duc faisait antichambre à la porte du Conseil, travaillait à le venger ; il lisait, faisait adopter un insidieux projet d'Adresse, qui pouvait amoindrir l'effet de la visite du Roi, lui ôter la grâce de l'imprévu, glacer d'avance les cœurs : « Venez, Sire. Votre Majesté verra la consternation de l'Assemblée, mais elle sera peut-être étonnée de son calme, etc. » Et, en même temps, il annonçait que des farines qui allaient à Paris avaient été arrêtées à Sèvres... « Que sera-ce, si cette nouvelle parvient à la capitale ! »

A quoi Mirabeau ajouta une effrayante sortie. S'adressant aux députés que l'on envoyait au Roi : « Eh bien, dites au Roi que les hordes étrangères dont nous sommes investis ont reçu hier la visite des princes et des princesses, des favoris et des favorites, et leurs caresses, et leurs exhortations, et leurs présents. Dites-lui que, toute la nuit, ces satellites étrangers, gorgés de vin et d'or, ont prédit, dans leurs chants impies, l'asservissement de la France, et que leurs vœux brutaux invoquaient la destruction de l'Assemblée nationale. Dites-lui que, dans son palais même, les courtisans ont mêlé leurs danses au son de cette musique barbare, et que telle fut l'avant-scène de la Saint-Barthélemy !... Dites-lui que ce Henri dont l'univers bénit la mémoire, celui de ses aïeux qu'il affectait de vouloir prendre pour modèle, faisait passer des vivres dans Paris révolté, qu'il assiégeait en personne ; et que ses féroces conseillers font rebrousser les farines que le commerce apporte dans Paris affamé et fidèle. »

La députation sortait. Mais voilà que le Roi arrive ; il entre, sans Gardes, avec ses frères. Il fait quelques pas dans la salle, et debout, en face de l'Assemblée, il annonce qu'il a donné ordre aux troupes de s'éloigner *de Paris et de Versailles*, et il invite l'Assemblée à en avertir Paris... Triste aveu que sa parole obtiendra peu de créance, si l'Assemblée n'assure que le Roi n'a pas menti !... Il ajouta pourtant un mot plus noble, plus habile : « On a osé publier que vos personnes n'étaient pas en sûreté. Serait-il donc nécessaire de rassurer sur des bruits aussi coupables, démentis d'avance par mon caractère connu ? Eh bien, c'est moi qui ne suis qu'un avec la nation, c'est moi qui me fie à vous. »

Éloigner les troupes de Paris et de Versailles, sans indiquer la distance, c'était encore une promesse obscure, équivoque, médiocrement rassurante. Mais l'Assemblée était généralement si alarmée de l'immensité obscure qui s'entr'ouvrait devant elle, elle avait tant besoin d'ordre, qu'elle se montra crédule, enthousiaste pour le Roi, jusqu'à oublier ce qu'elle se devait à elle-même.

Les voilà qui se précipitent tous, le suivent ; il retourne à pied. L'Assemblée, le peuple, l'entourent, le pressent ; le Roi, fort replet, traversant la zone torride de la place d'Armes, n'en pouvait plus ; des députés, entre autres le duc d'Orléans, firent la chaîne autour de lui. A l'arrivée, la musique joua l'air : « Où peut-on être mieux qu'au sein de sa famille?... » Famille trop limitée, le peuple n'en était pas ; on ferma les portes sur lui. Le Roi dit qu'on les rouvrît. Cependant il s'excusa de recevoir les députés qui voulaient le voir encore ; il allait à sa chapelle remercier Dieu*. La Reine parut au balcon avec ses enfants et ceux du comte d'Artois, montrant une joie contrainte, et ne sachant trop que croire d'un enthousiasme si peu mérité.

Versailles nageait dans la joie. Paris, malgré sa victoire, était encore dans l'alarme et dans le deuil. On y enterrait les morts ; beaucoup d'entre eux laissaient des familles sans ressource. Ceux qui n'avaient pas de famille, leurs camarades leur rendaient les derniers devoirs. Ils avaient mis un chapeau à côté d'un des morts, et ils disaient aux passants : « Monsieur, pour ce pauvre diable qui s'est fait tuer pour la nation ! Madame, pour ce pauvre diable qui s'est fait tuer pour la nation** ! » Humble et simple oraison funèbre pour des hommes dont la mort donnait la vie à la France...

Tout le monde gardant Paris, personne ne travaillait. Plus d'ouvrage. Peu de subsistance, et chère. L'Hôtel de Ville assurait que Paris avait des vivres pour quinze jours, et il n'en avait pas pour trois. Il fallut ordonner un impôt pour la subsistance des pauvres. Les farines étaient arrêtées par les troupes à Sèvres et à Saint-Denis. Deux nouveaux régiments arrivaient, pendant qu'on promettait le renvoi des troupes. Les hussards venaient reconnaître les barrières. Le bruit courait qu'on avait essayé de surprendre la Bastille. Les alarmes étaient enfin telles qu'à deux heures le Comité des électeurs ne put refuser au peuple un ordre pour dépaver Paris.

A deux heures, précisément, un homme arrive, haletant, tout près de se trouver mal*... Il a couru depuis Sèvres, où les troupes voulaient l'arrêter... Tout est fini, la Révolution est finie, le Roi est venu dans l'Assemblée, il a dit : « Je me fie à vous... » Cent députés partent en ce moment de Versailles, envoyés par l'Assemblée à la Ville de Paris.

Ces députés s'étaient mis sur-le-champ en route ; Bailly ne voulut pas dîner. Les électeurs eurent à peine le temps de courir à leur rencontre, comme ils étaient, en désordre, ne s'étant pas couchés depuis plusieurs nuits. On voulait tirer le canon ; il était encore en batterie, on ne put le faire venir. Il n'y en avait pas besoin pour solenniser la fête. Paris était assez beau de son soleil de Juillet, de son trouble, de tout ce grand peuple armé. Les cent députés, précédés des Gardes françaises, des Suisses, des officiers de la Milice citoyenne, des députés des électeurs, s'avançaient par la rue Saint-Honoré au son des trompettes... Tous les bras étaient tendus vers eux, les cœurs s'élançaient... De toutes les fenêtres, les bénédictions, les fleurs pleuvaient, et les larmes...

L'Assemblée nationale et le peuple de Paris, le serment du Jeu-de-Paume, la prise de la Bastille et la victoire venaient s'embrasser !

Plusieurs députés baisèrent en pleurant les drapeaux des Gardes françaises : « Drapeaux de la patrie ! disaient-ils, drapeaux de la Liberté ! »

Arrivés à l'Hôtel de Ville, on fit asseoir au bureau La Fayette, Bailly, l'archevêque de Paris, Sieyès et Clermont-Tonnerre. La Fayette parla, froidement, sagement ; puis Lally-Tollendal, avec son entraînement irlandais, ses larmes faciles. C'était à cette même Grève que, trente ans auparavant, l'ancien régime avait bâillonné, décapité le père de Lally ; son discours, tout attendri, n'était justement qu'une sorte d'amnistie de l'ancien régime, amnistie vraiment trop précipitée, lorsqu'il tenait encore Paris tout enveloppé de troupes.

L'attendrissement n'en gagna pas moins dans cette assemblée bourgeoise de l'Hôtel de Ville. « Le plus gras des hommes sensibles, » comme on appelait Lally, fut couronné de fleurs, porté plutôt que conduit à la fenêtre, montré à la foule... Résistant tant qu'il pouvait, il mit la couronne sur la tête de Bailly, du premier président qu'ait eu l'Assemblée nationale. Bailly refusait aussi ; elle fut retenue, affermie sur sa tête par la main de l'archevêque... Étrange et bizarre spectacle, qui faisait bien ressortir le faux de la situation. Le président du Jeu-de-Paume fut couronné par la main du prélat qui conseilla le coup d'État et qui força Paris de vaincre... La contradiction fut si peu sentie, que l'archevêque ne craignit pas de proposer un *Te Deum*, et que tout le monde le suivit à Notre-Dame... C'était plutôt un *De profundis* qu'il devait dire à ces morts qu'il avait faits.

Malgré l'émotion commune, le peuple resta dans son bon sens. Il ne souffrit pas volontiers qu'on touchât à sa victoire ; cela n'était ni juste, ni utile, il faut le dire : cette victoire n'était pas assez complète pour la sacrifier, l'oublier déjà. L'effet moral en était immense ; mais le résultat matériel, faible encore et incertain. Dès la rue Saint-Honoré, la Garde citoyenne (alors c'était tout le peuple) amena au-devant des députés, au son de la musique militaire, le Garde française qui le premier avait arrêté le gouverneur de la Bastille ; il était conduit en triomphe sur la voiture de De Launay, couronné de lauriers, portant la *croix de Saint-Louis*, que le peuple arracha au geôlier pour la mettre à son vainqueur... Il ne voulait pas la garder ; toutefois, avant de la rendre, en présence des députés, il s'en para bravement, la montrant sur sa poitrine*... La foule applaudit, les députés applaudirent, couvrant de leur approbation ce qui s'était fait la veille.

Autre incident, plus clair encore. Dans les discours qu'on fit à l'Hôtel de Ville, M. de Liancourt, bon homme, mais étourdi, dit que le Roi *pardonnait* volontiers aux Gardes françaises. Plusieurs d'entre eux étaient là, qui s'avancèrent, et l'un d'eux : « Nous n'avons que faire de pardon, dit-il. En servant la nation, nous servons le Roi ; les intentions qu'il manifeste aujourd'hui prouvent assez à la France que nous seuls peut-être nous avons été fidèles au Roi et à la patrie. »

Bailly est proclamé maire ; La Fayette, commandant de la Milice citoyenne. On part pour le *Te Deum*. L'archevêque donnait le bras à ce brave abbé Lefebvre qui avait gardé et distribué les poudres, qui sortait pour la première fois de son antre, et était tout noir encore. Bailly était de *même conduit par Hullin*, applaudi, pressé de la foule, presque à étouffer. Quatre fusiliers le suivaient ; malgré la joie de ce jour et l'honneur inattendu de sa position nouvelle, il ne put s'empêcher de songer « qu'il avait l'air d'un homme qu'on mène en prison… » S'il eût pu mieux prévoir, il aurait dit : à la mort !

Qu'était-ce que ce *Te Deum*, sinon un mensonge ? Qui pouvait croire que l'archevêque remerciât Dieu de bon cœur pour la prise de la Bastille ? Rien n'avait changé, ni les hommes, ni les principes… La Cour était toujours la Cour ; l'ennemi, toujours l'ennemi.

Ce qui était fait était fait. L'Assemblée nationale, les électeurs de Paris, avec leur toute-puissance, ne pouvaient rien sur le passé. Il y avait eu, le 14 Juillet, un vaincu qui était le Roi, un vainqueur qui était le peuple. Comment donc défaire cela, faire que cela ne fût point, biffer l'Histoire, changer la réalité des événements accomplis, donner le change au Roi, au peuple, de sorte que le premier se tînt heureux d'être battu, que l'autre, sans défiance, se remît aux mains d'un maître si cruellement provoqué?

Mounier, racontant le 16 dans l'Assemblée nationale la visite des cent députés à la Ville de Paris, fit l'étrange proposition (reprise le lendemain et votée à l'Hôtel de Ville) d'élever une statue à Louis XVI sur la place de la Bastille démolie... Une statue pour une défaite, c'était neuf, original... Le ridicule était sensible; qui pouvait-on tromper ainsi? Faire triompher le vaincu, était-ce vraiment assez pour escamoter la victoire?

L'obstination du Roi dans toute la journée du 14 faisait sentir aux plus simples que sa démarche du 15 n'était nullement spontanée. Au moment même où l'Assemblée le ramenait au château, dans ce délire feint ou réel, une femme embrassa ses genoux et ne craignit pas de dire : « Ah! Sire, êtes-vous bien sincère? ne vont-ils pas vous faire changer? »

Le peuple de Paris avait les idées les plus sombres. Il ne pouvait croire qu'avec quarante mille hommes autour de Versailles la Cour ne fît rien du tout. Il croyait que la démarche du Roi n'était qu'un moyen d'endormir pour attaquer avec plus d'avantage. Il se défiait des électeurs : deux d'entre eux, envoyés le 15 à Versailles, furent ramenés, menacés comme traîtres, en grand péril. Les Gardes françaises craignaient quelque embûche dans leurs casernes, et ne voulaient pas y rentrer. Le peuple s'obstinait à croire que, si la Cour n'osait combattre, elle se vengerait par quelque noir attentat, qu'elle pouvait avoir quelque part une mine pour faire sauter Paris.

La crainte n'était pas ridicule, mais plutôt la confiance. Pourquoi se serait-on rassuré? Les troupes, malgré la promesse, ne s'éloignaient pas. Le baron de Falckenheim, qui commandait à Saint-Denis, disait qu'il n'avait pas d'ordre. On arrêta à la barrière deux de ses officiers qui étaient venus observer. Une chose non moins grave, c'est que le lieutenant de police donnait sa démission, l'intendant Bertier avait fui, et avec lui tous les préposés de l'administration des subsistances. Un jour ou deux de plus, peut-être la Halle était sans farine, le peuple allait à l'Hôtel de Ville demander du pain et la tête des magistrats. Les électeurs envoyèrent plusieurs des leurs chercher des blés à Senlis, à Vernon, jusqu'au Havre même.

Paris attendait le Roi. Il croyait que s'il avait parlé bien franchement et de cœur, il laisserait son Versailles et ses mauvais conseillers, se jetterait dans les bras du peuple. Rien n'eût été plus habile, ni d'un plus grand effet le 15 ; il devait partir pour Paris en sortant de l'Assemblée, *se confier*, non de parole, mais vraiment et de sa personne, entrer hardiment dans la foule, se confondre à ce peuple armé... L'émotion, si grande encore, tournait tout entière pour lui.

Voilà ce que le peuple attendait, ce qu'il croyait et disait. Il le dit à l'Hôtel de Ville, il le répétait dans les rues. Le Roi hésita, consulta, différa d'un jour, et tout fut manqué.

Où le passa-t-il, ce jour irréparable? Le 15 au soir, le 16 au matin, il était enfermé encore avec ces mêmes ministres dont l'audacieuse ineptie avait ensanglanté Paris, ébranlé pour jamais le trône. A ce Conseil, la Reine voulait fuir, éloigner le Roi, le mettre à la tête des troupes, commencer la guerre civile. Mais les troupes étaient-elles sûres? Qu'arriverait-il, si la guerre éclatait dans l'armée même, entre les soldats français et les mercenaires étrangers? Ne valait-il pas mieux louvoyer, gagner du temps, amuser le peuple?... Louis XVI, entre ces deux avis, n'en eut aucun, ne voulut rien\*; il était prêt à suivre indifféremment l'un ou l'autre. La majorité du Conseil fut pour le second parti, et le Roi resta.

Un maire de Paris, un commandant de Paris, nommés sans l'aveu du Roi par les électeurs, ces places acceptées par des hommes aussi graves que Bailly et La Fayette, les nominations confirmées par l'Assemblée, sans rien demander au Roi, ceci n'était plus l'émeute, c'était une révolution, bien et dûment organisée. La Fayette, « ne doutant pas que toutes les Communes ne voulussent confier leur défense à des citoyens armés, » proposa d'appeler la Milice citoyenne *Garde nationale* (nom déjà trouvé par Sieyès). Ce nom semblait généraliser, étendre l'armement de Paris à tout le royaume, de même que la cocarde bleue et rouge de la Ville, augmentée du blanc, la vieille couleur française, devint celle de la France entière.

Si le Roi restait à Versailles, s'il tardait, il hasardait Paris. Les dispositions, de moment en moment, étaient plus hostiles. Les districts étant invités à joindre leurs députés à ceux de l'Hôtel de Ville, pour aller remercier le Roi, plusieurs répondirent « qu'il n'y avait pas lieu de remercier encore.

Ce fut seulement le 16 au soir que Bailly, ayant vu par hasard Vicq d'Azyr, le médecin de la Reine, l'avertit que la Ville de Paris désirait, attendait le Roi. Le Roi promit, et le soir même écrivit à M. Necker pour l'inviter à revenir.

Le 17, le Roi se mit en route à neuf heures, fort sérieux, triste, pâle ; il avait entendu la messe, communié, remis à Monsieur sa nomination de lieutenant général, en cas qu'il fût tué ou retenu prisonnier ; la Reine, dans son absence, écrivit d'une main agitée le discours qu'elle irait prononcer à l'Assemblée, si l'on retenait le Roi.

Sans Gardes, mais entouré de trois ou quatre cents députés, il arriva à trois heures à la barrière. Le maire, lui présentant les clefs, dit : « Ce sont les mêmes clefs qui ont été présentées à *Henri IV; il avait reconquis son peuple, ici le peuple a reconquis son Roi.* » Ce dernier mot, si vrai, si fort, dont Bailly même ne sentait pas bien la portée, fut applaudi vivement.

La place Louis XV offrait un cercle de troupes ; au centre, en bataillon carré, les Gardes françaises. Le bataillon s'ouvrit, se mit en files, laissant voir dans son sein des canons (ceux de la Bastille?). Il prit la tête du cortège, traînant ses canons... et le Roi après.

Devant la voiture du Roi, allait à cheval, en habit bourgeois, l'épée à la main, la cocarde et le panache au chapeau, le commandant La Fayette. Tout suivait son moindre signe. L'ordre était grand*, le silence aussi; pas un cri de : Vive le Roi! De moment en moment, on criait: Vive la nation. Du Point-du-Jour à Paris, de la barrière à l'Hôtel de Ville, il y avait deux cent mille hommes sous les armes, trente mille fusils et davantage, cinquante mille piques, et, pour le reste, des lances, des sabres, des épées, des fourches, des faulx. Point d'uniformes, mais deux lignes régulières dans toute cette longueur immense, sur trois hommes d'épaisseur, parfois sur quatre ou sur cinq.

Formidable apparition de la nation armée!...

Le Roi ne pouvait s'y méprendre : ce n'était pas un parti. Tant d'armes, tant d'habits différents, même âme et même silence !

Tous étaient là, tous avaient voulu venir; personne ne manquait à cette revue solennelle. On voyait même des dames armées près de leurs maris, des filles près de leurs pères. Une femme figurait dans les vainqueurs de la Bastille.

Des moines, croyant aussi qu'ils étaient hommes et citoyens, étaient venus prendre leur part de cette grande croisade. Les Mathurins étaient en ligne sous la bannière de leur ordre, devenu le drapeau du district des Mathurins. Des Capucins portaient sur l'épaule l'épée, le mousquet. *Les dames de la place Maubert* avaient mis la révolution de Paris sous la protection de sainte Geneviève, et, la veille, offert un tableau où la sainte encourageait l'ange exterminateur à renverser la Bastille, qu'on voyait croulante, avec des couronnes, des sceptres brisés.

On applaudissait deux hommes, Bailly, La Fayette; c'était tout. Les députés marchaient autour de la voiture du Roi, l'air triste, agité, il y avait quelque chose de sombre dans cette fête... Ces armes sauvages, ces fourches et ces faulx, ne charmaient point le regard. Les canons qui dormaient là sur ces places, muets, parés de fleurs, semblaient ne pas bien dormir... Sur tous les semblants de paix planait une image de guerre, claire et significative, les lambeaux déchirés du drapeau de la Bastille.

Le Roi descend, et Bailly lui présente la nouvelle cocarde, aux couleurs de la Ville, qui devient celle de la France. Il le prie d'accepter « ce signe distinctif des Français. » Le Roi la mit à son chapeau, et, séparé de sa suite par la foule, il monta la sombre voûte de l'Hôtel de Ville ; sur sa tête, les épées croisées formaient un berceau d'acier ; honneur bizarre emprunté aux usages maçonniques, qui semblait à double sens, et qui pouvait faire croire que le Roi passait sous les Fourches Caudines.

Il n'y avait nulle intention de déplaire, ni d'humilier. Loin de là : il fut accueilli avec un attendrissement extraordinaire. La grande salle, mêlée de notables et d'hommes de toutes classes, présenta un spectacle étrange ; ceux qui étaient au milieu se tenaient à genoux, pour ne pas priver les autres de voir le Roi, tous, les mains levées vers le trône, et les yeux remplis de larmes.

Bailly avait, dans son discours, prononcé le mot d'*alliance* entre le Roi et le peuple. Le président des électeurs, Moreau de Saint-Méry (celui qui avait tenu le fauteuil dans les grandes journées, donné trois mille ordres en trente heures), hasarda un mot qui semblait engager le Roi :
« *Vous venez promettre* à vos sujets que les auteurs de ces conseils désastreux ne vous entoureront plus, que la Vertu, trop longtemps exilée,

restera votre appui. » La Vertu voulait dire Necker.

Le Roi, soit timidité, soit prudence, ne disait rien. Le procureur de la Ville émit la proposition de la statue à élever sur la place de la Bastille; votée à l'unanimité. Puis, Lally, toujours éloquent, mais trop sensible et pleureur, avoua *le chagrin du Roi, le besoin qu'il avait de consolation...* C'était le montrer vaincu, au lieu de l'associer à la victoire du peuple sur les ministres qui partaient. « Eh bien, citoyens, êtes-vous satisfaits? Le voilà, ce Roi, etc. » Ce *Voilà*, trois fois répété, fit l'effet d'une triste paraphrase de l'*Ecce homo*.

Ceux qui faisaient ce rapprochement l'achevèrent, le trouvèrent complet, quand Bailly montra le Roi à la fenêtre de l'Hôtel de Ville, la cocarde à son chapeau. Il y resta un quart d'heure, sérieux, silencieux. Au départ, on lui dit tout bas qu'il devrait dire un mot lui-même. Mais on n'en put rien tirer que la confirmation de la Garde bourgeoise, du maire et du commandant, et cette trop brève parole : « Vous pouvez compter sur mon amour. »

Les électeurs s'en contentèrent; mais le peuple, non. Il s'était imaginé que le Roi, quitte de ses mauvais conseillers, venait fraterniser avec la Ville de Paris. Mais, quoi! pas un mot, pas un signe!.. La foule applaudit cependant au retour; elle semblait avoir besoin d'épancher enfin un sentiment contenu. Toutes les armes étaient renversées en signe de paix. On criait : Vive le Roi ! Il fut porté à sa voiture. Une femme de la Halle lui sauta au col. Des hommes armés de bouteilles arrêtèrent ses chevaux, versèrent du vin au cocher, aux valets, burent avec eux à la santé du Roi. Il sourit, mais il ne dit rien encore. Le moindre mot de bonté, prononcé à ce moment, eût été répété, célébré, avec un effet immense.

Il ne rentra au château qu'à plus de neuf heures du soir. Sur l'escalier, il trouva la Reine et ses enfants en larmes, qui vinrent se jeter dans ses bras... Le Roi avait donc couru un bien grand danger en allant visiter son peuple ! Ce peuple, était-ce l'ennemi ?... Et qu'aurait-on fait de plus pour un Roi délivré, pour Jean ou François Ier, sortant de Londres ou de Madrid ?

Le même jour, vendredi 17, comme pour protester que le Roi ne faisait rien, ne disait rien à Paris que par force et par contrainte, son frère le comte d'Artois, les Condé et les Conti, les Polignac, Vaudreuil, Broglie, Lambesc, et autres, se sauvèrent de France. Ce ne fut pas sans difficulté. Ils trouvèrent partout l'horreur de leur nom, le peuple soulevé contre eux. Les Polignac et Vaudreuil ne purent échapper qu'en déclamant sur leur route contre Vaudreuil et Polignac.

La conspiration de la Cour, aggravée de mille récits populaires, étranges et horribles, avait saisi les imaginations, les avait rendues incurablement soupçonneuses et méfiantes. Versailles, exalté au moins autant que Paris, veillait le château nuit et jour, comme le foyer des trahisons. Il semblait désert, ce palais immense. Beaucoup n'osaient plus y venir. L'aile du nord, celle des Condé, était presque vide; l'aile du midi, celle du comte d'Artois, les sept vastes appartements de madame de Polignac, étaient fermés pour toujours. Plusieurs domestiques du Roi auraient voulu quitter leur maître. Ils commençaient à avoir d'étranges idées sur lui.

« Pendant trois jours, dit Besenval, le Roi n'eut guère auprès de lui que M. de Montmorin et moi. Le 19, tout ministre étant absent, j'étais entré chez le Roi pour lui faire signer l'ordre de donner des chevaux à un colonel qui s'en retournait. Comme je présentais cet ordre, un valet de pied se place entre le Roi et moi, pour voir ce qu'il écrivait. Le Roi se retourne, aperçoit l'insolent, et se saisit des pincettes. Je l'empêchai de suivre ce mouvement d'une colère très naturelle; il me serra la main pour m'en remercier, et je remarquai des larmes dans ses yeux. »

# CHAPITRE II

## JUGEMENTS POPULAIRES

*Aucun pouvoir n'inspire confiance. — Le pouvoir judiciaire a perdu la confiance. — Club breton. — Avocats, Basoche. — Danton et Camille Desmoulins. — Barbarie des lois, des supplices. — Jugement au Palais-Royal. — La Grève et la faim. — Mort de Foulon et de Bertier, 22 juillet 1789.*

La royauté reste seule. Les privilégiés s'exilent ou se soumettent ; ils déclarent qu'ils voteront désormais dans l'Assemblée nationale, subiront la majorité ; isolée et découverte, la royauté apparaît ce que depuis longtemps elle était au fond : un néant.

Ce néant, c'était la vieille foi de la France ; et

cette foi déçue fait maintenant sa méfiance, son incrédulité ; il la rend prodigieusement inquiète et soupçonneuse. Avoir cru, avoir aimé, avoir été depuis un siècle toujours trompé dans cet amour, c'est de quoi ne plus croire à rien.

Où sera la foi maintenant ?... On éprouve à cette question un sentiment de terreur et de solitude, comme Louis XVI lui-même au fond de son palais désert... La foi ne sera plus dans aucun pouvoir mortel.

Le pouvoir législatif lui-même, cette Assemblée chère à la France, elle a maintenant le malheur d'avoir absorbé ses ennemis, cinq ou six cents nobles et prêtres, et de les contenir dans son sein. Autre mal, elle a trop vaincu, elle va être maintenant l'autorité, le gouvernement, le Roi... Et tout roi est impossible.

Le pouvoir électoral, qui de même s'est trouvé obligé de se faire gouvernement, en quelques jours il est tué ; il le sent, il prie les districts de lui créer un successeur. Au canon de la Bastille, il a frémi, il a douté. Gens de peu de foi ?... perfides ? Non. Cette bourgeoisie de 89, nourrie du grand siècle de la philosophie, était certainement moins égoïste que la nôtre. Elle était flottante, incertaine, hardie de principes, timide d'application ; elle avait servi si longtemps !

C'est la vertu du pouvoir judiciaire, lorsqu'il reste entier et fort, de suppléer tous les autres ; et lui, nul ne le supplée. Il fut le soutien, la ressource de notre ancienne France, dans ses plus terribles crises. Au quatorzième siècle, au seizième, il siégea immuable et ferme, en sorte que dans la tempête, la patrie, presque perdue, se reconnaissait, se retrouvait toujours au sanctuaire inviolable de la Justice civile.

Eh bien, ce pouvoir est brisé.

Brisé de son inconséquence et de ses contradictions. Servile et hardi à la fois, pour le Roi et contre le Roi, pour le pape et contre le pape, défenseur de la Loi et champion du privilège, il parle de liberté et résiste un siècle à tout progrès libéral. Lui aussi, autant que le Roi, il a trompé l'espoir du peuple. Quelle joie, quel enthousiasme, quand le Parlement revint de l'exil à l'avènement de Louis XVI! Et c'est pour répondre à cette confiance qu'il s'unit aux privilégiés, arrête toute réforme, fait chasser Turgot! En 1787, le peuple le soutient encore, et, pour l'en récompenser, le Parlement demande que les États généraux soient calqués sur la vieille forme de 1614, c'est-à-dire inutiles, impuissants et dérisoires!

Non, le peuple ne peut se fier au pouvoir judiciaire.

Chose étrange, c'est ce pouvoir, gardien de l'ordre et des lois, qui a commencé l'émeute. Elle s'essaye autour du Parlement, à chaque lit de justice. Elle est encouragée du sourire du magistrat. Les jeunes conseillers, les d'Éprémesnil, les Duport, pleins des souvenirs de la Fronde, ne demandent qu'à copier Broussel et le Coadjuteur. La Basoche, organisée, fournit une armée de clercs; elle a son roi, ses jugements, ses prévôts, vieux étudiants, comme était Moreau à Rennes; brillants parleurs et duellistes, comme Barnave à Grenoble. La solennelle défense faite aux clercs de porter l'épée ne les rend que plus belliqueux.

Le premier Club fut celui que le conseiller Duport ouvrit chez lui, rue du Chaume, au Marais. Il y réunit les parlementaires les plus avancés, des députés, des avocats, les Bretons surtout. Le Club, transporté à Versailles, s'appela *le Club breton*. Revenu à Paris avec l'Assemblée, et changeant de caractère, il s'établit aux Jacobins.

Mirabeau n'alla qu'une fois chez Duport; il appelait Duport, Barnave et Lameth, le *Triumgueusat*. Sieyès y alla aussi, et n'y voulut pas retourner : « C'est une politique de caverne, disait-il; ils prennent des attentats pour des expédients. » Il les désigne ailleurs plus durement encore : « On peut se les représenter comme une troupe de polissons méchants toujours en action, criant, intriguant, s'agitant au hasard et sans mesure, puis riant du mal qu'ils avaient fait. On peut leur attribuer la meilleure part dans l'égarement de la Révolution. Heureuse encore la France si les agents subalternes de ces premiers perturbateurs devenus chefs à leur tour, par un genre d'hérédité ordinaire dans les longues révolutions, avaient renoncé à l'esprit dont ils furent agités si longtemps ! »

Ces subalternes dont parle Sieyès, qui succédèrent à leurs chefs (et qui leur sont bien supérieurs), furent surtout deux hommes, deux forces révolutionnaires, Camille Desmoulins et Danton. Ces deux hommes, le roi du pamphlet, le foudroyant orateur du Palais-Royal, avant d'être celui de la Convention, nous n'en pouvons parler ici. Ils vont nous suivre, au reste; ils ne nous lâcheront pas. La comédie, la tragédie de la Révolution, sont en eux, ou dans personne.

Ils laisseront leurs maîtres tout à l'heure faire les Jacobins et ils fonderont les *Cordeliers*. Pour le moment, tout est mêlé; le grand club de cent clubs, parmi les cafés, les jeux et les filles, c'est encore le Palais-Royal. C'est là que, le 12 juillet, Desmoulins cria : Aux armes! C'est là que, la nuit du 13 au 14, se firent les jugements de Flesselles et de De Launay. Ceux du comte d'Artois, des Condé, des Polignac, leur furent expédiés à eux-mêmes; ils eurent l'étonnant effet, qu'on aurait à peine attendu de plusieurs batailles, de les faire partir de France. De là, une prédilection funeste pour les moyens de terreur, qui avaient si bien réussi. Desmoulins, dans un discours qu'il fait tenir à la Lanterne de la Grève, lui fait dire : « Que les étrangers sont en extase devant elle ; qu'ils admirent qu'une lanterne ait fait plus en deux jours que tous leurs héros en cent ans*. »

Desmoulins renouvelle avec une verve intarissable la vieille plaisanterie qui remplit tout le moyen âge sur la potence, la corde, les pendus, etc. Ce supplice hideux, atroce, qui rend l'agonie risible, était le texte ordinaire des contes les plus joyeux, l'amusement du populaire, l'inspiration de la Basoche. Celle-ci trouva tout son génie dans Camille Desmoulins. Le jeune avocat picard, très léger d'argent, plus léger de caractère, traînait sans cause au Palais, lorsque la Révolution le fit tout à coup plaider au Palais-Royal. Pour être quelque peu bègue, il n'était que plus amusant. Les saillies errantes sur sa lèvre embarrassée, s'échappaient comme des dards. Il suivait sa verve comique, sans trop s'informer si la tragédie n'allait pas en résulter. Les fameux jugements de la Basoche, ces farces judiciaires qui avaient tant amusé l'ancien Palais, n'étaient pas plus gais que les jugements du Palais-Royal**; la différence est que ceux-ci souvent s'exécutaient en Grève. Chose étrange et qui fait rêver, c'est Desmoulins, ce polisson de génie aux plaisanteries mortelles, c'est ce taureau de Danton qui rugit le meurtre, ce sont eux, dans quatre années, qui périront pour avoir proposé *le Comité de la clémence!*

Mirabeau, Duport, les Lameth, bien d'autres plus modérés, approuvaient les violences ; plusieurs disent qu'ils les conseillaient. Sieyès, en 88, demandait la mort des ministres. Mirabeau, le 14 Juillet, cria : « La tête de Broglie ! » Il logeait chez lui Desmoulins. Il marchait volontiers entre Desmoulins et Danton ; ennuyé de ses Genevois, il aimait bien mieux ceux-ci, faisait écrire l'un, parler l'autre.

Un homme très modéré, très sage, une tête froide, Target, était intimement lié avec Desmoulins, et donnait son approbation au pamphlet de la Lanterne.

Ceci mérite explication :

Personne ne croyait à la Justice, sinon à celle du peuple.

Les légistes spécialement méprisaient la Loi, le Droit d'alors, en contradiction avec toutes les idées du siècle. Ils connaissaient les tribunaux, et savaient que la Révolution n'avait pas d'adversaires plus passionnés que le Parlement, le Châtelet, les juges en général.

Un tel juge, c'était l'ennemi. Remettre le jugement de l'ennemi à l'ennemi, le charger de décider entre la Révolution et les contre-révolutionnaires, c'était absoudre ceux-ci, les rendre plus fiers et plus forts, les envoyer aux armées commencer la guerre civile. Le pouvaient-ils ? Oui, malgré l'élan de Paris et la prise de la Bastille. Ils avaient des troupes étrangères, ils avaient tous les officiers ; ils avaient spécialement un corps formidable, qui faisait alors la gloire militaire de la France, les officiers de la Marine.

Le peuple seul, dans cette crise rapide, pouvait saisir et frapper des coupables si puissants. « Mais si le peuple se trompe?... » L'objection n'embarrassait pas les amis de la violence. Ils récriminaient : « Combien de fois, répondaient-ils, le Parlement, le Châtelet, ne se sont-ils pas trompés? » Ils citaient les fameuses méprises des Calas et des Sirven; ils rappelaient le terrible Mémoire de Dupaty pour trois hommes condamnés à la roue, ce Mémoire brûlé par le Parlement, qui ne pouvait y répondre.

Quels jugements populaires, disaient-ils encore, seront jamais plus barbares que les procédures des tribunaux réguliers comme elles sont encore en 89?... Procédures secrètes, faites tout entières sur pièces que l'accusé ne voit pas; les pièces non communiquées, les témoins non confrontés, sauf ce dernier petit moment où l'accusé, sorti à peine de la nuit de son cachot, effaré du jour, vient sur la sellette, répond ou ne répond pas, voit ses juges pendant deux minutes pour s'entendre condamner\*?... Barbares procédures, jugements plus barbares. On n'ose rappeler Damiens écartelé, tenaillé, arrosé de plomb fondu... Peu avant la Révolution, on brûla un homme à Strasbourg. Le 11 août 89, le Parlement de Paris, qui meurt lui-même, condamne encore un homme à expirer sur la roue. De tels supplices, qui pour le spectateur même étaient des supplices, troublaient les âmes à fond, les effarouchaient, les rendaient folles, brouillaient toute idée de justice, tournaient la Justice à rebours; le coupable, qui souffrait tant, ne paraissait plus coupable; le coupable, c'était le juge; des montagnes de malédictions s'entassaient sur lui... La sensibilité s'exaltait jusqu'à la fureur, la pitié devenait féroce. L'histoire offre plusieurs exemples de cette sensibilité furieuse qui souvent mettait le peuple hors de tout respect, de toute crainte, et lui faisait rouer, brûler les officiers de Justice en place du criminel.

C'est un fait trop peu remarqué, mais qui fait comprendre bien des choses : plusieurs de nos terroristes furent des hommes d'une sensibilité exaltée, maladive, qui ressentirent cruellement les maux du peuple, et dont la pitié tourna en fureur.

Ce remarquable phénomène se présentait principalement chez les hommes nerveux, d'une imagination faible et irritable, chez les artistes en tous genres; l'artiste est un homme-femme\*. Le peuple, dont les nerfs sont plus forts, suivit cet entraînement; mais jamais, dans les premiers temps, il ne donnait l'impulsion. Les violences partaient du Palais-Royal, où dominaient les bourgeois, les avocats, les artistes et gens de lettres.

La responsabilité même entre ceux-ci, n'était entière à personne. Un Camille Desmoulins levait le lièvre, ouvrait la chasse; un Danton la poussait à mort... en paroles, bien entendu. Mais il ne manquait pas de muets pour exécuter, d'hommes pâles et furieux pour porter la chose à la Grève, où elle était poussée par des Dantons inférieurs. Dans la foule misérable qui environnait ceux-ci, il y avait d'étranges figures comme échappées de l'autre monde; des hommes à face de spectres, mais exaltés par la faim, ivres de jeûne, et qui n'étaient plus des hommes... On affirmait que plusieurs, au 20 juillet, ne mangeaient pas depuis trois jours. Parfois, ils se résignaient, mouraient, sans faire mal à personne. Les femmes ne se résignaient pas : *elles avaient des enfants*. Elles erraient comme des lionnes. En toute émeute, elles étaient les plus âpres, les plus furieuses; elles poussaient des cris frénétiques, faisaient honte aux hommes de leurs lenteurs; les jugements sommaires de la Grève étaient toujours trop longs pour elles. Elles pendaient tout d'abord*.

L'Angleterre a eu en ce siècle la poésie de la faim**. Qui donnera son histoire en France?... Terrible histoire au dernier siècle, négligée des historiens, qui ont gardé leur pitié pour les artisans de la famine... J'ai essayé d'y descendre, dans les cercles de cet enfer, guidé de proche en proche par de profonds cris de douleur. J'ai montré la terre de plus en plus stérile, à mesure que le fisc saisit, détruit le bétail, et que la terre, sans engrais, est condamnée à un jeûne perpétuel. J'ai montré comment les nobles, les exempts d'impôts, se multipliant, l'impôt allait pesant sur une terre toujours plus pauvre. Je n'ai pas assez montré comment l'aliment devient, par sa rareté même, l'objet d'un trafic éminemment productif. Les profits en sont si clairs, que le Roi veut aussi en être. Le monde voit avec étonnement un roi qui trafique de la vie de ses sujets, un roi qui spécule sur la disette et la mort, un roi assassin du peuple. La famine n'est plus seulement le résultat des saisons, un phénomène naturel; ce n'est ni la pluie ni la grêle. C'est un fait d'ordre civil : on a faim *de par le Roi*.

Le Roi, ici, c'est le système. On eut faim sous Louis XV, on a faim sous Louis XVI.

La famine est alors une science, un art compliqué d'administration, de commerce. Elle a son père et sa mère, le fisc, l'accaparement. Elle engendre une race à part, race bâtarde de fournisseurs, banquiers, financiers, Fermiers généraux, intendants, conseillers, ministres. Un mot profond sur l'alliance des spéculateurs et des politiques sortit des entrailles du peuple : *Pacte de famine*.

Foulon était spéculateur, financier, traitant, d'une part; de l'autre, membre du Conseil, qui seul jugeait les traitants. Il comptait bien être ministre. Il serait mort de chagrin, si la banqueroute s'était faite par un autre que par lui. Les lauriers de l'abbé Terray ne le laissaient pas dormir. Il avait le tort de prêcher trop haut son système ; sa langue travaillait contre lui, et le rendait impossible. La Cour goûtait fort l'idée de ne pas payer, mais elle voulait emprunter, et pour allécher les prêteurs, il ne fallait pas appeler au ministère l'apôtre de la banqueroute.

On lui attribuait une parole cruelle : « S'ils ont faim, qu'ils broutent l'herbe... Patience ! que je sois ministre, je leur ferai manger du foin ; mes chevaux en mangent... » On lui imputait encore ce mot terrible : « Il faut faucher la France... »

Foulon avait un gendre selon son cœur, un homme capable, mais dur, de l'aveu des royalistes\*, Berlier, intendant de Paris. Il savait trop bien qu'il était détesté des Parisiens, et fut trop heureux de trouver l'occasion de leur faire la guerre. Avec le vieux Foulon, il était l'âme du ministère de trois jours. Le maréchal de Broglie n'en augurait rien de bon, il obéissait\*\*. Mais Foulon, mais Berlier, étaient très ardents. Celui-ci montra une activité diabolique à rassembler tout, armes, troupes, à fabriquer des cartouches. Si Paris ne fut point mis à feu et à sang, ce ne fut nullement sa faute.

On s'étonne que des gens si riches, si parfaitement informés, mûrs d'ailleurs et d'expérience, se soient jetés dans ces folies. C'est que les grands spéculateurs financiers participent tous du joueur ; ils en ont les tentations. Or, l'affaire la plus lucrative qu'ils pouvaient trouver jamais, c'était d'être ainsi chargés de faire la banqueroute par exécution militaire. Cela était hasardeux. Mais quelle grande affaire sans hasard? On gagne sur la tempête, on gagne sur l'incendie; pourquoi pas sur la guerre et sur la famine? Qui ne risque rien, n'a rien.

La famine et la guerre, je veux dire Foulon et Bertier, qui croyaient tenir Paris, se trouvèrent déconcertés par la prise de la Bastille.

Le soir du 13, Bertier essaya de rassurer Louis XVI; s'il en tirait un petit mot, il pouvait encore lancer ses Allemands sur Paris.

Louis XVI ne dit rien, ne fit rien. Les deux hommes, dès ce moment, sentirent bien qu'ils étaient morts. Bertier s'enfuit vers le Nord, filant la nuit d'un lieu à l'autre; il passa quatre nuits sans dormir, sans s'arrêter, et n'alla pas plus loin que Soissons. Foulon n'essaya pas de fuir; d'abord, il fit dire partout qu'il n'avait pas voulu du ministère, puis qu'il était frappé d'une apoplexie, puis il fit le mort. Il s'enterra lui-même magnifiquement (un de ses domestiques venait fort à point de mourir). Cela fait, il alla tout doucement chez son digne ami Sartine, l'ancien lieutenant de Police.

Il avait sujet d'avoir peur. Le mouvement était terrible. Remontons un peu plus haut.

Dès le mois de mai, la famine avait chassé des populations entières, les poussait l'une sur l'autre.

Caen et Rouen, Orléans, Lyon, Nancy, avaient eu des combats à soutenir pour les grains. Marseille avait vu à ses portes une bande de huit mille affamés qui devaient piller ou mourir ; toute la ville, malgré le gouvernement, malgré le Parlement d'Aix, avait pris les armes, et restait armée.

Le mouvement se ralentit un moment en juin ; la France entière, les yeux fixés sur l'Assemblée, attendait qu'elle vainquît ; nul autre espoir de salut. Les plus extrêmes souffrances se turent un moment ; une pensée dominait tout...

Qui peut dire la rage, l'horreur de l'espoir trompé, à la nouvelle du renvoi de Necker ? Necker n'était pas un politique ; il était, comme on a vu, timide, vaniteux, ridicule. Mais dans l'affaire des subsistances, il fut, on lui doit cette justice, il fut administrateur infatigable, ingénieux, plein d'industrie et de ressources*. Il s'y montra, ce qui est bien plus, plein de cœur, bon et sensible ; personne ne voulant prêter à l'État, il emprunta en son nom, il engagea son crédit, jusqu'à deux millions, la moitié de sa fortune. Renvoyé, il ne retira pas sa garantie ; il écrivit aux prêteurs qu'il la maintenait. Pour tout dire, s'il ne sut pas gouverner, il nourrit le peuple, le nourrit de son argent.

Le mot Necker, le mot subsistance, cela sonnait du même son à l'oreille du peuple. Renvoi de Necker, et famine, la famine sans espoir et sans remède, voilà ce que sentit la France, au moment du 12 juillet.

Les Bastilles de province, celle de Caen, celle de Bordeaux, furent forcées, ou se livrèrent, pendant qu'on prenait celle de Paris. A Rennes, à Saint-Malo, à Strasbourg, les troupes fraternisèrent avec le peuple. A Caen, il y eut lutte entre les soldats. Quelques hommes du régiment d'Artois portaient des insignes patriotiques ; ceux du régiment de Bourbon, profitant de ce qu'ils étaient sans armes, les leur arrachèrent. On crut que le major Belsunce les avait payés pour faire cette insulte à leurs camarades. Belsunce était un joli officier et spirituel, mais impertinent, violent, hautain. Il faisait bruit de son mépris pour l'Assemblée nationale, pour le peuple, la canaille ; il se promenait dans la ville, armé jusqu'aux dents, avec un domestique d'une mine féroce.* Ses regards étaient provocants. Le peuple perdit patience, menaça, assiégea la caserne ; un officier eut l'imprudence de tirer ; et alors la foule alla chercher du canon ; Belsunce se livra, ou fut livré, pour être conduit en prison ; il ne put y arriver ; il fut tué à coups de fusils, son corps déchiré ; une femme mangea son cœur.

Il y eut du sang à Rouen, à Lyon ; à Saint-Germain, un meunier fut décapité ; un boulanger accapareur faillit périr à Poissy : il ne fut sauvé que par une députation de l'Assemblée, qui se montra admirable de courage et d'humanité, risqua sa vie, n'emmena l'homme qu'après l'avoir demandé au peuple, à genoux.

Foulon eût peut-être passé ce moment d'orages, s'il n'eût été haï que de toute la France. Son malheur était de l'être de ceux qui le connaissaient le mieux, de ses vassaux et serviteurs. Ils ne le perdaient pas de vue, ils n'avaient pas été dupes du prétendu enterrement. Ils suivirent, ils trouvèrent le mort, qui se promenait bien portant dans le parc de M. de Sartine : « Tu voulais nous donner du foin, c'est toi qui en mangeras ! » On lui met une botte de foin sur le dos, un bouquet d'orties, un collier de chardons. On le mène à pied à Paris, à l'Hôtel de Ville, on demande son jugement à la seule autorité qui restât, aux électeurs.

Ceux-ci durent alors regretter de n'avoir pas hâté davantage la décision populaire qui allait créer un véritable pouvoir municipal, leur donner des successeurs, et finir leur royauté. Royauté est le mot propre : les Gardes françaises ne montaient la garde à Versailles, près du Roi, qu'en prenant l'ordre (chose étrange) des électeurs de Paris.

Ce pouvoir illégal, invoqué pour tout, impuissant pour tout, affaibli encore dans son association fortuite avec les anciens échevins, n'ayant pour tête que le bonhomme Bailly, le nouveau maire, n'ayant pour bras que La Fayette, commandant d'une Garde nationale qui s'organisait à peine, allait se trouver en face d'une nécessité terrible.

Ils apprirent presque à la fois qu'on avait arrêté Bertier à Compiègne et qu'on amenait Foulon. Pour le premier, ils prirent une responsabilité grave, hardie (la peur l'est parfois), celle de dire aux gens de Compiègne : « Qu'il n'existait aucune raison de détenir M. Bertier. » Ceux-ci répondirent qu'il serait alors tué sûrement à Compiègne, qu'on ne pouvait le sauver qu'en l'amenant à Paris.

Quant à Foulon, on décida : Que désormais les accusés de ce genre seraient déposés à l'Abbaye, et qu'on inscrirait ces mots sur la porte : « Prisonniers mis sous la main de la Nation. » Cette mesure générale, prise dans l'intérêt d'un homme, assurait à l'ex-conseiller d'être jugé par ses amis et collègues, les anciens magistrats, seuls juges qui fussent alors.

Tout cela était trop clair ; mais aussi fort surveillé par des gens bien clairvoyants, les procureurs et la Basoche, par les rentiers, ennemis du ministre de la banqueroute, par beaucoup d'hommes enfin qui avaient des effets publics et que ruinait la baisse. Un procureur fit passer une note à la charge de Bertier, sur ses dépôts de fusils. La Basoche soutenait qu'il avait encore un de ces dépôts chez l'abbesse de Montmartre, et força d'y envoyer. La Grève était pleine d'hommes étrangers au peuple, « *d'un extérieur décent,* » quelques-uns fort bien vêtus. La Bourse était à la Grève.

On venait, en même temps, dénoncer à l'Hôtel de Ville un autre financier, Beaumarchais, qui avait volé des papiers à la Bastille. On les lui fit rapporter.

On crut faire taire au moins les pauvres en leur remplissant la bouche; on baissa le prix du pain, au moyen d'un sacrifice de trente mille francs par jour; il fut mis à treize sols et demi les quatre livres (qui en vaudraient vingt d'aujourd'hui).

La Grève n'en criait pas moins. A deux heures, Bailly descend, tous lui demandent justice. « Il exposa les principes, » et fit quelque impression sur ceux qui pouvaient l'entendre. Les autres criaient : « Pendu ! pendu ! » Bailly alla prudemment s'enfermer au bureau des subsistances. La garde était forte, dit-il, mais M. de La Fayette, qui comptait sur son ascendant, eut l'imprudence de la diminuer.

La foule était dans une terrible inquiétude que Foulon ne se sauvât. On le leur montra à une fenêtre; ils n'en forcèrent pas moins les portes; il fallut l'asseoir sur une chaise devant le bureau dans la salle Saint-Jean. Là, on recommença à les prêcher, à « leur exposer les principes, » qu'il devait être jugé... « Jugé de suite, et pendu ! » dit la foule. Elle nomma sur-le-champ des juges, entre autres deux curés qui refusèrent... Mais place! voici M. de La Fayette qui arrive. Il parle à son tour, avoue que Foulon est un *scélérat*, mais dit qu'il faut connaître ses complices. « Qu'on le mène à l'Abbaye! » Les premiers rangs, qui entendent, consentent; les autres, non. « Vous vous moquez du monde, dit un homme bien vêtu; faut-il du temps pour juger un homme qui est jugé depuis trente ans? » En même temps, un cri s'élève, une foule nouvelle pénètre; les uns disent : « C'est le faubourg! » les autres : « C'est le Palais-Royal! » Foulon est enlevé, porté à la lanterne d'en face; on lui fait demander pardon à la Nation. Puis hissé... Par deux fois la corde casse. On persiste, on en va chercher une neuve. Pendu enfin, décapité, la tête portée dans Paris.

Cependant Bertier arrivait par la porte Saint-Martin, à travers le plus épouvantable rassemblement qu'on ait vu jamais; on le suivait depuis vingt lieues. Il était venu dans un cabriolet, dont on avait brisé l'impériale afin de le voir. Près de lui, un électeur, Étienne de La Rivière, qui vingt fois faillit périr en le défendant, et le couvrit de son corps. Des enragés dansaient devant; d'autres lui jetaient du pain noir dans la voiture : « Tiens, brigand, voilà le pain que tu nous faisais manger! » Ce qui exaspérait aussi toute la population des environs de Paris, c'est qu'au milieu de la disette, la nombreuse cavalerie rassemblée par Bertier et Foulon avait détruit, mangé en vert une grande quantité de jeune blé. On attribuait ces dégâts aux ordres de l'intendant, à une ferme résolution d'empêcher toute récolte et de faire mourir le peuple.

Pour orner ce terrible triomphe de la mort, on portait devant Bertier, comme aux triomphes romains, des inscriptions à sa gloire : « Il a volé le Roi et la France. — Il a dévoré la substance du peuple. — Il a été l'esclave des riches, et le tyran des pauvres. — Il a bu le sang de la veuve et de l'orphelin. — Il a trompé le Roi. — Il a trahi sa patrie*... »

On eut la barbarie, à la fontaine Maubuée, de lui montrer la tête de Foulon, livide et du foin dans la bouche. A cette vue, ses yeux devinrent ternes, il pâlit et il sourit.

On força Bailly, à l'Hôtel de Ville, de l'interroger. Bertier allégua des ordres supérieurs, ceux du ministre. Le ministre était son beau-père, c'était la même personne... Au reste, si la salle Saint-Jean écoutait un peu, la Grève n'écoutait pas, n'entendait pas; les cris étaient si affreux que le maire et les électeurs se troublaient de plus en plus. Un flot tout nouveau de foule ayant percé la foule même, il n'y eut plus moyen de tenir. Le maire, sur l'avis du bureau, dit : « A l'Abbaye ! » ajoutant que la Garde répondait du prisonnier. Elle ne put le défendre, mais lui, il se défendit, il empoigna un fusil... Cent baïonnettes le percèrent; un dragon qui lui imputait la mort de son père, lui arracha le cœur, et l'alla montrer à l'Hôtel de Ville.

Ceux qui avaient observé, des fenêtres, dans la Grève, l'habileté des meneurs à pousser, échauffer les groupes, crurent que les complices de Bertier avaient bien pris leurs mesures pour qu'il n'eût pas le temps de faire des révélations. Lui seul, peut-être, avait la vraie pensée du parti. Dans son portefeuille on trouva le signalement de beaucoup d'amis de la liberté, qui, sans doute, n'avaient rien de bon à attendre si la Cour avait vaincu.

Quoi qu'il en soit, un grand nombre des camarades du dragon lui déclarèrent qu'ayant déshonoré le corps, il devait mourir, et que tous, ils se battraient contre lui jusqu'à ce qu'il fût tué. Il le fut dès le soir même.

# CHAPITRE III

## LA FRANCE ARMÉE

*Embarras de l'Assemblée. — Elle invite à la confiance, 23 juillet. — Défiances du peuple, craintes de Paris, alarmes des provinces. — Complot de Brest; la Cour compromise par l'ambassadeur d'Angleterre, 27 juillet. — Fureur des nobles et anoblis; menaces et complots. — Terreur des campagnes. — Le paysan prend les armes contre les brigands; il brûle les chartes féodales, incendie plusieurs châteaux. (Juillet-août 1789.)*

Es vampires de l'ancien régime, dont la vie avait fait tant de mal à la France, en firent encore plus par leur mort.

Ces gens, que Mirabeau nommait si bien « le rebut du mépris public, » sont comme réhabilités par le supplice. La potence est pour eux l'apothéose. Les voilà devenus d'intéressantes victimes, les martyrs de la monarchie ; leur légende ira s'augmentant de fictions pathétiques. M. Burke va tout à l'heure les canoniser et prier sur leur tombeau.

Les violences de Paris, celles dont les provinces furent en même temps le théâtre, placèrent l'Assemblée nationale dans une situation difficile dont elle ne pouvait bien sortir.

Si elle ne faisait rien, elle semblait encourager le désordre, autoriser l'assassinat ; elle fournissait un texte aux calomnies éternelles.

Si elle essayait de remédier au désordre, de relever l'autorité, elle rendait, au Roi ? non, mais à la Reine, à la Cour, l'épée que le peuple avait brisée dans leurs mains.

Dans l'une ou l'autre hypothèse, l'arbitraire et le bon-plaisir allaient être rétablis, pour la vieille royauté ou la royauté de la rue... On démolit en ce moment l'odieux symbole de l'arbitraire, la Bastille, et voilà qu'un autre arbitraire, une Bastille, se relève... L'Anglais se frotte ici les mains, il remercie la Lanterne : « Grâce à Dieu, dit-il, la Bastille ne disparaîtra jamais. »

Qu'auriez-vous fait ? dites-le, officieux conseillers, nos amis les ennemis, sages de l'aristocratie européenne, qui si soigneusement arrosez de calomnies la haine que vous avez plantée... Assis à votre aise sur le cadavre de l'Irlande, de l'Italie, de la Pologne, veuillez nous répondre ; vos révolutions d'intérêts n'ont-elles pas coûté plus de sang que nos révolutions d'idées?...

Qu'auriez-vous fait? Sans nul doute ce que, la veille et le lendemain du 22 juillet, conseillaient Lally-Tollendal, Mounier, Malouet : ils voulaient, pour rétablir l'ordre, qu'on rendît le pouvoir au Roi; Lally se confiait tout à fait aux vertus du Roi, Malouet voulait qu'on priât le Roi d'user de sa puissance, de prêter main-forte au pouvoir municipal. Le Roi aurait armé; et le peuple, non; point de Garde nationale... Le peuple se plaint; eh bien, qu'il s'adresse au Parlement, au procureur général. N'avons-nous pas des magistrats?

Foulon était magistrat. Malouet renvoyait Foulon au tribunal de Foulon.

On doit, disait-on très bien, réprimer les troubles.

Seulement, il fallait s'entendre... Ce mot comprenait bien des choses :

Des vols, d'autres crimes ordinaires, des pillages de gens affamés, des meurtres d'accapareurs, des justices irrégulières sur les ennemis du peuple, la résistance à leurs complots, la résistance légale, la résistance à main armée... Tout cela, sous le mot *troubles*... Voulait-on y appliquer une répression égale? Si l'on chargeait l'autorité royale de réprimer les troubles, le plus grand pour elle, à coup sûr, c'était d'avoir pris la Bastille : elle aurait puni celui-là d'abord.

C'est ce que répondirent Buzot et Robespierre,

le 20 juillet, deux jours avant la mort de Foulon. C'est ce que Mirabeau, même après l'événement, dit dans son journal. Il expliqua ce malheur à l'Assemblée par sa véritable cause, l'absence de toute autorité à Paris, l'impuissance des électeurs, qui, sans délégation légitime, continuaient d'exercer les fonctions municipales. Il voulait que les municipalités s'organisassent, prissent la force, se chargeassent du maintien de l'ordre. Quel autre moyen en effet que de fortifier le pouvoir local, quand le pouvoir central était si justement suspect?

Barnave dit qu'il fallait trois choses : des municipalités bien organisées, des Gardes bourgeoises et une Justice légale qui pût rassurer le peuple.

Quelle serait cette Justice?

Un député suppléant, Dufresnoy, envoyé par un district de Paris, demandait soixante jurés, pris dans les soixante districts. Cette proposition, appuyée par Pétion, était modifiée par un autre député qui voulait, aux jurés, associer des magistrats.

L'Assemblée ne décida rien. A une heure après minuit, de guerre lasse, elle adopta une proclamation dans laquelle elle réclamait la poursuite des crimes de lèse-nation, *se réservant d'indiquer dans la Constitution le tribunal qui jugerait...* C'était remettre à longtemps... Elle invitait à la paix, sur le motif: Que le Roi avait acquis *plus de droits que jamais à la confiance* du peuple; qu'il existait un *concert parfait*, etc.

Confiance! et jamais plus il n'y eut de confiance!

Au moment même où l'Assemblée parlait de confiance, une triste lumière avait lui ; on voyait de nouveaux périls.

L'Assemblée avait eu tort; le peuple avait eu raison.

Quelque envie qu'on eût de se tromper, de croire tout fini, le bon sens disait que l'ancien régime, vaincu, voudrait prendre sa revanche. Un pouvoir qui avait, depuis des siècles, toutes les forces du pays dans ses mains, administration, finances, armées, tribunaux, qui avait encore partout ses agents, ses officiers, ses juges, sans aucun changement, et pour partisans forcés deux ou trois cent mille nobles ou prêtres, propriétaires d'une moitié ou des deux tiers du royaume, ce pouvoir immense, multiple, qui couvrait la France, pouvait-il mourir comme un homme, d'un seul coup, en une fois? était-il tombé roide mort sous une balle de Juillet? C'est ce qu'on n'aurait pas pu faire croire au plus simple des enfants.

Il n'était pas mort. Il avait été frappé, blessé: moralement, il était mort; physiquement, il ne l'était pas. Il pouvait ressusciter... Comment le revenant apparaîtrait-il? c'était toute la question que le peuple s'adressait; c'était celle qui lui troublait l'imagination... Le bon sens prit ici mille formes de superstitions populaires.

Tout le monde allait voir la Bastille; tous regardaient avec terreur la prodigieuse échelle de cordes par laquelle Latude descendit des tours. On visitait ces tours sinistres, ces cachots noirs, profonds, fétides, où le prisonnier, au niveau des égouts, vivait assiégé, menacé des crapauds, des rats, de toutes les bêtes immondes.

On trouva sous un escalier deux squelettes, avec une chaîne, un boulet, que sans doute traînait l'un des deux infortunés. Ces morts indiquaient un crime. Car jamais les prisonniers n'étaient enterrés dans la forteresse : on les portait la nuit au cimetière de Saint-Paul, l'église des Jésuites (confesseurs de la Bastille); ils y étaient enterrés sous des noms de domestiques, de sorte qu'on ne sût jamais s'ils étaient morts ou vivants. Pour ces deux, les ouvriers qui les trouvèrent leur donnèrent la seul réparation que ces morts pouvaient recevoir : douze d'entre eux, armés de leurs outils, portant le poêle avec respect, les menèrent et les inhumèrent à la paroisse honorablement.

On espérait faire d'autres découvertes dans cette vieille caverne des rois. L'humanité outragée se vengeait; on jouissait d'un sentiment mêlé de haine et de peur, de curiosité... Curiosité insatiable, qui, lorsqu'on avait tout vu, cherchait et fouillait encore, voulait pénétrer plus loin, soupçonnait quelque autre chose, sous les prisons rêvait des prisons, des cachots sous les cachots, au plus profond de la terre.

Les imaginations étaient vraiment malades de cette Bastille... Tant de siècles, de générations de prisonniers qui s'étaient succédé là, ces cœurs brisés de désespoir, ces larmes de rage, ces fronts heurtés contre la pierre... Quoi! rien n'avait laissé trace! A peine, à peine quelque pauvre inscription, gravée d'un clou, illisible... Cruelle envie du temps, complice de la tyrannie qui s'est accordée avec elle pour effacer les victimes!

On ne pouvait rien voir, mais on écoutait... Il y avait certainement des bruits, des gémissements, d'étranges soupirs. Était-ce imagination? mais tout le monde entendait... Fallait-il croire que des malheureux fussent encore ensevelis au fond de quelque oubliette, connue du gouverneur seul, qui avait péri? Le district de l'île Saint-Louis, d'autres encore, demandaient qu'on recherchât la cause de ces voix lamentables. Une fois, et deux, et plusieurs, le peuple revenait à la charge; quelque enquête que l'on fît, il ne prenait pas son parti; il était plein de trouble, d'inquiétude pour ces infortunés, peut-être enterrés vivants.

Et si ce n'était pas des prisonniers, n'était-ce pas des ennemis? n'y avait-il pas, sous le faubourg, quelques communications des souterrains de la Bastille aux souterrains de Vincennes?... Du donjon à l'autre donjon, ne pouvait-on faire passer des poudres, exécuter ce que De Launay avait eu l'idée de faire, lancer la Bastille dans les airs, renverser, écraser le faubourg de la Liberté?

On fit des recherches publiques, une enquête solennelle et authentique pour rassurer les esprits. L'imagination alors transporta son rêve ailleurs. Elle plaça sa mine, et sa peur, de l'autre côté de Paris, dans ces cavités immenses d'où nos monuments sont sortis, aux abîmes d'où l'on a tiré le Louvre, Notre-Dame et autres églises. En 1786, on y avait versé, sans qu'il y parût (tant ces souterrains sont vastes), tout Paris mort depuis mille ans, une terrible masse de morts qui, pendant cette année, allait la nuit dans les chars de deuil, le clergé en tête, chercher, des Innocents à la Tombe-Issoire, le repos définitif et l'oubli complet.

Ces morts appelaient les autres, et c'était sans doute là qu'un volcan se préparait; la mine, du Panthéon au ciel, allait soulever Paris, et le laissant retomber, confondrait, brisés, sans forme, les vivants avec les morts, le pêle-mêle des chairs palpitantes, des cadavres et des ossements.

Ces moyens d'extermination ne semblaient pas nécessaires; la famine suffisait. Après une mauvaise année, venait une année mauvaise; le peu de blé qui avait levé autour de Paris fut foulé, gâté, mangé par la cavalerie nombreuse qu'on avait rassemblée. Et même sans cavaliers, le blé s'en allait. On voyait, ou on croyait voir, des bandes armées qui venaient la nuit couper le blé vert.

Foulon, tout mort qu'il était, semblait revenir exprès pour faire à la lettre ce qu'il avait dit : « Faucher la France. » Faucher le blé vert, le détruire, la seconde année de famine, c'était aussi faucher les hommes.

La terreur allait s'étendant ; les courriers, répétant ces bruits, la portaient chaque jour d'un bout du royaume à l'autre. Ils n'avaient pas vu les brigands, mais d'autres les avaient vus : ils étaient ici et là ; ils étaient en route, nombreux, armés jusqu'aux dents ; ils arriveraient la nuit probablement, ou demain sans faute. En plein jour, à tel endroit, ils avaient coupé les blés ; c'est ce que la municipalité de Soissons écrivait éperdue à l'Assemblée nationale, en demandant du secours ; toute une armée de brigands marchait sur cette ville. On chercha : ils avaient disparu dans les fumées du soir ou les fumées du matin.

Ce qui était plus réel, c'est qu'à cet affreux fléau de la faim, quelques-uns avaient eu l'idée d'en joindre un autre, qui fait frissonner, quand on songe aux cent années de guerre qui, dans le XIV$^e$, le XV$^e$ siècles, firent un cimetière de notre malheureux pays. Ils voulaient amener les Anglais en France. La chose a été contestée ; pourquoi ? elle est infiniment vraisemblable, puisqu'elle a été sollicitée plus tard, tentée, manquée, à Quiberon.

Mais cette fois, il s'agissait, non pas d'amener leur flotte sur une plage difficile, sans défense et sans ressources, mais bien de les établir dans une bonne place défendable, de leur mettre en main l'arsenal naval où la France, un siècle durant, a entassé ses millions, ses travaux, tout son effort... la pointe, la proue du grand vaisseau national, l'écueil du vaisseau britannique... Il s'agissait de livrer Brest.

Depuis que la France avait aidé à la délivrance de l'Amérique, divisé l'empire anglais, l'Angleterre souhaitait non son malheur, mais sa ruine et destruction complète, qu'une forte marée d'automne soulevât l'Océan de son lit et couvrît d'une belle nappe tout ce qu'il y a de terre de Calais aux Vosges, aux Pyrénées et aux Alpes.

Cependant, il y avait une chose plus belle à voir, c'était que cette mer nouvelle fût de sang, du sang de la France, tiré par elle de ses veines ; qu'elle s'égorgeât elle-même et s'arrachât les entrailles.

A cela, le complot de Brest était un bon commencement. Seulement, il était à craindre que l'Angleterre, donnant la main aux scélérats qui lui vendaient leur pays, n'unît toute la France contre elle, qu'elle ne nous réconciliât dans une indignation commune, qu'il n'y eût plus de parti...

Une autre cause eût suffi pour retenir le gouvernement anglais : c'est que, dans le premier moment, l'Angleterre, malgré sa haine, souriait à notre Révolution. Elle n'en soupçonnait aucunement la portée; dans ce grand mouvement français et européen, qui n'est pas moins que l'avènement du Droit éternel, elle croyait voir une imitation de sa petite révolution insulaire et égoïste du dix-septième siècle. Elle applaudissait la France, comme une mère encourage l'enfant qui tâche de marcher derrière elle. Étrange mère, qui ne savait pas bien au fond si elle désirait que l'enfant marchât ou se rompît le col.

Donc, l'Angleterre résista à la tentation de Brest. Elle fut vertueuse, et révéla la chose aux ministres de Louis XVI, sans dire le nom des personnes. Dans cette demi-révélation elle trouvait un avantage immense, celui de brouiller la France, de porter au comble la défiance et les soupçons, d'avoir une prise terrible sur ce faible gouvernement, de prendre hypothèque sur lui. Il y avait à parier qu'il ne rechercherait pas sérieusement le complot, craignant de trop bien trouver, de frapper sur ses amis. Et s'il ne recherchait rien, s'il gardait ce secret pour lui, l'Anglais était toujours à même de le faire éclater, cet affreux secret. Il tenait cette épée suspendue sur la tête de Louis XVI.

Dorset, l'ambassadeur anglais, était un homme agréable; il ne bougeait pas de Versailles; plusieurs croyaient qu'il avait plu à la Reine et qu'il avait eu son tour. Cela n'empêcha pas qu'après la prise de la Bastille, sondant la profondeur du coup que le Roi avait reçu, il ne saisît l'occasion de le perdre autant qu'il était en lui.

Une lettre assez équivoque de Dorset au comte d'Artois ayant été saisie par hasard, il écrivit au ministre qu'on le soupçonnait à tort d'avoir influé en rien sur les troubles de Paris : « Loin de là, ajoutait-il doucement, Votre Excellence sait bien l'empressement que j'ai mis à lui faire connaître l'affreux complot de Brest *au commencement de juin*, l'horreur qu'il inspirait à ma Cour et l'assurance nouvelle de son attachement sincère pour le Roi et la nation... » Et il priait le ministre de communiquer sa lettre à l'Assemblée nationale.

Autrement dit, il le priait de se mettre la corde au col. Sa lettre, *du 26 juillet*, constatait, mettait en lumière que la Cour, deux mois entiers, avait gardé le secret, sans agir et sans poursuivre, réservant apparemment ce complot comme un *en cas* de guerre civile, une arme dernière, le *poignard de miséricorde*, comme disait le moyen âge, que l'homme gardait toujours, afin que, l'épée brisée, vaincu, terrassé, il pût, en demandant grâce, assassiner son vainqueur.

Le ministre Montmorin, traîné par l'Anglais au grand jour, à l'Assemblée nationale, n'eut à donner qu'une assez pauvre explication, à savoir que, n'ayant pas le nom des coupables, on n'avait pas pu poursuivre. L'Assemblée n'insista pas, mais le coup était porté et n'en fut que plus profond. La France entière le sentit.

L'affirmation de Dorset, qu'on eût pu croire mensongère, une fiction, un brandon que nos ennemis jetaient au hasard, parut confirmée par l'imprudence des officiers de la garnison de Brest, qui, sur la nouvelle de la prise de la Bastille, firent la démonstration de se retrancher au château, la menace de traiter militairement la ville si elle bougeait. C'est ce qu'elle fit à l'instant : elle prit les armes, s'empara de la garde du port. Les soldats, les marins, travaillés en vain par leurs officiers, qui leur donnaient de l'argent, se rangèrent du côté du peuple. Le noble corps de la Marine était fort aristocrate, mais nullement anglais, à coup sûr. Les soupçons ne s'étendirent pas moins sur eux, et, d'autre part, sur la noblesse de Bretagne. Celle-ci s'indigna en vain, en vain protesta de sa loyauté.

L'irritation, portée au comble, faisait croire aux plus noirs complots. La longue obstination de la Noblesse à rester séparée du Tiers dans les États généraux, l'amère, l'âcre polémique qui s'était élevée à cette occasion dans les villes, grandes et petites, dans les villages et hameaux, souvent dans la même maison, avaient inculqué au peuple une idée ineffaçable, que le noble, c'était l'ennemi.

Une partie considérable de la haute noblesse, illustre, historique, fit ce qu'il fallait pour prouver que cette idée était fausse, craignant peu la Révolution, et croyant que, quoi qu'elle fît, elle ne tuerait pas l'Histoire. Mais les autres et les plus petits, moins rassurés sur leurs rangs, plus vaniteux ou plus francs, blessés aussi chaque jour par l'élan nouveau du peuple qu'ils voyaient de bien plus près, qui les serrait davantage, se déclaraient hardiment ennemis de la Révolution.

Les anoblis, les parlementaires, étaient les plus furieux ; les magistrats étaient devenus plus guerriers que les militaires, ils ne parlaient que de combats, juraient mort, sang et ruine. Ceux d'entre eux qui jusque-là avaient été l'avant-garde de la résistance aux volontés de la Cour, qui avaient savouré le plus la popularité, l'amour, l'enthousiasme public, étaient étonnés, indignés de se voir tout à coup indifférents ou haïs. Ils haïssaient, et sans bornes... Ils cherchaient souvent la cause de ce changement, si prompt dans l'artificieuse machination de leurs ennemis personnels, et les haines politiques s'envenimaient encore de vieilles haines de familles. A Quimper, un Kersalaun, membre du Parlement de Bretagne, ami de La Chalotais, naguère ardent champion de l'opposition parlementaire, puis tout à coup royaliste, aristocrate, encore plus ardent, se promenait gravement au milieu des huées du peuple, qui, pourtant, n'osait le toucher, et nommant ses ennemis tout haut, disait avec gravité: « Je les jugerai sous peu, et laverai mes mains dans leur sang[*]. »

Un de ces parlementaires, seigneur en Franche-Comté, M. Memmay de Quincey, ne s'en tint pas à la menace. Ulcéré probablement par des haines de voisinage, l'esprit troublé de fureur, entraîné peut-être aussi par cette pente à l'imitation qui fait qu'un crime célèbre engendre bien souvent des crimes, il réalisa précisément ce que De Launay avait voulu faire, ce que le peuple de Paris croyait encore avoir à craindre. Il fit savoir à Vesoul, et dans les alentours, qu'en réjouissance de la Bonne Nouvelle, il donnerait une fête et traiterait à table ouverte. Paysans, bourgeois, soldats, tous arrivent, boivent, dansent... La terre s'ouvre, une mine éclate, lance, brise, tue au hasard; le sol est jonché de membres sanglants... Le tout, attesté par le curé, qui confessa quelques blessés qui survivaient, attesté par la gendarmerie, apporté le 25 juillet à l'Assemblée nationale. L'Assemblée, indignée, obtint du Roi qu'on écrirait à toutes les puissances pour demander l'extradition des coupables[*].

L'opinion s'étendait, s'affermissait, que les brigands qui coupaient les blés pour faire mourir de faim le peuple n'étaient point des étrangers, comme on l'avait pensé d'abord, point Italiens, point Espagnols, comme Marseille le croyait en mai, mais des Français ennemis de la France, de furieux ennemis de la Révolution, leurs agents, leurs domestiques, des bandes soldées par eux[**].

La terreur en augmenta, chacun croyant avoir près de soi des démons exterminateurs. Le matin, on courait au champ voir s'il n'était pas dévasté. Le soir, on s'inquiétait, craignant de brûler dans la nuit... Au nom des brigands, les mères serraient, cachaient leurs enfants.

Où donc était cette protection royale sur la foi de laquelle le peuple avait si longtemps dormi? cette vieille tutelle qui le rassurait si bien qu'il en était resté mineur, qu'il avait en quelque sorte grandi sans cesser d'être enfant? On commençait à sentir que, quelque homme que fût Louis XVI, la royauté était l'intime amie de l'ennemi.

Les troupes du Roi, qui en d'autres temps eussent paru une protection, étaient justement ce qui faisait peur. Qui voyait-on à leur tête? Les plus insolents des nobles, ceux qui cachaient le moins leur haine. Ils animaient, payaient au besoin le soldat contre le peuple, enivraient leurs Allemands; ils semblaient préparer un coup.

L'homme devait compter sur soi, sur nul autre. Dans cette absence complète d'autorité et de protection publique, son devoir de père de famille le constituait défenseur des siens. Il devenait, dans sa maison, le magistrat, le roi, la loi et l'épée, pour exécuter la Loi, conformément au vieux proverbe: *Pauvre homme en sa maison roi est.*

La main de Justice, l'épée de Justice, pour ce roi, c'est ce qu'il a, sa faulx, au défaut de fusil, son hoyau, sa fourche de fer... Viennent maintenant les brigands!... Mais il ne les attend pas. Voisins et voisins, village et village armés, ils vont voir dans la campagne si ces scélérats oseront venir... On avance, on voit une troupe... Né tirez pas cependant... Ce sont les gens d'un autre village, amis et parents, qui cherchent aussi *...

La France fut armée en huit jours. L'Assemblée nationale apprit coup sur coup les progrès miraculeux de cette révolution ; elle se vit en un moment à la tête de l'armée la plus nombreuse qui fut depuis les Croisades. Chaque courrier qui arrivait l'étonnait, l'effrayait presque. Un jour, on venait lui dire : « Vous avez deux cent mille hommes. » — Le lendemain, on lui disait : « Vous avez cinq cent mille hommes. » D'autres arrivaient : « Un million d'hommes sont armés cette semaine, deux millions, et trois millions... »

Et tout ce grand peuple armé, dressé tout à coup du sillon, demandait à l'Assemblée ce qu'il fallait faire.

Où donc est l'ancienne armée ? elle a comme disparu. La nouvelle, si nombreuse, l'eût étouffée sans combattre, seulement en se serrant...

*La France est un soldat;* on l'a dit, elle l'est depuis ce jour. Ce jour, une race nouvelle sort de terre, chez laquelle les enfants naissent avec des dents pour déchirer la cartouche, avec de grandes jambes infatigables pour aller du Caire au Kremlin, avec le don magnifique de pouvoir marcher, combattre sans manger, de vivre d'esprit.

D'esprit, de gaieté, d'espérance. Qui donc a

droit d'espérer, si ce n'est celui qui porte en lui l'affranchissement du monde?

La France était-elle avant ce jour? on pourrait le contester. Elle devint tout à la fois une épée et un principe. Être ainsi armé, c'est *être*. Qui n'a ni l'idée, ni la force, n'existe que par pitié.

Ils *étaient* en fait; et ils voulurent *être* en droit.

Le barbare moyen âge n'admettait pas leur existence : il les niait comme hommes, et n'y voyait que des choses. Dans sa bizarre scolastique, il enseignait que les âmes, rachetées du même prix, valent toutes le sang d'un Dieu, et ces âmes, ainsi relevées, il les rabaissait à la bête, les fixait sur leur sillon, les adjugeait au servage éternel, et damnait la Liberté.

Ce Droit sans droit alléguait la conquête, c'est-à-dire l'ancienne injustice : La conquête, disait-il, a fait les nobles, les seigneurs. « N'est-ce que cela? dit Sieyès, nous serons conquérants à notre tour ! »

Le Droit féodal alléguait encore ces actes hypocrites, où l'on suppose que l'homme stipula contre lui-même, où le faible, par peur ou par force, se donnait sans réserver rien, donnait l'avenir, le possible, ses enfants à naître, les générations futures. Ces coupables parchemins, la honte de la nature, dormaient impunis depuis des siècles au fond des châteaux.

On parlait fort du grand exemple de Louis XVI, qui avait affranchi les derniers serfs de ses domaines. Imperceptible sacrifice, qui coûta peu au Trésor, et qui n'eut en France presque aucun imitateur.

Quoi! dira-t-on, les seigneurs étaient-ils en 89 des hommes durs, impitoyables!

Nullement. C'était une classe d'hommes très mêlés, mais généralement faibles et physiquement déchus*, légers, sensuels et sensibles, si sensibles qu'ils ne pouvaient voir de près les malheureux. Ils les voyaient dans les idylles, les opéras, les contes, les romans qui font verser de douces larmes; ils pleuraient avec Bernardin de Saint-Pierre, avec Grétry et Sedaine, avec Berquin, Florian; ils se savaient gré de pleurer, et se disaient : « Je suis bon. »

Avec cette faiblesse de cœur, cette facilité de caractère, la main ouverte, incapable de résister aux occasions de dépense, il leur fallait de l'argent, beaucoup d'argent, plus qu'à leurs pères. De là, la nécessité de tirer beaucoup des terres, de livrer le paysan aux hommes d'argent, intendants et gens d'affaires. Plus les maîtres avaient bon cœur, plus ils étaient généreux et philanthropes à Paris, plus leurs vassaux mouraient de faim; ils vivaient moins dans leurs châteaux, pour ne pas voir cette misère, dont leur sensibilité aurait eu trop à souffrir.

Telle était en général cette société, faible,

vieille et molle. Elle s'épargnait volontiers la vue de l'oppression, n'opprimait que par procureur. Il ne manquait pas cependant de nobles provinciaux qui se piquaient de maintenir dans leurs castels les rudes traditions féodales, qui gouvernaient durement leur famille et leurs vassaux. Rappelons seulement ici le célèbre *ami des hommes*, le père de Mirabeau, l'ennemi de sa famille, qui tenait enfermés tous les siens, femme, fils et filles, peuplait les prisons d'État, plaidait contre ses voisins, désolait ses gens. Il conte que, donnant une fête, il fut étonné lui-même de l'aspect sombre, sauvage, de ses paysans. Je le crois sans peine : ces pauvres gens craignaient vraisemblablement que l'*ami des hommes* ne les prît pour ses enfants.

Il ne faut pas s'étonner si le paysan, ayant une fois saisi les armes, s'en servit et prit sa revanche. Plusieurs seigneurs avaient cruellement vexé leurs communes, qui ce jour-là s'en souvinrent. L'un avait entouré de murs la fontaine du village, l'avait confisquée pour lui. Un autre s'était emparé des communaux. Ils périrent. On cite encore plusieurs autres meurtres, qui, sans doute, furent des vengeances.

L'armement général des villes fut imité par les campagnes. La prise de la Bastille les encouragea à attaquer leurs Bastilles. Tout ce dont il faut s'étonner, quand on sait ce qu'ils souffraient, c'est qu'ils aient commencé si tard. Les souffrances, les vengeances, s'étaient accumulées par le retard, entassées à une hauteur effrayante... Quand cette monstrueuse avalanche, retenue longtemps à l'état de glace et de neige, fondit tout à coup, une telle masse déborda que son seul déplacement pouvait tout anéantir.

Il faudrait pouvoir démêler, dans cette scène immense et confuse, ce qui appartient aux *bandes errantes* de pillards, de gens chassés par la famine, et ce que fit le *paysan domicilié*, la commune contre le seigneur.

On a recueilli le mal soigneusement; le bien, pas assez. Plusieurs seigneurs trouvèrent des défenseurs dans leurs vassaux; par exemple, le marquis de Montfermeil, qui, l'année précédente, avait emprunté cent mille francs pour les secourir. Les plus furieux eux-mêmes s'arrêtèrent quelquefois devant la faiblesse. En Dauphiné, par exemple, un château fut respecté, parce qu'on n'y trouva qu'une dame malade, au lit, avec ses enfants; on se borna à détruire les archives féodales.

Généralement, le paysan montait d'abord au château pour se faire donner des armes; puis il osait davantage, il brûlait les actes et les titres. La plupart de ces instruments de servitude, les plus actuels, les plus oppresseurs, étaient bien plutôt dans les greffes, chez les procureurs et notaires. Le paysan y alla peu. Il s'attaqua de préférence aux antiquités, aux chartes originales.

Ces titres primitifs, sur beaux parchemins, ornés de sceaux triomphants, restaient au Trésor du château pour être montrés aux beaux jours. Ils habitaient les somptueux casiers, les portefeuilles de velours au fond d'une arche de chêne qui faisait l'honneur de la tourelle. Point de manoir important qui, près du colombier féodal, ne montrât la tour des archives.

Nos gens allaient droit à la tour. Là, pour eux, était la Bastille, la tyrannie, l'orgueil, l'insolence, le mépris des hommes; la tour, depuis bien des siècles, se moquait de la vallée, elle la stérilisait, l'attristait, l'écrasait de son ombre pesante. Gardien du pays dans les temps barbares, sentinelle de la contrée, elle en fut l'effroi plus tard. En 89, qu'est-elle, sinon l'odieux témoin du servage, un outrage perpétuel, pour redire tous les matins à l'homme qui va labourer, l'antique humiliation de sa race... « Travaille, travaille, fils de serf; gagne, un autre profitera; travaille, et n'espère jamais. »

Chaque matin et chaque soir, mille ans, davantage peut-être, la tour fut maudite. Un jour vint qu'elle tomba.

Que vous avez tardé, grand jour! combien de temps nos pères vous ont attendu et rêvé!... L'espoir que leurs fils vous verraient enfin a pu seul les soutenir; autrement ils n'auraient pas voulu vivre, ils seraient morts à la peine... Moi-même, leur compagnon, labourant à côté d'eux dans le sillon de l'Histoire, buvant à leur coupe amère, qui m'a permis de revivre le douloureux moyen âge, et pourtant de n'en pas mourir? n'est-ce pas vous, ô beau jour, premier jour de la déivrance?... J'ai vécu pour vous raconter!

# CHAPITRE IV

## NUIT DU 4 AOUT

*Déclaration des droits de l'homme et du citoyen. — Désordres; danger de la France. — L'Assemblée crée le Comité des Recherches, 27 juillet. — Tentatives de la Cour : elle veut empêcher le jugement de Besenval; le parti royaliste veut se faire une arme de la Charité publique. — La Noblesse révolutionnaire offre l'abandon des droits féodaux. — Nuit du 4 Août : abandon des privilèges de classes; résistance du Clergé; abandon des privilèges de provinces.*

AU-DESSUS de ce grand mouvement, dans une région plus sereine, sans se laisser distraire aux bruits, aux clameurs, l'Assemblée nationale pensait, méditait.

La violence des partis qui la divisait sembla dominée, contenue dans la grande discussion par laquelle s'ouvraient ces travaux. On vit alors combien l'aristocratie, adversaire née des intérêts de la Révolution, avait été elle-même atteinte au cœur de ses idées. Tous étaient Français avant tout, tous fils du dix-huitième siècle et de la philosophie.

Les deux côtés de l'Assemblée, en conservant leur opposition, n'en apportèrent pas moins un sentiment de religion au solennel examen de la *Déclaration des droits*.

Il ne s'agissait point d'une *Pétition de droits*, comme en Angleterre, d'un appel au Droit écrit, aux chartes contestées, aux libertés, vraies ou fausses, du moyen âge.

Il ne s'agissait pas, comme en Amérique, d'aller chercher, d'État en État, les principes que chacun d'eux reconnaissait, de les résumer, généraliser, et d'en construire, *a posteriori*, la formule totale qu'accepterait la fédération.

Il s'agissait de donner d'en haut, en vertu d'une autorité souveraine, impériale, pontificale, le *Credo* du nouvel âge. Quelle autorité? La Raison, discutée par tout un siècle de philosophes, de profonds penseurs, acceptée de tous les esprits et pénétrant dans les mœurs, arrêtée enfin, formulée par les logiciens de l'Assemblée constituante... Il s'agissait d'imposer comme autorité à la raison, ce que la raison avait trouvé au fond du libre examen.

C'était la philosophie du siècle, son législateur,

son Moïse, qui descendait de la montagne, portant au front les rayons lumineux, et les tables dans ses mains...

On a beaucoup discuté pour et contre la Déclaration des droits, et disputé dans le vide.

D'abord nous n'avons rien à dire aux Bentham, aux Dumont, aux utilitaires, aux empiriques, qui ne connaissent de loi que la Loi écrite, qui ne savent point que le droit n'est droit qu'autant qu'il est conforme au Droit, à la Raison absolue. Simples procureurs, rien de plus, sous l'habit de philosophes, quelle raison ont-ils eue de mépriser les praticiens? Comme eux, ils écrivent la Loi sur papier et parchemin; nous, nous voulions graver la nôtre sur la pierre du Droit éternel, sur le roc qui porte le monde : l'invariable Justice et l'indestructible Équité.

Pour répondre à nos ennemis, qu'il nous suffise d'eux-mêmes et de leurs contradictions. Ils raillent la Déclaration, et ils s'y soumettent; ils lui font la guerre trente ans, en promettant à leurs peuples les libertés qu'elle consacre. Vainqueurs en 1814, le premier mot qu'ils adressent à la France, ils l'empruntent à la grande formule qu'elle a posée*... Vainqueurs? Non, vaincus plutôt, et vaincus dans leur propre cœur, puisque leur acte le plus personnel, le Traité de la Sainte-Alliance, reproduit le Droit, qu'ils ont blasphémé.

La Déclaration des *droits* atteste l'Être suprême,

garant de la morale humaine. Elle respire le sentiment du *devoir*. Le devoir, non exprimé, n'y est pas moins présent partout, partout vous y sentez sa gravité austère. Quelques mots empruntés à la langue de Condillac n'empêchent pas de reconnaître dans l'ensemble le vrai génie de la Révolution, gravité romaine, esprit stoïcien.

C'est du *Droit* qu'il fallait parler, dans un tel moment*, c'est le Droit qu'il fallait attester, revendiquer pour le peuple. On avait cru jusque-là qu'il n'avait que des *devoirs*.

Quelque haut et général que soit un tel acte, et fait pour durer toujours, peut-on bien lui demander de ne rappeler en rien l'heure agitée de sa naissance, de ne pas porter le signe de la tempête ?

La première parole est dite trois jours avant le 14 Juillet et la prise de la Bastille ; la dernière, quelques jours avant que le peuple amène le Roi à Paris (6 Octobre)... Sublime apparition du Droit entre l'orage et l'orage.

Nulles circonstances ne furent plus terribles, nulle discussion plus majestueuse, plus grave, dans l'émotion même. La crise prêtait des arguments spécieux aux deux partis.

« Prenez garde, disait l'un, vous enseignez à l'homme son droit, lorsqu'il le sent trop bien lui-même ; vous le transportez sur une haute montagne, vous lui montrez son empire sans limites... Qu'adviendra-t-il, lorsque, descendu, il se verra arrêté par les lois spéciales que vous allez faire, lorsqu'il va rencontrer des bornes à chaque pas? » (Discours de Malouet.)

Il y avait plus d'une réponse, mais certainement la plus forte était dans la situation. On était en pleine crise, dans un combat douteux encore. On ne pouvait trouver une trop haute montagne pour y planter le drapeau... Il fallait, s'il était possible, le placer si haut, ce drapeau, que la terre entière le vît, que sa flamme tricolore ralliât les nations. Reconnu pour le drapeau commun de l'humanité, il devenait invincible.

Il y a encore des gens qui pensent que cette grande discussion agita, arma le peuple, qu'elle lui mit la torche à la main, qu'elle fit la guerre et l'incendie. La première difficulté à cela, c'est que les violences commencèrent avant la discussion. Les paysans n'eurent pas besoin de cette métaphysique pour se mettre en mouvement. Même après, elle influa peu. Ce qui arma les campagnes, ce fut, nous l'avons dit, la nécessité de repousser le pillage, ce fut la contagion des villes qui prenaient les armes, ce fut plus que toutes choses l'ivresse et l'exaltation de la prise de la Bastille.

La grandeur de ce spectacle, la variété de ses accidents terribles, a troublé la vue de l'Histoire. Elle a mêlé et confondu trois faits distincts, et même opposés, qui se passaient en même temps :

1º Les courses des vagabonds, des affamés,

qui coupaient les blés la nuit, rasaient la terre, comme les sauterelles. Ces bandes, quand elles étaient fortes, forçaient les maisons isolées, les fermes, les châteaux même.

2° *Le paysan, pour repousser ces bandes, eut besoin d'armes, les demanda, les exigea des châteaux.* Armé et maître, il détruisit les chartes où il voyait un instrument d'oppression. Malheur aux seigneurs haïs! on ne s'en prenait pas seulement à ses parchemins, mais à sa personne même.

3° *Les villes, dont l'armement avait entraîné celui des campagnes, furent contraintes de les réprimer.* Les Gardes nationales, qui alors n'avaient rien d'aristocratique, puisqu'elles comprenaient tout le monde, marchèrent pour rétablir l'ordre; elles allèrent secourir ces châteaux qu'elles détestaient. Elles ramenaient souvent à la ville les paysans prisonniers, mais on les relâchait bientôt*.

Je parle des paysans domiciliés du voisinage. Quant aux bandes de gens sans aveu, de pillards, aux brigands, comme on disait, les tribunaux, les municipalités mêmes, en firent souvent de cruelles justices; un grand nombre furent mis à mort. La sécurité fut rétablie à la longue, et la culture assurée. Si, les désordres continuant, la culture avait cessé, la France mourait l'année suivante.

Étrange situation d'une Assemblée qui discute, calcule, pèse les syllabes au sommet de ce monde en feu. Deux dangers, à droite, à gauche. Pour réprimer le désordre, elle n'a, ce semble, qu'un moyen : relever l'ordre ancien, qui n'est qu'un désordre pire.

On suppose communément qu'elle fut impatiente de se saisir du pouvoir; cela est vrai de tels de ses membres, faux et très faux du grand nombre. Le caractère de cette Assemblée prise en masse, son originalité, comme celle de l'époque, c'était une foi singulière à la puissance des idées. Elle croyait fermement que la vérité, une fois trouvée, formulée en lois, était invincible. Il ne fallait que deux mois (c'était le calcul d'hommes pourtant fort sérieux) : dans deux mois la Constitution était faite; elle allait, de sa vertu toute puissante, contenir tout à la fois et le pouvoir et le peuple; la révolution alors achevée, le monde allait refleurir.

En attendant, la situation était véritablement bizarre. Le pouvoir était ici brisé, là très fort, organisé sur tel point, là en dissolution complète, faible pour l'action générale et régulière, formidable encore pour la corruption, l'intrigue, la violence peut-être. Les comptes de ses dernières années, qui parurent plus tard, montrent assez quelles ressources avait la Cour, et comme elle les employait, comme elle travaillait la Presse, les journaux, l'Assemblée même. L'émigration commençait, et avec elle l'appel à l'étranger, à l'ennemi, un système persévérant de trahison, de calomnie contre la France.

L'Assemblée se sentait assise sur un tonneau de poudre. Il lui fallut bien, pour le salut commun, descendre des hauteurs où elle faisait la loi et regarder de près ce qui se passait sur la terre. Grande chute ! Solon, Lycurgue, Moïse, ramenés aux soins misérables de la surveillance publique, forcés d'espionner les espions, de se faire lieutenants de police !

Le premier éveil fut donné par les lettres de Dorset au comte d'Artois, par ses explications plus alarmantes encore, par l'avis du complot de Brest, caché si longtemps par la Cour. Le 27 juillet, Duport proposa de créer un Comité des Recherches, composé de quatre personnes. Il dit ces paroles sinistres : « Dispensez-moi d'entrer dans aucune discussion. On trame des complots... Il ne doit pas être question de renvoi devant les tribunaux. Nous devons acquérir d'affreuses et indispensables connaissances. »

Le nombre quatre rappelait de trop près les trois inquisiteurs d'État. On le porta jusqu'à douze.

L'esprit de l'Assemblée, quelles que fussent ses nécessités, n'était nullement celui de police et d'inquisition. Une discussion très grave eut lieu pour savoir si l'on violerait le secret des lettres, si l'on ouvrirait cette correspondance suspecte, adressée à un prince qui, par sa fuite précipitée, se déclarait ennemi. Gouy d'Arcy et Robespierre voulaient qu'on ouvrit. L'Assemblée, sur l'avis de Chapelier, de Mirabeau, et de Duport même, qui venait de demander une sorte d'inquisition d'État, l'Assemblée, magnanimement, déclara le secret des lettres inviolable, refusa de les ouvrir et les fit restituer.

Cette décision rendit courage aux partisans de la Cour. Ils firent trois choses hardies.

Sieyès était porté à la présidence. Ils lui opposèrent un homme fort estimé, fort agréable à l'Assemblée, l'éminent légiste de Rouen, Thouret. Son mérite à leurs yeux était d'avoir voté, le 17 juin, contre le titre d'*Assemblée nationale*, cette simple formule de Sieyès qui contenait la Révolution. Opposer ces deux hommes, disons mieux, ces deux systèmes, dans la question de la présidence, c'était mettre la Révolution en cause, essayer de voir si l'on pourrait la faire reculer au 16 juin.

La seconde tentative était d'empêcher le jugement de Besenval. Ce général de la Reine contre Paris avait été arrêté dans sa fuite. Le juger, le condamner, c'était condamner aussi les ordres d'après lesquels il avait agi. Necker, revenant, l'avait vu sur son passage, lui avait donné espoir. Il ne fut pas difficile d'obtenir de son bon cœur une démarche solennelle auprès de la Ville de Paris*. Emporter l'amnistie générale, dans la joie de son retour, finir la Révolution, ramener la sérénité, apparaître comme, après le déluge, l'arc-en-ciel dans les nuées, quoi de plus charmant pour la vanité de Necker?

Il vint à l'Hôtel de Ville, obtint tout de ceux qui s'y trouvaient, électeurs, représentants des districts, simples citoyens, une foule mêlée, confuse et sans caractère légal. L'ivresse était au comble, dans la salle et sur la place. Il se montra à la fenêtre, sa femme à sa droite, sa fille à gauche, qui pleuraient et lui baisaient les mains... Sa fille, madame de Staël, s'évanouit de bonheur*.

Cela fait, rien n'était fait. Les districts de Paris réclamèrent avec raison : cette clémence surprise à une assemblée émue, accordée au nom de Paris par une foule sans autorité, une question nationale tranchée par une seule ville, par quelques-uns de ses habitants... et cela, au moment où l'Assemblée nationale créait un Comité de Recherches, préparait un tribunal... c'était étrange, audacieux. Malgré Lally et Mounier, qui défendaient l'amnistie, Mirabeau, Barnave et Robespierre obtinrent qu'il y aurait jugement. La Cour fut vaincue encore; elle emportait toutefois une grande consolation, digne de sa sagesse ordinaire : elle avait compromis Necker, détruit la popularité du seul homme qui eût quelque chance de la sauver.

La Cour échoua de même dans l'affaire de la présidence. Thouret s'alarma de la fermentation du peuple, des menaces de Paris, et se désista.

Une troisième tentative du parti royaliste, bien autrement grave, fut faite par Malouet; ce fut l'une des épreuves les plus fortes, les plus dangereuses que la Révolution ait rencontrées dans sa périlleuse route, où chaque jour ses ennemis mettaient devant elle une pierre d'achoppement, lui creusaient un précipice.

On se rappelle ce jour où, les ordres n'étant pas encore réunis, le Clergé vint hypocritement montrer au Tiers le pain noir que mangeait le peuple, et l'engager, au nom de la charité, à laisser les vaines disputes pour s'occuper avec lui du bien des pauvres. C'est précisément ce que fit un homme (du reste honorable, mais aveugle partisan d'une royauté impossible), c'est ce que fit Malouet.

Il proposa d'organiser une vaste *taxe des pauvres*, des bureaux de secours et de travail, dont les premiers fonds seraient faits par les établissements de Charité, le reste par un impôt sur tous et par un emprunt.

Belle et honorable proposition, appuyée dans un tel moment par la nécessité urgente, mais qui donnait au parti royaliste une redoutable initiative politique. Elle mettait entre les mains du Roi un triple fonds, dont le dernier, l'emprunt, était illimité ; elle en faisait le chef des pauvres, peut-être le général des mendiants, contre l'Assemblée... Elle le prenait détrôné, et elle le replaçait sur un trône, plus absolu, plus solide, le faisant roi de la famine, régnant par ce qu'il y a de plus supérieur, la nourriture et le pain... Que devenait la liberté?

Pour que la chose effrayât moins, qu'elle parût toute petite, Malouet rabaissait le nombre des pauvres au chiffre de quatre cent mille, évidemment faux.

S'il ne réussissait pas, il n'en tirait pas moins un grand avantage, celui de donner à son parti, celui du Roi, une belle couleur aux yeux du peuple, la gloire de la charité. La majorité, trop compromise en refusant, allait être obligée de suivre, d'obéir, de placer dans la main du Roi cette grande machine populaire.

Malouet, en dernier lieu, proposait de consulter les Chambres de commerce, les villes de manufactures, afin d'aider les ouvriers, « d'augmenter le travail et les salaires. »

Une sorte d'enchère, de concurrence, allait s'établir entre les deux partis. Il s'agissait d'acquérir ou de ramener le peuple. A la proposition de *donner* aux indigents, une seule pouvait être opposée, celle qui autoriserait les travailleurs *à ne plus payer*, qui du moins permettrait aux travailleurs des campagnes de ne plus payer les droits les plus odieux, les droits féodaux.

Ces droits périclitaient fort. Pour mieux les détruire, pour anéantir les actes qui les consacraient, on brûlait les châteaux même. Les grands propriétaires qui siégeaient à l'Assemblée étaient pleins d'inquiétude. Une propriété si haïe, si dangereuse, qui compromettait tout le reste de leur fortune, commençait à leur paraître un fardeau. Pour sauver ces droits, il fallait, ou en sacrifier une partie, ou les défendre à main armée, rallier ce qu'on avait d'amis, de clients, de domestiques, commencer une guerre terrible contre tout le peuple.

Sauf un petit nombre de vieillards qui avaient fait la guerre de Sept-Ans, ou de jeunes gens qui avaient pris part à celle d'Amérique, nos nobles n'avaient fait d'autres campagnes que dans les garnisons. Ils étaient pourtant individuellement braves dans les querelles privées. La petite noblesse de Vendée et Bretagne, jusque-là si inconnue, apparut tout à coup et se trouva héroïque. Beaucoup de nobles, d'émigrés, se signalèrent dans les grandes guerres de l'Empire. Peut-être, s'ils s'étaient entendus, serrés ensemble, auraient-ils quelque temps arrêté la Révolution. Elle les trouva dispersés, isolés, faibles de leur isolement. Une cause aussi de leur faiblesse, très honorable pour eux, c'est que beaucoup d'entre eux étaient de cœur contre eux-mêmes, contre la vieille tyrannie féodale, qu'ils en étaient à la fois les héritiers et les ennemis; élevés dans les idées généreuses de la philosophie du temps, ils applaudissaient à cette merveilleuse résurrection du genre humain, et faisaient des vœux pour elle, dût-il en coûter leur ruine.

Le plus riche seigneur, après le Roi, en propriétés féodales, était le duc d'Aiguillon*. Il avait des droits régaliens dans deux provinces du Midi. Le tout, d'origine odieuse, que son grand-oncle

Richelieu s'était donné à lui-même. Son père, collègue de Terray, ministre de la banqueroute, avait été méprisé encore plus que détesté. Le jeune duc d'Aiguillon éprouvait d'autant plus le besoin de se rendre populaire; il était, avec Duport, Chapelier, l'un des chefs du *Club breton*. Il y fit la proposition généreuse et politique de faire la part au feu dans ce grand incendie, d'abattre une partie du bâtiment pour sauver le reste : il voulait, non pas sacrifier les droits féodaux (beaucoup de nobles n'avaient nulle autre fortune), mais offrir au paysan *de s'en racheter à des conditions modérées.*

Le vicomte de Noailles n'était pas au Club, mais il eut vent de la proposition, et il en déroba la glorieuse initiative. Cadet de famille, et ne possédant nuls droits féodaux, il fut encore plus généreux que le duc d'Aiguillon. Il proposa non seulement de permettre le rachat des droits, mais *d'abolir sans rachat* les corvées seigneuriales et autres servitudes personnelles.

Cela fut pris pour une attaque, pour une menace, rien de plus. Deux cents députés arrivèrent. On venait de lire un projet d'arrêté où l'Assemblée rappelait le devoir de respecter les propriétés, de payer les redevances, etc.

Le duc d'Aiguillon produisit un tout autre effet.

Il dit qu'en votant la veille des mesures de rigueur contre ceux qui attaquaient les châteaux, un scrupule lui était venu, qu'il s'était demandé à lui même si ces hommes étaient bien coupables... Et il continua avec chaleur, avec violence, contre la tyrannie féodale, c'est-à-dire contre lui-même.

C'était le 4 Août, à huit heures du soir, heure solennelle, où la féodalité, au bout d'un règne de mille ans, abdique, abjure, se maudit.

Le féodalité a parlé. Le peuple prend la parole. Un Bas-Breton, en costume de Bas-Breton, député inconnu, qui ne parla jamais ni avant, ni après, M. Le Guen de Kerengal, monte à la tribune et lit environ vingt lignes, accusatrices et menaçantes. Il reprochait à l'Assemblée, avec une force, une autorité singulière, de n'avoir pas prévenu l'incendie des châteaux, en brisant, dit-il, les armes cruelles qu'ils contiennent, ces actes iniques qui ravalent l'homme à la bête, qui attellent à la charrette l'homme et l'animal, qui outragent la pudeur... « Soyons justes ; qu'on nous les apporte, ces titres, monuments de la barbarie de nos pères.

« Qui de nous ne ferait un bûcher expiatoire de ces infâmes parchemins ?... Vous n'avez pas un moment à perdre ; un jour de délai occasionne de nouveaux embrasements ; la chute des empires est annoncée avec moins de fracas. Ne voulez-vous donner des lois qu'à la France dévastée ? »

L'impression fut profonde. Un autre Breton l'affaiblit en rappelant des droits bizarres, cruels, incroyables : le droit qu'aurait eu le seigneur d'éventrer deux de ses vassaux au retour de la chasse, et de mettre ses pieds dans leur corps sanglant !

Un gentilhomme de province, M. de Foucault, s'attaquant aux grands seigneurs, qui avaient ouvert cette discussion fâcheuse, demanda qu'avant tout les grands sacrifiassent les pensions et traitements, les dons monstrueux qu'ils tirent du Roi, ruinant doublement le peuple, et par l'argent qu'ils extorquent, et par l'abandon où tombe la province, tous les riches suivant leur exemple, désertant leurs terres, et s'attachant à la Cour.

MM. de Guiche et de Mortemart crurent l'attaque personnelle, et répondirent vivement que ceux que l'on désignait sacrificraient tout.

L'enthousiasme gagna. M. de Beauharnais proposa que les peines fussent désormais les mêmes pour tous, nobles et roturiers, les emplois ouverts à tous. Quelqu'un demanda la Justice gratuite ; un autre, l'abolition des justices seigneuriales, dont les agents inférieurs sont le fléau des campagnes.

M. de Custine dit que les conditions de rachat proposées par le duc d'Aiguillon étaient difficiles, qu'il fallait aplanir la chose, venir en aide au paysan.

M. de La Rochefoucauld, étendant la bienveillance de la France au genre humain, demanda des adoucissements pour l'esclavage des Noirs.

Jamais le caractère français n'éclata d'une manière plus touchante, dans sa sensibilité facile, sa vivacité, son entraînement généreux. Ces hommes qui mettaient tant de temps, tant de pesanteur à discuter la Déclaration des droits, à compter, peser les syllabes, dès qu'on fit appel à leur désintéressement, répondirent sans hésitation : ils mirent l'argent sous les pieds, les droits honorifiques qu'ils aimaient plus que l'argent... Grand exemple que la Noblesse expirante a légué à notre aristocratie bourgeoise !

Parmi l'enthousiasme et l'attendrissement, il y avait aussi une fière insouciance, la vivacité d'un noble joueur qui prend plaisir à jeter l'or. Tous ces sacrifices se faisaient par des riches et par des pauvres, avec une gaieté égale, avec malice parfois (comme la motion de Foucault), avec de vives saillies.

« Et moi donc, qu'offrirai-je ? disait le comte de Virieu... au moins le moineau de Catulle... » Il proposa la destruction des pigeons destructeurs du colombier féodal.

Le jeune de Montmorency demandait que tous ces vœux fussent sur-le-champ convertis en lois. Lepelletier de Saint-Fargeau désirait que le peuple jouît immédiatement de ces bienfaits. Lui-même, immensément riche, il voulait que les riches, les nobles, les exempts d'impôts, se cotisassent à cet effet.

Le président Chapelier, pressé de faire voter l'Assemblée, observa malicieusement qu'aucun de messieurs du Clergé n'ayant pu encore se faire entendre, il se reprocherait de leur fermer la tribune *.

L'évêque de Nancy exprima alors, au nom des seigneurs ecclésiastiques, le vœu que le prix du rachat des droits féodaux ne revînt pas au possesseur actuel, mais fît l'objet d'un placement utile au bénéfice même **.

Ceci était d'économie et de bon ménage, plus que de générosité. L'évêque de Chartres, homme d'esprit, qui parla ensuite, trouva moyen d'être généreux aux dépens de la Noblesse. Il sacrifiait les droits de chasse, très importants pour les nobles, minimes pour le Clergé.

Les nobles ne reculèrent pas; ils demandèrent à consommer cette renonciation. Elle coûtait à plusieurs. Le duc Du Châtelet dit en souriant à ses voisins : « L'évêque nous ôte la chasse; je vais lui ôter ses dîmes. » Et il proposa que les dîmes en nature fussent converties en redevances pécuniaires rachetables à volonté.

Le Clergé laissa tomber cette dangereuse parole, et suivit sa tactique de mettre en avant la Noblesse : l'archevêque d'Aix parla fortement contre la féodalité, demandant que l'on défendît à l'avenir toute convention féodale.

« Je voudrais avoir une terre, disait l'évêque d'Uzès, il me serait doux de la remettre entre les mains des laboureurs. Mais nous ne sommes que dépositaires... »

Les évêques de Nîmes et de Montpellier ne donnèrent rien, mais demandèrent que les artisans et manœuvres fussent exempts d'impôts.

Les pauvres ecclésiastiques furent seuls généreux. Des curés déclarèrent que leur conscience ne leur permettait pas d'avoir plus d'un bénéfice. D'autres dirent : « Nous offrons notre casuel... » Duport objecta qu'alors il faudrait y suppléer. L'Assemblée fut émue, et refusa de prendre ce denier de la veuve.

L'attendrissement, l'exaltation, étaient montés, de proche en proche, à un point extraordinaire ; ce n'était dans toute l'Assemblée qu'applaudissements, félicitations, expressions de bienveillance mutuelle. Les étrangers présents à la séance étaient muets d'étonnement : pour la première fois, ils avaient vu la France, toute sa richesse de cœur... Ce que des siècles d'efforts n'avaient pas fait chez eux, elle venait de le faire en peu d'heures par le désintéressement et le sacrifice... L'argent, l'orgueil, immolé, toutes les vieilles insolences héréditaires, l'antiquité, la tradition même... le monstrueux chêne féodal abattu d'un coup, l'arbre maudit, dont les branches couvraient la terre d'une ombre froide, tandis que ses racines infinies allaient dans les profondeurs chercher, sucer la vie, l'empêcher de monter à la lumière.

Tout semblait fini. Une scène non moins grande commençait.

Après les privilèges des classes, vinrent ceux des provinces.

Celles qu'on appelait Pays d'État, qui avaient des privilèges à elles, des avantages divers pour les libertés, pour l'impôt, rougirent de leur égoïsme ; elles voulurent être France, quoi qu'il pût en coûter à leur intérêt personnel, à leurs vieux et chers souvenirs.

Le Dauphiné, dès 1788, l'avait offert magnanimement pour lui-même, conseillé aux autres provinces. Il renouvela cette offre. Les plus obstinés, les Bretons, quoique liés par leurs mandats, liés par les anciens traités de leur province avec la France, n'en manifestèrent pas moins le désir de se réunir. La Provence en dit autant, puis la Bourgogne et la Bresse, la Normandie, le Poitou, l'Auvergne, l'Artois. La Lorraine, en termes touchants, dit qu'elle ne regretterait pas la domination de ses souverains adorés qui furent les pères du peuple, si elle avait le bonheur de se réunir à ses frères, d'entrer avec eux tous ensemble dans cette maison maternelle de la France, dans cette immense et glorieuse famille !

Puis ce fut le tour des villes. Leurs députés vinrent en foule déposer leurs privilèges sur l'autel de la Patrie.

Les officiers de Justice ne pouvaient percer la foule qui entourait la tribune, pour y apporter leur tribut. Un membre du Parlement de Paris se joignit à eux, renonçant à l'hérédité des offices, à la noblesse transmissible.

L'archevêque de Paris demanda qu'on se souvînt de Dieu dans ce grand jour, qu'on chantât un *Te Deum*.

« Et le Roi, messieurs, dit Lally, le Roi qui nous a convoqués après une si longue interruption de deux siècles, n'aura-t-il pas sa récompense?... Proclamons-le le restaurateur de la Liberté française? »

La nuit était avancée, il était deux heures. Elle emportait, cette nuit, l'immense et pénible songe des mille ans du moyen âge. L'aube qui commença bientôt était celle de la Liberté.

Depuis cette merveilleuse nuit, plus de classes, des Français; plus de provinces, une France.

Vive la France !

# CHAPITRE V

## LE CLERGÉ. — LA FOI NOUVELLE

*Discours prophétiques de Fauchet. — Effort impuissant de conciliation. — Ruine imminente de l'ancienne Église. — L'Église avait délaissé le peuple. — Buzot réclame pour la nation les biens du Clergé, 6 août. — Suppression de la dîme, 11 août. — La liberté religieuse reconnue. — Ligue du Clergé, de la Noblesse et de la Cour. — Paris abandonné à lui-même. — Nulle autorité publique; peu de violences. — Dons patriotiques. — Dévouement et sacrifice. (Août 1789.)*

LA résurrection du peuple, qui brise enfin son tombeau, la féodalité elle-même écartant la pierre où elle le tint scellé, l'œuvre des temps en une nuit, voilà le premier miracle du nouvel Évangile, divin miracle, authentique!

Qu'elles vont bien ici, les paroles que Fauchet prononça sur les ossements trouvés dans la Bastille : « La tyrannie les avait scellés aux murs de ces cachots qu'elle croyait éternellement impénétrables à la lumière. *Le jour de la révélation est arrivé!* Les os se sont levés à la voix de la Liberté française ; ils déposent contre les siècles de l'oppression et de la mort, prophétisant la régénération de la nature humaine et de la vie des nations*!... »

Belle parole, et d'un vrai prophète... Recueillons-la dans notre cœur, comme le trésor de l'espérance. Oui, ils ressusciteront!... La résurrection commencée sur les ruines de la Bastille, poursuivie la nuit du 4 Août, manifestera au jour de la vie sociale ces foules qui languissent encore dans les ombres de la mort... L'aube vint en 89 ; puis l'aurore commença, tout enveloppée d'orages ; puis, l'éclipse noire et profonde... Le soleil n'en luira pas moins. *Solem quis dicere falsum audeat?*

Il était deux heures de nuit quand l'Assemblée finit son œuvre immense et se sépara. Le matin (5 août), à Paris, Fauchet faisait en chaire l'oraison funèbre des citoyens tués devant la Bastille féodale, leur palme et le prix de leur sang.

Fauchet trouva là encore des paroles d'éternelle mémoire : « Qu'ils ont fait de mal au monde, les faux interprètes des divins oracles!... Ils ont consacré le despotisme, ils ont rendu Dieu complice des tyrans. Que dit l'Évangile? *Il vous fau-*

dra paraître devant les rois ; ils vous commanderont l'injustice et vous leur résisterez jusqu'à la mort... Ils triomphent, les faux docteurs, parce qu'il est écrit : *Rendez à César ce qui est à César.* Mais ce qui n'est pas à César, faut-il aussi le lui rendre?... Or la Liberté n'est pas à César : elle est à la nature humaine. »

Ces paroles éloquentes l'étaient encore plus dans la bouche de celui qui, le 14 Juillet, s'était montré deux fois héroïque de courage et d'humanité. Deux fois il avait essayé, au péril de sa vie, de sauver la vie des autres, d'arrêter le sang. Vrai chrétien et vrai citoyen, il eût voulu tout sauver, et les hommes et les doctrines. Son aveugle charité défendait ensemble des idées hostiles entre elles, des dogmes contradictoires. Il mariait d'un même amour les deux Évangiles, sans tenir compte des différences de principes, des oppositions. Rejeté, exclu par les prêtres, ce qui l'avait persécuté lui était devenu par cela même respectable et cher.

Qui ne s'est trompé comme lui? Qui n'a caressé l'espoir de sauver le passé en avançant l'avenir? Qui n'aurait voulu susciter l'esprit sans tuer la vieille forme, réveiller la flamme sans troubler la cendre morte?... Vain effort! Nous avons beau retenir notre souffle : elle est devenue légère, elle s'envole d'elle-même vers les quatre vents du monde.

Qui pouvait voir alors tout cela? Fauchet s'y

trompait, et bien d'autres. On faisait effort pour croire la lutte finie et la paix venue ; on admirait que la Révolution fût déjà dans l'Évangile. Tout ce qui entendit ces grandes paroles tressaillit jusqu'au fond du cœur. L'impression fut si forte, l'émotion si vive, qu'on couronna l'apôtre de la Liberté d'une couronne civique. Le peuple et le peuple armé, les vainqueurs de la Bastille et la Garde citoyenne, le tambour en tête, le reconduisirent à l'Hôtel de Ville ; un héraut portait la couronne devant lui.

Dernier triomphe du prêtre, ou premier du citoyen?... Ces deux caractères, ici confondus, pourront-ils se mêler ensemble? La robe déchirée, glorifiée des balles de la Bastille, laisse voir ici le nouvel homme ; en vain voudrait-il lui-même l'étendre, cette robe, pour en couvrir le passé.

Une religion nous vient ; deux s'en vont (qu'y faire?), l'Église et la Royauté...

Féodalité, Royauté, Église, de ces trois branches du chêne antique, la première tombe au 4 Août ; les deux autres branlent ; j'entends un grand vent dans les branches, elles luttent, elles tiennent fort, les feuilles jonchent la terre. Rien ne pourra résister. Périsse ce qui doit périr!...

Point de regrets, de vaines larmes. Ce qui croit mourir aujourd'hui, depuis combien de temps, bon Dieu! il était mort, fini, stérile!

Ce qui témoigne en 89 contre l'Église d'une manière accablante, c'est l'état d'abandon complet où elle a laissé le peuple. Elle seule depuis deux mille ans a eu charge de l'instruire : voilà comme elle l'a fait... Les pieuses fondations du moyen âge, quel but avaient-elles? quels devoirs imposaient-elles au clergé? Le salut des âmes, leur amélioration religieuse, l'adoucissement des mœurs, l'humanisation du peuple... Il était votre disciple, abandonné à vous seuls. Maîtres, qu'avez-vous enseigné?...

Depuis le douzième siècle, vous continuez de lui parler une langue qui n'est plus la sienne : le culte a cessé d'être un enseignement pour lui. La prédication suppléait ; peu à peu, elle se tait, ou parle pour les seuls riches. Vous avez négligé les pauvres, dédaigné la tourbe grossière... Grossière? Elle l'est par vous. Par vous, deux peuples existent : celui d'en haut, à l'excès civilisé, raffiné ; celui d'en bas, rude et sauvage, bien plus isolé de l'autre qu'il ne fut dans l'origine. C'était à vous de combler l'intervalle, d'élever toujours ceux d'en bas, de faire des deux peuples un peuple... Voici la crise arrivée, et je ne vois dans les classes dont vous vous faisiez les maîtres, nulle culture acquise, nul adoucissement de mœurs ; ce qu'ils ont, ils l'ont d'eux-mêmes, de l'instinct de la nature, de la sève qu'elle mit en nous. Le bien est d'eux ; et le mal, le désordre, à qui le rapporterai-je, sinon à ceux qui répondaient de leurs âmes, et les ont abandonnées?

Que sont en 89 vos fameux monastères, vos

écoles antiques? Pleines d'oisiveté et de silence. L'herbe y pousse, et l'araignée file... Et vos chaires? Muettes. Et vos livres? Vides. Le dix-huitième siècle passe, un siècle d'attaques, où, de moment en moment, vos adversaires vous somment en vain de parler, d'agir, si vous êtes vivants encore...

Une seule chose vous défendrait; beaucoup d'entre vous la pensent, nul ne l'avouera. C'est que, depuis longtemps, la doctrine avait tari, que vous ne disiez plus rien au peuple, n'ayant rien à dire, que vous aviez vécu vos âges, un âge d'enseignement, un âge de polémique... que tout passe et se transforme; les cieux mêmes passeront... Attachés pesamment aux formes, n'en pouvant séparer l'esprit, n'osant aider le phénix à *mourir pour vivre encore*, vous êtes restés muets, inactifs, au sanctuaire, occupant la place du prêtre... Mais le prêtre n'était plus.

Sortez du temple. Vous y étiez pour le peuple, pour lui donner la lumière. Sortez, votre lampe est éteinte. Ceux qui bâtirent ces églises, et vous les prêtèrent, vous les redemandent. Qui furent-ils? La France d'alors; rendez-les à la France d'aujourd'hui.

Aujourd'hui (août 89), la France reprend la dîme; et demain (le 2 novembre), elle reprendra les biens. De quel droit? Un grand juriste le dit: « Par droit de *déshérence*. » L'Église morte n'a pas d'héritier. A qui revient son patrimoine? A son auteur, à la patrie, d'où naîtra la nouvelle Église.

Le 6 août, pendant que l'Assemblée se traînait dans la discussion d'un emprunt proposé par Necker, et qui, de son aveu, ne suffisait pas pour deux mois, un homme monte à la tribune, un homme qui jusque-là parlait rarement ; cette fois, il dit un seul mot : « Les biens ecclésiastiques appartiennent à la nation. »

Grande rumeur... L'homme qui avait dit franchement le mot de la situation était Buzot, l'un des chefs de la future Gironde, jeune et austère figure, ardente et mélancolique \*, de celles qui portent écrite au front une courte destinée.

L'emprunt essayé, manqué, repris, fut voté enfin. Il était difficile de le faire voter, plus difficile de le faire remplir. A qui le public allait-il prêter? A l'ancien régime, ou à la Révolution? On ne le savait pas encore. Une chose était plus sûre, et claire pour tous les esprits, l'inutilité du Clergé, son indignité parfaite, l'incontestable droit qu'elle donnait à la nation sur les biens ecclésiastiques. On connaissait les mœurs des prélats, l'ignorance du clergé inférieur. Les curés avaient des vertus, quelques instincts de résistance, point de lumières ; partout où ils dominaient, ils étaient un obstacle à toute culture du peuple, ils le faisaient rétrograder. Pour ne citer qu'un exemple, le Poitou, civilisé au seizième siècle, devint barbare sous leur influence; ils nous préparaient la Vendée.

La Noblesse le voyait, tout aussi bien que le peuple : elle demande dans ses Cahiers un emploi plus utile de tels et tels biens d'Église. Les rois le voyaient bien aussi : plusieurs fois, ils avaient fait des réformes partielles, la réforme des Templiers, la réforme de Saint-Lazare, celle des Jésuites. Il y avait mieux à faire.

Ce fut un membre de la Noblesse, le marquis de Lacoste, qui, le 8 août, prit l'initiative d'une proposition nette et formulée : 1° Les biens ecclésiastiques appartiennent à la nation; 2° la dime est supprimée (nulle mention de rachat); 3° les titulaires sont pensionnés; 4° les honoraires des évêques et curés seront fixés par les Assemblées provinciales.

Un autre noble, Alexandre de Lameth, appuya la proposition par des réflexions étendues sur la matière et le droit des fondations, droit déjà si bien examiné par Turgot, dès 1750, dans l'*Encyclopédie*. La société, dit Lameth, peut toujours supprimer tout institut nuisible. Il concluait à donner les biens ecclésiastiques en gage aux créanciers de l'État.

Tout ceci, attaqué par Grégoire, par Lanjuinais. Les jansénistes, persécutés par le Clergé, ne l'en défendirent pas moins.

Chose remarquable, qui montre que le privilège tient fort, plus que la robe de Nessus, qu'on ne pouvait arracher qu'en arrachant la chair même! Les plus grands esprits de l'Assemblée, Sieyès et Mirabeau, absents la nuit du 4 Août, en déploraient les résultats. Sieyès était prêtre, et Mirabeau noble. Mirabeau eût voulu défendre la Noblesse, le Roi, faisant bon marché du Clergé. Sieyès défendit le Clergé sacrifié par la Noblesse*.

Il dit que la dîme était une vraie propriété. Et comment? Comme ayant été d'abord un don volontaire, une donation valable. — A quoi l'on pouvait répondre, aux termes du Droit, qu'une donation est révocable *pour cause d'ingratitude*, pour l'oubli, la négligence du but que l'on eut en donnant; ce but était la culture du peuple, depuis si longtemps délaissée par le Clergé.

Sieyès faisait valoir adroitement qu'en tout cas, la dîme ne pouvait profiter aux possesseurs actuels, lesquels avaient acheté avec connaissance, prévision et déduction de la dîme. Ce serait, disait-il, leur faire un cadeau de soixante-dix millions de rente. La dîme en valait plus de cent trente. La donner aux propriétaires, c'était une mesure éminemment politique, engager pour toujours le plus ferme élément du peuple, le cultivateur, dans la cause de la Révolution.

Cet impôt lourd, odieux, variable selon les pays, qui montait souvent jusqu'au tiers de la récolte! qui mettait en guerre le prêtre et le laboureur, qui obligeait le premier, pour le temps de la moisson, à une inquisition misérable, n'en fut pas moins défendu par le Clergé pendant trois jours entiers, avec une violence opiniâtre. « Eh quoi! s'écriait un curé, quand vous nous avez invités à venir nous joindre à vous, *au nom du Dieu de la paix!* c'était pour nous égorger!... » La dîme était donc leur vie même, ce qu'ils avaient de plus cher... Au troisième jour, voyant tout le monde tourner contre eux, ils s'exécutèrent. Quinze ou vingt curés renoncèrent, se remettant à la générosité de la nation. Les grands prélats, l'archevêque de Paris, le cardinal de La Rochefoucauld, suivirent cet exemple, renoncèrent, au nom du Clergé. La dîme fut abolie sans rachat *pour l'avenir*, pour le moment maintenue, jusqu'à ce qu'on eût pourvu à l'entretien des pasteurs (11 août).

La résistance du Clergé ne pouvait être sérieuse. Il avait contre lui presque toute l'Assemblée. Mirabeau parla trois fois; il fut, encore plus qu'à l'ordinaire, hardi, hautain, souvent ironique, sous formes respectueuses. Il savait bien l'assentiment qu'il devait trouver et dans l'Assemblée et dans le public. Les grandes thèses du dix-huitième siècle furent reproduites en passant, comme choses consenties, d'avance admises, incontestables. Voltaire revint là, terrible, rapide et vainqueur. La liberté religieuse fut consacrée, dans la Déclaration des droits, et non pas la *tolérance*, mot ridicule, qui suppose un droit à la tyrannie. Celui de religion *dominante*, culte *domi*-

*nant*, que demanda le Clergé, fut traité comme il méritait. Le grand orateur, organe en ceci et du siècle et de la France, mit ce mot au ban de toute législation : « Si vous l'écrivez, dit-il, ayez donc aussi une philosophie *dominante*, des systèmes *dominants*... Rien ne doit dominer que le Droit et la Justice. »

Ceux qui connaissent par l'Histoire, par l'étude du moyen âge, la prodigieuse ténacité du Clergé à défendre son moindre intérêt, peuvent, dès ce moment, juger des efforts qu'il va faire pour sauver ses biens, son bien le plus précieux, sa chère intolérance.

Une chose lui donnait cœur; c'est que la noblesse de province, les parlementaires, tout l'ancien régime, étaient unis avec lui dans leur résistance commune aux résolutions du 4 Août. Tel même qui, cette nuit, les proposa ou les appuya, commençait à se repentir.

Que de telles résolutions eussent été prises par leurs *représentants*, par des nobles, c'est ce que les privilégiés ne pouvaient comprendre. Ils en restaient stupéfaits, hors d'eux-mêmes. Les paysans, qui avaient commencé par la violence, continuaient maintenant par l'autorité de la loi. C'était la loi qui nivelait, qui jetait bas les barrières, brisait le poteau seigneurial, biffait l'écusson, qui par toute la France ouvrait la chasse aux gens armés. Tous armés, tous chasseurs, tous nobles! Et cette loi qui semblait anoblir le peuple, désanoblir la Noblesse, des nobles l'avaient votée !

Si le privilège périssait, les privilégiés, nobles et prêtres, aimaient mieux périr ; ils s'étaient depuis longtemps identifiés, incorporés à l'inégalité, à l'intolérance. Plutôt mourir cent fois que de cesser d'être injustes !... Ils ne pouvaient rien accepter de la Révolution, ni son principe, écrit dans sa Déclaration des droits, ni l'application du principe dans sa grande charte sociale du 4 Août. Quelque peu de volonté qu'eût le roi, ses scrupules religieux le mettaient de leur parti, et garantissaient son obstination. Il eût accepté peut-être la diminution du pouvoir royal ; mais la dîme, chose sainte, mais la juridiction du Clergé, *son droit d'atteindre les délits secrets*, méconnue par l'Assemblée, la liberté des opinions religieuses proclamée, c'est ce que le prince timoré ne pouvait admettre.

On pouvait être sûr que, de lui-même, et sans avoir besoin d'impulsion extérieure, Louis XVI repousserait, du moins essayerait d'éluder la Déclaration des droits et les décrets du 4 Août.

De là jusqu'à le faire agir, combattre, il y avait loin encore. Il avait horreur du sang. On pouvait le placer dans telle circonstance qui lui imposât la guerre, mais l'obtenir directement, en tirer de lui la résolution, l'ordre, on ne pouvait y songer.

La Reine n'avait point d'appui à attendre de

son frère Joseph, trop occupé de sa Belgique. De l'Autriche, elle ne recevait que des conseils, ceux de l'ambassadeur, M. Mercy d'Argenteau. Les troupes n'étaient pas sûres. Ce qu'elle avait, c'était un très grand nombre d'officiers de Marine et autres, des régiments suisses, allemands. Elle avait, pour principale force, un excellent noyau d'armée, vingt-cinq ou trente mille hommes, à Metz et autour, sous un officier dévoué, énergique, qui avait fait preuve d'une grande vigueur, M. de Bouillé. Il avait maintenu ces troupes dans une discipline sévère, dans l'éloignement et le mépris du bourgeois, de la canaille.

L'avis de la Reine fut toujours de partir, de se jeter dans le camp de M. de Bouillé, de commencer la guerre civile.

N'y pouvant décider le Roi, que restait-il? Sinon d'attendre, d'user Necker, de le compromettre, d'user Bailly, La Fayette, de laisser faire le désordre, l'anarchie, de voir si le peuple, qu'on supposait obéir à des impulsions étrangères, ne se lasserait pas de ses meneurs qui le laissaient mourir de faim. L'excès des misères devait le calmer, le mater, l'abattre. On s'attendait, d'un our à l'autre, à le voir redemander l'ancien régime, le bon temps, prier le Roi de reprendre l'autorité absolue.

« Vous aviez du pain, sous le Roi; maintenant que vous avez douze cents rois, allez leur en demander ! » Ce mot qu'on prête à un ministre d'alors\*, qu'il ait été dit ou non, était la pensée de la Cour.

Cette politique n'était que trop bien servie par le triste état de Paris. C'est un fait terrible et certain que, dans cette ville de huit cent mille âmes, il n'y eut aucune autorité publique, trois mois durant, de juillet en octobre.

*Point de pouvoir municipal.* Cette autorité primitive, élémentaire, des sociétés, était comme dissoute. Les soixante districts discutaient et ne faisaient rien. Leurs représentants à l'Hôtel de Ville n'agissaient pas davantage. Seulement, ils entravaient le maire, empêchaient Bailly d'agir. Celui-ci, homme de cabinet, naguère astronome, académicien, nullement préparé à son nouveau rôle, restait toujours enfermé au bureau des subsistances, inquiet, ne sachant jamais s'il pourrait nourrir Paris.

*Point de police.* Elle était dans les mains impuissantes de Bailly. Le lieutenant de Police avait donné sa démission, et n'était pas remplacé.

*Point de justice.* La vieille Justice criminelle se trouva tout à coup si contraire aux idées, aux mœurs, elle parut si barbare, que M. de La Fayette en demanda la réforme immédiate. Les juges durent changer tout d'un coup leurs vieilles habitudes, apprendre des formes nouvelles, suivre une procédure plus humaine, mais aussi plus lente. Les prisons s'encombrèrent ; des foules s'y entassèrent; ce qu'on avait désormais le plus à craindre, c'était d'y être oublié.

*Plus d'autorités de corporations.* Les doyens, syndics, etc., les règlements des métiers, furent paralysés, annulés par le seul effet du 4 Août. Les métiers les plus jaloux, ceux dont l'accès jusque-là était difficile, les bouchers, dont les étaux étaient des sortes de fiefs, les imprimeurs, les perruquiers, se multiplièrent. L'imprimerie, il est vrai, prenait un immense essor. Les perruquiers, au contraire, voyaient en même temps leur nombre augmenter, leurs pratiques disparaître. Tous les riches quittaient Paris. Un journal affirme qu'en trois mois soixante mille passe-ports furent signés à l'Hôtel de Ville *.

De grands rassemblements avaient lieu au Louvre, aux Champs-Élysées : les perruquiers, les cordonniers, les tailleurs. La Garde nationale venait, les dissipait avec brutalité parfois, avec maladresse. Ils adressaient à la Ville des plaintes, des demandes impossibles : maintenir les anciens règlements, ou bien en faire de nouveaux, fixer le prix des journées, etc. Les domestiques, laissés sur le pavé par leurs maîtres qui partaient, voulaient qu'on renvoyât tous les Savoyards chez eux.

Ce qui étonnera toujours ceux qui connaissent l'histoire des autres révolutions, c'est que dans cette situation misérable et affamée de Paris, laissé sans autorité, il y ait eu au total très peu de violences graves. Un mot, une observation raisonnable, parfois une plaisanterie, suffisait pour les arrêter. Aux premiers jours seulement qui suivirent le 14 Juillet, il y eut des voies de fait. Le peuple, plein de l'idée qu'il était trahi, cherchait l'ennemi à l'aveugle et faillit faire de cruelles méprises. Plusieurs fois M. de La Fayette intervint à point, et fut écouté. Il sauva plusieurs personnes[*].

Quand je songe aux temps qui suivirent, à notre époque, si molle, si intéressée, je ne puis m'empêcher d'admirer que l'extrême misère ne brisa nullement ce peuple, ne lui arracha nul regret de son esclavage. Ils surent souffrir, ils surent jeûner. Les grandes choses qui s'étaient faites en si peu de temps, le serment du Jeu-de-Paume, la prise de la Bastille, la nuit du 4 Août, avaient exalté les courages, mis en tous une idée nouvelle de la dignité humaine. Necker part le 11 juillet : il revient trois semaines après, et il ne reconnaît plus le peuple. Dussaulx, qui avait passé soixante ans sous l'ancien régime, ne sait plus où est la vieille France. Tout est changé, dit-il, la démarche, le costume, l'aspect des rues, les enseignes. Les couvents sont pleins de soldats ; les échoppes sont des corps de garde. Partout des jeunes gens qui s'exercent aux armes ; les enfants tâchent d'imiter, ils suivent, se mettent au pas. Des octogénaires montent la garde avec leurs arrière-petits-fils : « Qui l'aurait cru, me disent-ils, que nous aurions le bonheur de mourir libres ? »

Chose peu remarquée : malgré telle et telle violence du peuple, sa sensibilité avait augmenté ; il ne voyait plus de sang-froid les supplices atroces qui, sous l'ancien régime, étaient un spectacle pour lui. A Versailles, un homme allait être roué comme parricide ; il avait levé le couteau sur une femme, et son père, se jetant entre eux, avait été tué du coup. Le peuple trouva le supplice plus barbare encore que l'acte, il empêcha l'exécution, et renversa l'échafaud.

Le cœur de l'homme s'était ouvert à la jeune chaleur de notre Révolution. Il battait plus vite, il était plus passionné qu'il ne fut jamais, plus violent, mais plus généreux. Chaque séance de l'Assemblée offrait l'intérêt touchant des dons patriotiques qu'on y apportait en foule. L'Assemblée nationale était obligée de se faire caissier, receveur ; c'est à elle qu'on venait pour tout, qu'on envoyait tout, les demandes, les dons, les plaintes. Son étroite enceinte était comme la maison de la France. Les pauvres surtout donnaient. C'était un jeune homme qui envoyait ses économies, six cents livres, péniblement amassées. C'étaient de pauvres femmes d'artistes qui apportaient ce qu'elles avaient, leurs bijoux, la parure qu'elles reçurent au mariage. Un laboureur venait déclarer qu'il donnait telle quantité de blé. Un écolier offrait telle collection que lui envoyaient ses parents, ses étrennes peut-être, sa petite récompense... Dons d'enfants, de femmes, générosité du pauvre, denier de la veuve, petites choses, et si grandes devant la patrie ! devant Dieu !

L'Assemblée, parmi les ambitions, les dissidences, les misères morales qui la travaillaient, était émue, soulevée au-dessus d'elle-même par cette magnanimité du peuple. Lorsque M. Necker vint exposer la misère, le dénûment de la France, et solliciter, pour vivre au moins deux mois encore, un emprunt de trente millions, plusieurs députés demandèrent qu'il fût garanti par leurs propres biens, par ceux des membres de l'Assemblée. M. de Foucault, en vrai gentilhomme, fit la première proposition, il offrit d'y engager six cent mille livres qui faisaient toute sa fortune.

Un sacrifice plus grand encore qu'aucun sacrifice d'argent, c'est celui que tous, riches et pauvres, faisaient à la chose publique, celui de leur temps, de leur pensée constante, de toute leur activité. Les municipalités qui se formaient, les administrations départementales qui s'organisèrent bientôt, absorbaient le citoyen tout entier et sans réserve. Plusieurs faisaient porter leur lit dans les bureaux, et travaillaient nuit et jour\*. A la fatigue joignez le danger. Les masses souffrantes se défiaient toujours, elles accusaient, menaçaient. Les trahisons de l'ancienne administration rendaient la nouvelle suspecte. C'était au péril de leur vie que ces nouveaux magistrats travaillaient à sauver la France.

Et le pauvre ! le pauvre ! qui dira ses sacrifices?

La nuit, il montait la garde; le matin, à quatre ou cinq heures, il se mettait à la queue à la porte du boulanger; tard, bien tard, il avait le pain. La journée était entamée, l'atelier fermé... Et que dis-je, l'atelier? presque tous chômaient. Que dis-je, le boulanger? le pain manquait, plus souvent encore l'argent pour avoir le pain. Triste, à jeun, le malheureux errait, traînait sur les places, aimant mieux être dehors que d'entendre au logis des plaintes, les pleurs de ses enfants. Ainsi l'homme qui n'avait que son temps, ses bras pour vivre et nourrir sa famille, les consacrait de préférence à la grande affaire, le salut public. Il en oubliait le sien.

Noble et généreuse nation! Pourquoi faut-il que nous connaissions trop mal cette époque héroïque? Les choses terribles, violentes, poignantes, qui suivirent, ont fait oublier la multitude des dévouements qui marquèrent le début de la Révolution. Un phénomène plus grand que tout événement politique apparut alors au monde : la puissance de l'homme, par quoi l'homme est Dieu, la puissance du sacrifice, avait augmenté.

# CHAPITRE VI

## LE VETO

*Difficulté des subsistances. — Combien la situation était pressante. — Le Roi peut-il tout arrêter? — Longue discussion du veto. — Projets secrets de la Cour. — Y aura-t-il une Chambre, ou deux? — L'École anglaise. — L'Assemblée avait besoin d'être dissoute et renouvelée. — Elle était hétérogène, discordante, impuissante. — Discorde intérieure de Mirabeau, son impuissance. (Août-septembre 1789.)*

A situation empirait. La France, entre deux systèmes, l'ancien, le nouveau, s'agitait sans avancer. Et elle avait faim.

Paris, il faut le dire, vivait par hasard. Sa subsistance, toujours incertaine, dépendait de tel arrivage, d'un convoi de la Beauce, ou d'un bateau de Corbeil. La Ville, avec d'immenses sacrifices, abaissait le prix du pain; il en résultait que toute la banlieue, à dix lieues à la ronde, et plus, venait se fournir à Paris. C'était tout un vaste pays qu'il s'agissait de nourrir. Les boulangers trouvaient leur compte à vendre sous main au paysan; et ensuite, quand le Parisien trouvait leur boutique vide, ils se rejetaient sur l'imprévoyance de l'administration qui n'approvisionnait pas Paris. L'incertitude du lendemain, les vaines alarmes, augmentaient encore les difficultés; chacun se faisait des réserves, on entassait, on cachait. L'administration aux abois envoyait de tous côtés, achetait de gré ou de force. Parfois, les farines en route étaient saisies, retenues au passage par les localités voisines qui avaient de pressants besoins. Paris et Versailles partageaient; mais Versailles gardait, disait-on, le plus beau, faisait un pain supérieur. Grand sujet de jalousie. Un jour où ceux de Versailles avaient eu l'imprudence de détourner chez eux un convoi destiné pour les Parisiens, Bailly, l'honnête et respectueux Bailly, écrivit à M. Necker, que si l'on ne restituait les farines, trente mille hommes iraient les chercher le lendemain. La peur le rendait hardi. Sa tête était en péril si les provisions manquaient. A minuit souvent, il n'avait encore que la moitié des farines nécessaires pour le marché du matin*.

L'approvisionnement de Paris était une sorte de guerre. On envoyait la Garde nationale pour protéger tel arrivage, assurer tel ou tel achat; on achetait à main armée. Gênés dans leur commerce, les fermiers ne voulaient pas battre, les meuniers ne voulaient pas moudre. Les spéculateurs étaient effrayés. Une brochure de Camille Desmoulins désigna, menaça les frères Leleu, qui avaient le monopole des moulins royaux de Corbeil. Un autre, qui passait pour agent principal d'une compagnie d'accapareurs, se tua, ou fut tué, dans une forêt voisine de Paris. Sa mort entraîna sa banqueroute, immense, effroyable, de plus de cinquante millions. Il n'est pas invraisemblable que la Cour, qui avait de grandes sommes placées chez lui, les retira brusquement pour solder une foule d'officiers qu'elle appelait à Versailles, peut-être pour emporter à Metz ; elle ne pouvait sans argent commencer la guerre civile.

C'était déjà une guerre contre Paris, et la pire peut-être, que de le retenir dans une telle paix. Plus de travail, et la faim !

« Je voyais, dit Bailly, de bons marchands, des merciers, des orfèvres, qui sollicitaient pour être admis parmi les mendiants qu'on occupait à Montmartre à remuer de la terre. Qu'on juge de ce que je souffrais. » Il ne souffrait pas assez. On le voit, dans ses *Mémoires* même, trop occupé de petites vanités, des questions de préséance, de savoir par quelle forme honorifique commencera le sermon de la bénédiction des drapeaux, etc.

Et l'Assemblée nationale ne souffrait pas assez

non plus des souffrances du peuple. Autrement elle eût moins traîné dans l'éternel débat de sa scolastique politique. Elle eût compris qu'elle devait hâter le mouvement des réformes, écarter tous les obstacles, abréger ce mortel passage où la France restait entre l'ordre ancien et l'ordre nouveau. Tout le monde voyait la question, l'Assemblée ne la voyait pas. Avec des intentions généralement bonnes, et de grandes lumières, elle semblait peu sentir la situation. Retardée par les résistances royalistes, aristocratiques, qu'elle portait dans son sein, elle l'était encore par les habitudes de barreau ou d'académie, que conservaient ses plus illustres membres, gens de lettres ou avocats.

Il fallait d'abord, à tout prix, sans parlage et sans retard, insister et obtenir la sanction des décrets du 4 Août, enterrer le monde féodal; il fallait de ces décrets généraux déduire des lois politiques, et les lois administratives qui détermineraient l'application des premières, — c'est-à-dire organiser, armer la Révolution, lui donner la forme et la force, en faire un être vivant. Comme tel, elle devenait moins dangereuse qu'en la laissant flottante, débordée, vague et terrible, comme un élément, comme l'inondation, comme l'incendie.

Il fallait se hâter surtout. Ce fut pour Paris un coup de foudre, quand on y sut que l'Assemblée s'occupait seulement de savoir si elle reconnaîtrait au Roi le *droit absolu d'empêcher* (veto absolu), ou le *droit d'ajourner*, suspendre, deux ans, quatre ans, six ans... Quatre ans, six ans, bon Dieu! pour des gens qui ne savaient pas s'ils vivraient le lendemain.

Loin d'avancer, l'Assemblée visiblement reculait. Elle fit deux choix rétrogrades et tristement significatifs. Elle nomma président l'évêque de Langres, La Luzerne, partisan du *veto*; puis Mounier, cette fois encore, un partisan du *veto*.

On s'est moqué de la chaleur que le peuple mit dans cette question. Plusieurs, dit-on, croyaient que le *veto* était une personne, ou un impôt*. — Il n'y a de risible en ceci que les moqueurs. Oui, le *veto* valait un impôt, s'il empêchait les réformes, la diminution de l'impôt. Oui, le *veto* était éminemment personnel; un homme disait : *J'empêche*, sans raison, tout était dit.

M. de Sèze crut plaider habilement pour cette cause, en disant qu'il s'agissait non d'une personne, mais d'*une volonté permanente*, plus fixe qu'aucune assemblée.

Permanente? selon l'influence des courtisans, des confesseurs, des maîtresses, des passions, des intérêts. En la supposant permanente, cette volonté peut être très personnelle, très oppressive, si lorsque tout change autour d'elle, elle ne change ni ne s'améliore. Que sera-ce si une même politique, un même intérêt passe, avec le sang et la tradition, dans toute une dynastie?

Les Cahiers, écrits dans des circonstances tout autres, accordaient au Roi la sanction et le refus de sanction. La France s'était fiée au pouvoir royal contre les privilégiés. Aujourd'hui que ce pouvoir était leur auxiliaire, fallait-il suivre les Cahiers?... Autant relever la Bastille.

L'ancre de salut qui restait aux privilégiés, c'était le *veto* royal. Ils serraient le Roi, embrassaient le Roi dans leur naufrage, voulant qu'il subît leur sort, qu'il fût sauvé, ou bien noyé, avec eux.

L'Assemblée discuta la question, comme s'il s'était agi d'un pur combat de systèmes. Paris y sentait moins une question qu'une crise, la grande crise et la cause totale de la Révolution, qu'il fallait sauver ou perdre : *Être, ou n'être pas*, rien de moins.

Et Paris seul avait raison. Les révélations de l'Histoire, les aveux du parti de la Cour, nous autorisent maintenant à le prononcer. Le 14 Juillet n'avait rien changé; le vrai ministre était Breteuil, le confident de la Reine. Necker n'était là que pour la montre. La Reine regardait toujours vers la fuite, vers la guerre civile; son cœur était à Metz, au camp de Bouillé. L'épée de Bouillé, c'était le seul *veto* qui lui plût.

On eût pu croire que l'Assemblée ne s'était point aperçue qu'il y eût une révolution. La plupart des discours auraient servi aussi bien pour un autre siècle, un autre peuple. Un seul restera, celui de Sieyès, qui repoussa le *veto*. Il établit parfaitement que le vrai remède aux empiétements réciproques des pouvoirs, n'était pas de constituer ainsi arbitre et juge le pouvoir exécutif, mais de faire appel au pouvoir constituant, qui est dans le peuple. Une assemblée peut se tromper; mais combien le dépositaire inamovible d'un pouvoir héréditaire n'a-t-il pas plus de chances de se tromper sans le savoir ou sciemment, de suivre un intérêt à part, de dynastie, de famille?

Il définit le *veto*, une simple lettre de cachet lancée par un individu contre la volonté générale.

Une chose de bon sens fut dite par un autre député, c'est que si l'Assemblée était divisée en deux Chambres, chacune ayant un *veto*, on avait peu à craindre l'abus du pouvoir législatif; par conséquent, il n'était pas nécessaire de lui opposer une nouvelle barrière en donnant le *veto* au Roi.

Il y eut cinq cents voix pour une Chambre unique, la division en deux Chambres ne put obtenir cent voix. La foule des nobles qui n'avait pas chance d'entrer dans la Chambre Haute, se garda bien de créer pour les grands seigneurs une pairie à l'anglaise.

Les raisonnements des anglomanes, présentés alors avec talent par Lally, Mounier, etc., plus tard reproduits obstinément par madame de Staël, Benjamin Constant, et tant d'autres, avaient été d'avance mis en poudre par Sieyès dans un chapitre de son livre du *Tiers-État*. Chose vraiment admirable! Ce puissant logicien, par la force de son esprit, n'ayant point vu l'Angleterre, connaissant peu son histoire, avait obtenu déjà les résultats que nous donne l'étude minutieuse de son présent et de son passé\*! Il avait vu parfaitement que cette fameuse balance des trois pouvoirs, qui, si elle était réelle, produirait l'immobilité, est une pure comédie, une mystification, au profit d'un des pouvoirs (aristocratique en Angleterre, monarchique en France). L'Angleterre a toujours été, est, sera une aristocratie. L'art de cette aristocratie, ce qui a perpétué son pouvoir, ce n'est pas de faire part au peuple, mais de trouver à son action un champ extérieur, de lui ouvrir un débouché\*\*; c'est ainsi qu'elle a répandu l'Angleterre sur tout le globe. Pour le *veto*, l'avis de Necker qu'il adressa à l'Assemblée, celui auquel du reste elle s'arrêtait d'elle-même, fut d'accorder le *veto* au Roi, le *veto suspensif*, le droit d'ajourner jusqu'à la seconde législature qui suivrait celle qui proposait la loi.

Cette Assemblée était mûre pour la dissolution. Née avant la grande révolution qui venait de s'opérer, elle était profondément hétérogène, inorganique, comme le chaos de l'ancien régime d'où elle sortit. Malgré le nom d'Assemblée *nationale* dont la baptisa Sieyès, elle restait *féodale*, elle n'était autre chose que les anciens États généraux. Des siècles avaient passé sur elle, du 5 mai au 31 août. Élue dans la forme antique et selon le Droit barbare, elle représentait deux ou trois cent mille nobles ou prêtres autant que la nation. En les réunissant à soi, le Tiers s'était affaibli et énervé. A chaque instant, sans même le bien sentir, il composait avec eux. Il ne prenait guère de mesures qui ne fussent des moyens termes, bâtards, impuissants, dangereux. Les privilégiés qui travaillaient au dehors avec la Cour pour défaire la Révolution, l'entravaient plus sûrement encore au sein de l'Assemblée même.

Cette Assemblée, toute pleine qu'elle était de talents, de lumières, n'en était pas moins monstrueuse, par l'incurable désaccord de ses éléments. Quelle fécondité, quelle génération peut-on espérer d'un monstre?

Voilà ce que disait le bon sens, la froide raison. Les modérés, qui sembleraient devoir conserver une vue plus nette, moins trouble, ne virent rien ici. La passion vit mieux, chose étrange! elle sentit que tout était danger, obstacle, dans cette situation double, et elle s'efforça d'en sortir. Mais comme passion et violence, elle inspirait une défiance infinie, rencontrait des obstacles immenses; elle redoublait de violence pour les surmonter, et ce redoublement créait de nouveaux obstacles.

Le monstre du temps, je veux dire la discorde des deux principes, leur impuissance à créer rien de vital, il faut, pour le bien sentir, le voir en un homme. L'unité de la personne, la haute unité de facultés qu'on appelle le génie, ne servent de rien, si, dans cet homme et ce génie, les idées se battent entre elles, si les principes et les doctrines ont en lui leur guerre acharnée.

Je ne sache pas un spectacle plus triste pour la nature humaine que celui qu'offre ici Mirabeau. Il parle à Versailles pour le *veto* absolu, mais en termes si obscurs qu'on ne sait pas bien d'abord si c'est pour ou contre.

Le même jour à Paris, ses amis soutiennent au Palais-Royal qu'il a combattu le *veto*. Il inspirait tant d'attachement personnel aux jeunes gens qui l'entouraient, qu'ils n'hésitèrent pas à mentir hardiment pour le sauver. « Je l'aimais comme une maîtresse, » dit Camille Desmoulins. On sait qu'un des secrétaires de Mirabeau voulut se tuer à sa mort.

Les menteurs, exagérant, comme il arrive, le mensonge pour mieux se faire croire, affirmèrent qu'à la sortie de l'Assemblée, il avait été attendu, suivi, et blessé, qu'il avait reçu un coup d'épée... Tout le Palais-Royal s'écrie qu'il faut voter une garde de deux cents hommes pour ce pauvre Mirabeau.

Dans cet étrange discours*, il avait soutenu le vieux sophisme que la sanction royale était une garantie de la liberté, que le Roi était une sorte de tribun du peuple, son représentant. — Un représentant irrévocable, irresponsable, et qui ne rend jamais compte!

Il était sincèrement royaliste, et, comme tel, ne se fit pas scrupule de recevoir plus tard une pension pour tenir table ouverte aux députés. Il se disait qu'après tout, il ne défendait que sa propre conviction. Une chose, il faut l'avouer, le corrompait plus que l'argent, celle qu'on eût le moins devinée dans cet homme si fier d'attitude et de langage : et quelle chose ? Il avait peur.

Peur de la Révolution, qui montait, qui grandissait... Il voyait ce jeune géant qui le dominait, qui tout à l'heure l'emporterait, comme un autre homme... Et alors il se rejetait vers ce qu'on appelait l'ordre ancien, vrai désordre et chaos... Dans cette lutte impossible, il fut sauvé par la mort.

# CHAPITRE VII

## LA PRESSE

*Agitation de Paris pour la question du veto, 30 août. — État de la Presse. — Multiplication des journaux. — Tendances de la Presse. — Elle est encore royaliste. — Loustalot, rédacteur des Révolutions de Paris. — Sa proposition, 31 août; repoussée à l'Hôtel de Ville. — Complot de la Cour, connu de La Fayette et de tout le monde. — Opposition naissante de la Garde nationale et du peuple. — Conduite incertaine de l'Assemblée. — Volney lui propose de se dissoudre, 18 septembre. — Impuissance de Necker, de l'Assemblée, de la Cour, du duc d'Orléans. — La Presse même impuissante.*

ous venons de voir deux choses : la situation était intolérable, l'Assemblée était incapable d'y porter remède.

Un mouvement populaire trancherait-il la difficulté? Cela ne pouvait avoir lieu qu'autant qu'il serait vraiment le mouvement du peuple, spontané, vaste, unanime, comme fut le 14 Juillet.

La fermentation était grande, l'agitation vive, mais partielle encore. Dès le premier jour que la question du *veto* fut posée (le dimanche 30 août), Paris tout entier prit l'alarme, le *veto* absolu apparut comme l'anéantissement de la souveraineté du peuple. Toutefois, le Palais-Royal seul se mit en avant. On y décida d'aller à Versailles, d'avertir l'Assemblée qu'on voyait dans son sein une ligue pour le *veto*, qu'on en connaissait les membres, que, s'ils n'y renonçaient, Paris allait se mettre en marche. Quelques centaines d'hommes partirent en effet à dix heures du soir; à leur tête s'était mis un homme aveugle, violent, recommandable à la foule par sa force corporelle, sa voix de stentor, le marquis de Saint-Hururge. Emprisonné sous l'ancien régime à la requête de sa femme, jolie, galante, et qui avait du crédit, Saint-Hururge, on le comprend, était d'avance un ennemi furieux de l'ancien régime, un champion ardent de la Révolution. Aux Champs-Élysées, sa troupe, déjà fort diminuée, rencontra des Gardes nationaux envoyés par La Fayette, qui lui barrèrent le passage.

Le Palais-Royal dépêcha, coup sur coup, trois ou quatre députations à la Ville pour obtenir de passer. On voulait faire l'émeute légalement, et du consentement de l'autorité. Il est superflu de dire que celle-ci ne consentit pas.

Cependant une autre tentative, tout autrement sérieuse, se faisait au Palais-Royal. Celle-ci, quel qu'en fût le succès, devait avoir du moins le résultat général de mettre la grande question du jour en discussion dans tout le peuple; elle ne pouvait plus être dès lors brusquement décidée, enlevée par surprise à Versailles; Paris regardait l'Assemblée, la veillait, et par la Presse, et par son assemblée, à lui, la grande assemblée parisienne, une, quoique divisée en ses soixante districts.

L'auteur de la proposition était un jeune journaliste. Avant de la rapporter, nous devons donner une idée du mouvement qui se faisait dans la Presse.

Ce réveil subit d'un peuple appelé tout à coup à prendre connaissance de ses droits, à décider de son sort, avait absorbé toute l'activité du temps dans le journalisme. Les esprits les plus spéculatifs avaient été entraînés sur le terrain de la pratique. Toute science, toute littérature fit halte; la vie politique fut tout.

A chaque grand moment de 89, une éruption de journaux :

1. En mai et juin, à l'ouverture des États généraux, vous en voyez naître une foule. Mirabeau fait *Le Courrier de Provence;* Gorsas, *Le Courrier de Versailles;* Brissot, *Le Patriote français;* Barrère, *Le Point du Jour;* etc., etc.

2. La veille du 14 Juillet, apparaît, de tous les

journaux le plus populaire : *Les Révolutions de Paris*, rédigées par Loustalot.

3. La veille des 5 et 6 Octobre, éclatent *L'Ami du Peuple* (Marat), *Les Annales patriotiques* (Carra et Mercier). Bientôt après, *Le Courrier de Brabant*, de Camille Desmoulins, le plus spirituel de tous, à coup sûr ; puis, l'un des plus violents, *L'Orateur du peuple* (Fréron).

Le caractère général de ce grand mouvement, et qui le rend admirable, c'est que, malgré les nuances, il y a presque unanimité. Sauf un seul journal qui tranche, la Presse offre l'image d'un vaste concile, où chacun parle à son tour, où tous sont préoccupés du but commun, évitent toute hostilité.

La Presse, à ce premier âge, luttant contre le pouvoir central, a généralement la tendance de fortifier les pouvoirs locaux, d'exagérer les droits de la Commune contre l'État. Si l'on pouvait déjà employer le langage du temps qui va venir, on dirait qu'à cette époque, tous semblent *fédéralistes*. Mirabeau l'est tout autant que Brissot ou La Fayette. Cela va jusqu'à admettre l'indépendance des provinces, si la liberté devient impossible pour la France entière. Mirabeau se résignerait à être comte de Provence ; il le dit en propres termes.

Avec tout cela, la Presse, qui lutte contre le Roi, est généralement royaliste. « Nous n'étions pas alors, dit Camille Desmoulins, dix républicains en France. » Il ne faut pas se méprendre sur la portée réelle de tel ou tel mot hardi. En 88, le violent d'Éprémesnil avait dit : « Il faut débourbonnailler la France. » Mais, c'était seulement pour faire roi le Parlement.

Mirabeau, qui devait épuiser toutes les contradictions, fit traduire, imprimer sous son nom en 89, au moment même où il prenait la défense de la royauté, le violent petit livre de Milton contre les rois. Ses amis le supprimèrent.

Deux hommes prêchaient la République : l'un des plus féconds écrivains de l'époque, l'infatigable Brissot, et le brillant, l'éloquent, le hardi Camille. Son livre *La France libre* contient une petite histoire, violemment satirique, de la monarchie. Il y montre que ce principe d'ordre et de stabilité a été, en pratique, un perpétuel désordre. La royauté héréditaire, pour se racheter de tant d'inconvénients qui lui sont visiblement inhérents, a un mot qui répond à tout : la paix, le maintien de la paix; ce qui n'empêche pas que par les minorités, les querelles de successions, elle n'ait tenu la France dans une guerre à peu près perpétuelle : guerres des Anglais, guerres d'Italie, guerres de la succession d'Espagne, etc., etc.*.

Robespierre a dit que la République s'était glissée, sans qu'on s'en doutât, entre les partis. Il est plus exact de dire que la royauté elle-même l'a introduite, y a poussé les esprits. Si les hommes renoncent à se gouverner eux-mêmes, c'est que la royauté se présente comme une simplification qui facilite, aplanit, dispense de vertu et d'effort. Mais quoi! si elle est l'obstacle?... On peut affirmer hardiment que la royauté enseigna la République, qu'elle y entraîna la France, qui en était éloignée, s'en défiait ou n'y pensait pas. Pour revenir, le premier des journalistes de l'époque n'était ni Mirabeau, ni Camille Desmoulins, ni Brissot, ni Condorcet, ni Mercier, ni Carra, ni Gorsas, ni Marat, ni Barrère. Tous publiaient des journaux, et quelques-uns à grand nombre, Mirabeau tirait à dix mille son fameux *Courrier de Provence*.

Et *Les Révolutions de Paris* se sont (pour quelques numéros) tirées jusqu'à *deux cent mille*. C'est la plus grande publicité qu'on ait jamais obtenue.

Le rédacteur ne signait pas. L'imprimeur signait : Prud'homme. Ce nom est devenu l'un des plus connus du monde. Le rédacteur inconnu était Loustalot.

Loustalot, mort à vingt-neuf ans en 1790, était un sérieux jeune homme, honnête, laborieux. Médiocre écrivain, mais grave, d'une gravité passionnée, son originalité réelle, c'est de contraster avec la légèreté des journalistes du temps. On sent, dans sa violence même, un effort pour être juste. — C'est lui que préféra le peuple.

Il n'en était pas indigne. Il donna, au début de la Révolution, plus d'une preuve de modération courageuse. Lorsque les Gardes françaises furent délivrés par le peuple, il dit qu'il n'y avait qu'une solution à l'affaire : que les prisonniers se remissent eux-mêmes en prison, et que les électeurs, l'Assemblée nationale, exigeassent la grâce du Roi. Lorsqu'une méprise populaire mit en péril le bon La Salle, le brave commandant de la ville, Loustalot prit sa défense, le justifia, lui ramena les esprits. Dans l'affaire des domestiques, qui voulaient qu'on chassât les Savoyards, il se montra ferme et sévère autant que judicieux.

Vrai journaliste, il était l'homme du jour, non celui du lendemain. Lorsque Camille Desmoulins publie son livre *La France libre*, où il supprime le Roi, Loustalot, tout en le louant, lui trouve de l'exagération, l'appelle une tête exaltée.

Marat, peu connu alors, avait violemment attaqué Bailly, dans *L'Ami du peuple*, et comme fonctionnaire et comme homme. Loustalot le défendit.

Il envisageait le journalisme comme une fonction publique, une sorte de magistrature. Nulle tendance aux abstractions. Il vit uniquement dans la foule, en sent les besoins, les souffrances; il s'occupe avant tout des subsistances, de la grande question du moment, le pain. Il propose des machines pour moudre le blé plus vite. Il va voir les infortunés qu'on fait travailler à Montmartre. Ces malheureux, qui, à force de misère, n'ont presque plus figure humaine, cette déplorable armée de fantômes ou de squelettes qui font peur plus que pitié, Loustalot trouve un cœur pour eux, des paroles touchantes et d'une compassion douloureuse.

Paris ne pouvait rester ainsi. Il fallait relever la Royauté absolue, ou fonder la Liberté.

Le lundi matin, 31 août, Loustalot, trouvant les esprits plus calmes que le dimanche soir, harangua le Palais-Royal. Il dit que le remède n'était pas d'aller à Versailles, et fit une proposition moins violente, plus hardie. C'était d'aller à la Ville, d'obtenir la convocation des districts, et dans ces assemblées de poser ces questions : 1° Paris croit-il que le Roi ait droit d'empêcher ? 2° Paris confirme-t-il, révoque-t-il ses députés ? 3° Si l'on nomme des députés, auront-ils un mandat spécial pour refuser le *veto ?* 4° Si l'on confirme les anciens, ne peut-on obtenir de l'Assemblée qu'elle ajourne la discussion.

La mesure proposée, éminemment révolutionnaire, illégale (inconstitutionnelle, s'il y eût eu Constitution), répondait cependant si profondément au besoin du moment, qu'elle fut quelques jours après reproduite, pour sa partie principale, la dissolution de l'Assemblée, dans l'Assemblée elle-même, par un de ses membres les plus éminents.

Loustalot et la députation du Palais-Royal furent très mal reçus, leur proposition repoussée à l'Hôtel de Ville, et le lendemain accusée dans l'Assemblée. Une lettre de menaces qu'avait reçue le président, sous le nom de Saint-Hururge (qui pourtant la soutint fausse), acheva d'irriter les esprits. On fit arrêter Saint-Hururge, et la Garde nationale profita d'un moment de tumulte pour fermer le café de Foy. Les réunions du Palais-Royal furent défendues, dissipées par l'autorité municipale.

Ce qui est piquant, c'est que l'exécuteur de ces mesures, M. de La Fayette, à cette époque et toujours, était républicain de cœur. Toute sa vie il rêva la république, et servit la royauté. Une royauté démocratique, ou démocratie royale, lui apparaissait comme une transition nécessaire. Pour en revenir, il ne lui fallut pas moins de deux expériences.

La Cour amusait Necker et l'Assemblée. Elle ne trompait pas La Fayette. Et pourtant il la servait, il lui contenait Paris. L'horreur des premières violences populaires, du sang versé, le faisait reculer devant l'idée d'un nouveau 14 Juillet. Mais la guerre civile que la Cour préparait, eût-elle moins coûté de sang ? Grave et délicate question pour *l'ami de l'humanité*.

Il savait tout. Le 13 septembre, recevant chez lui à dîner le vieil amiral d'Estaing, commandant de la Garde nationale à Versailles, il lui apprit les nouvelles de Versailles qu'il ignorait. Ce brave homme, qui se croyait bien avant dans la confidence du Roi et de la Reine, sut qu'on était revenu au fatal projet de mener le Roi à Metz, c'est-à-dire de commencer la guerre civile ; que Breteuil préparait tout, de concert avec l'ambassadeur d'Autriche ; qu'on rapprochait de Versailles les mousquetaires, les gendarmes, 9,000 de la Maison du Roi, dont les deux tiers gentilshommes ; qu'on s'emparerait de Montargis, où l'on serait joint par un homme d'exécution, le baron de Vioménil, celui qui avait fait presque toutes les guerres du siècle, récemment celle d'Amérique, s'était jeté violemment dans la contre-révolution, peut-être par jalousie de La Fayette, qui dans la Révolution semblait avoir le premier rôle. Dix-huit régiments, spécialement les carabiniers, n'avaient pas prêté serment. C'était assez pour fermer toutes les routes de Paris, couper ses convois, l'affamer. On ne manquait plus d'argent ; on en avait ramassé, retiré de tous côtés ; on croyait être sûr d'avoir quinze cent mille francs par mois. Le Clergé suppléerait le reste ; un procureur de bénédictins répondait à lui seul de cent mille écus.

Le vieil amiral écrivit le lundi 14 à la Reine : « J'ai toujours dormi la veille d'un combat naval, mais depuis la terrible révélation, je n'ai pas pu fermer l'œil... » En la recevant à la table de M. de La Fayette, il frémissait qu'un seul domestique ne l'entendît : « Je lui ai observé qu'un mot de sa bouche pouvait devenir un signal de mort. » A quoi La Fayette, avec son flegme américain, aurait répondu : « qu'il y aurait avantage qu'un *seul* mourût pour le salut de tous. » — La seule tête en péril eût été celle de la Reine.

L'ambassadeur d'Espagne en dit autant à d'Estaing ; il savait tout d'un homme considérable à qui l'on avait proposé de signer une liste d'association que la Cour faisait circuler.

Ainsi, ce profond secret, ce mystère, courait les salons le 13 ; du 14 au 16, les rues. Le 16, les grenadiers des Gardes françaises devenus Garde nationale soldée, déclarèrent qu'ils voulaient aller à Versailles reprendre leur ancien service, garder le château, le Roi. Le 22, le grand complot était imprimé dans *Les Révolutions de Paris*. Toute la France le lisait.

M. de La Fayette, qui se croyait *fort, trop fort*, ce sont ses propres termes, voulait d'une part contenir la Cour en lui faisant peur de Paris, et d'autre part contenir Paris, en réprimer l'agitation par ses Gardes nationales. Il usait, abusait de leur zèle, pour faire taire les colporteurs, imposer silence au Palais-Royal, empêcher les attroupements ; il faisait une petite guerre de police, de vexations, à une foule soulevée par les craintes qu'il avait lui-même ; il connaissait le complot, et il dissipait, arrêtait ceux qui parlaient du complot. Il fit si bien qu'il créa la plus funeste opposition entre la Garde nationale et le peuple.

On commença à remarquer que les chefs, les officiers étaient des nobles, des riches, des gens considérables. Les Gardes nationaux, en général, réduits en nombre, fiers de leur uniforme, de leurs armes nouvelles pour eux, apparurent au peuple comme une aristocratie. Bourgeois, marchands, ils souffraient beaucoup du trouble, ne recevaient rien de leurs biens ruraux, ne gagnaient rien ; ils étaient chaque jour appelés, fatigués et surmenés ; chaque jour, ils voulaient en finir, et ils témoignaient leur impatience par quelque acte qui mettait la foule contre eux. Une fois, ils tirèrent le sabre contre un rassemblements de perruquiers, et il y eut du sang de répandu. Une autre fois, ils arrêtèrent des gens qui se permettaient de plaisanter sur la Garde nationale ; une fille dit qu'elle s'en moquait ; ils la prirent et la fouettèrent.

Le peuple s'irritait jusqu'à élever contre la Garde nationale la plus étrange accusation, celle de favoriser la Cour, d'être du complot de Versailles.

La Fayette n'était pas double, mais sa position l'était. Il empêcha les grenadiers d'aller reprendre à Versailles la garde du Roi, et il avertit le ministre Saint-Priest (17 septembre). Sa lettre fut mise à profit. On la montra à la municipalité de Versailles, lui faisant jurer le secret, et l'on obtint qu'elle demanderait qu'on fît venir le régiment de Flandre. On sollicita la même démarche d'une partie de la Garde nationale de Versailles, la majorité refusa. Ce régiment, fort suspect parce que jusque-là il refusait de prêter le nouveau serment, arrive avec ses canons, ses caissons et ses bagages; il entre à grand bruit dans Versailles. En même temps, le château retenait les Gardes du corps qui avaient fait leur service, afin d'avoir double nombre. Une foule d'officiers de tout grade arrivaient chaque jour en poste, comme faisait l'ancienne Noblesse à la veille d'une bataille, craignant de manquer le jour.

Paris s'inquiète. Les Gardes françaises s'indignent; on les avait tâtés, travaillés, sans autre résultat que de les mettre en défiance. Bailly ne put se dispenser de parler à l'Hôtel de Ville. Une députation fut envoyée, le bon vieux Dussaulx en tête, pour porter au Roi les alarmes de Paris.

La conduite de l'Assemblée, pendant ce temps, est étrange. Tantôt, elle semble dormir; et tantôt, se réveiller en sursaut. Aujourd'hui, elle est violente; demain, modérée, timide.

Un matin, le 12 septembre, elle se souvient du 4 Août, de la grande révolution qu'elle a votée. Il y avait cinq semaines que les décrets étaient rendus; la France entière en parlait avec joie, l'appliquait, l'Assemblée n'en disait mot. Le 12, à l'occasion d'un projet d'arrêté où le Comité de judicature demandait *qu'on rendît force aux lois, conformément à une décision du 4 Août*, un député de Franche-Comté brise la glace et dit : « On *travaille pour empêcher la promulgation de ces décrets du 4 Août; on prétend qu'ils ne paraîtront pas. Il est temps qu'on les voie munis du sceau royal... Le peuple attend...* »

Ce mot fut pris vivement. L'Assemblée se réveilla. L'orateur des modérés, des royalistes constitutionnels, Malouet (chose surprenante), appuya la proposition, d'autres aussi; malgré l'abbé Maury, on décida que les décrets du 4 Août seraient présentés à la sanction du Roi.

Ce mouvement subit, cette disposition agressive des modérés même, porte à croire que les membres les plus influents n'ignoraient pas ce que La Fayette, ce que l'ambassadeur d'Espagne, et bien d'autres, disaient dans Paris.

L'Assemblée parut le lendemain étonnée de sa vigueur. Plusieurs songèrent que la Cour ne laisserait jamais le Roi sanctionner les décrets du 4 Août, et prévirent que son refus provoquerait un mouvement terrible, un second accès de révolution. Mirabeau, Chapelier et d'autres soutinrent que ces décrets, n'étant pas proprement des lois, mais des principes de Constitution, n'avaient pas besoin de la sanction royale, la promulgation suffisait. Avis hardi et timide : hardi, on se passait du Roi ; timide, on le dispensait d'examiner, de sanctionner, de refuser : plus de refus, plus de collision. Les choses se seraient décidées par le fait, selon que chaque parti dominait dans telle ou telle province. Ici, on eût appliqué les décisions du 4 Août, comme décrétées par l'Assemblée. Là, on les aurait éludées, comme non sanctionnées par le Roi.

Le 15, on vota par acclamation l'inviolabilité royale, l'hérédité, comme pour rendre le Roi favorable. On n'en reçut pas moins de lui une réponse équivoque, dilatoire, relativement au 4 Août. Il ne sanctionnait rien, il dissertait, blâmait ceci, goûtait cela, n'admettait presque aucun article qu'avec modification. Le tout, dans le style de Necker, empreint de sa gaucherie, de sa tergiversation, de ses moyens termes. La Cour, qui préparait tout autre chose, crut apparemment occuper le tapis par cette réponse sans réponse. L'Assemblée s'agita fort. Chapelier, Mirabeau, Robespierre, Pétion, d'autres ordinairement moins ardents, affirmèrent qu'en demandant la sanction pour ces articles constitutifs, l'Assemblée n'attendait qu'une promulgation pure et simple. Grands débats... Et de là, une motion inattendue, mais fort sage, de Volney : « Cette Assemblée est trop divergente d'intérêts, de passions... Fixons les conditions nouvelles de l'élection, et retirons-nous. » — Applaudissements, mais rien de plus. Mirabeau objecte que l'Assemblée a juré de ne point se séparer avant d'avoir fait la Constitution.

Le 21, le Roi, pressé de promulguer, sortit des ambages; la Cour apparemment se croyait plus forte. Il répondit que la *promulgation* n'appartenaît qu'à des lois *revêtues des formes qui en procurent l'exécution* (il voulait dire : *sanctionnées*), qu'il allait ordonner la *publication*, qu'il ne doutait pas que les lois que décréterait l'Assemblée ne fussent telles qu'il pût leur accorder la *sanction*.

Le 24, Necker vint faire sa confession à l'Assemblée. Le premier emprunt, trente millions, n'en avait donné que *deux*. Le second, de quatre-vingts, n'en avait donné que *dix*. Le *général de la finance*, comme les amis de Necker l'appelaient dans leurs pamphlets, n'avait pu rien faire ; le crédit, qu'il croyait gouverner, ramener, n'en avait pas moins péri... Il venait en appeler au dévouement de la nation. Le seul remède était qu'elle s'exécutât elle-même\*, que chacun se taxât au quart de son revenu.

Necker avait fini son rôle. Après avoir essayé de tout moyen raisonnable, il s'en remettait à la foi, au miracle, au vague espoir qu'un peuple incapable de payer moins, allait pouvoir payer plus, qu'il se taxerait lui-même à l'impôt monstrueux du quart de son revenu. Le financier chimérique, pour dernier mot de son bilan, pour fond de la caisse, apportait une utopie que le bon abbé de Saint-Pierre n'eût pas proposée.

L'impuissant croit volontiers l'impossible ; hors d'état d'agir lui-même, il s'imagine que le hasard, l'imprévu, l'inconnu, agiront pour lui. L'Assemblée, non moins impuissante que le ministre, partagea sa crédulité. Un merveilleux discours de Mirabeau vainquit tous ses doutes, l'emporta hors d'elle-même. Il lui montra la banqueroute, la hideuse banqueroute ouvrant son gouffre sous elle, prête à l'engloutir, et elle, et la France... Elle vota... Si la mesure eût été sérieuse, si l'argent était venu, l'effet eût été bizarre : Necker eût réussi à relever ceux qui devaient chasser Necker, l'Assemblée eût soldé la guerre pour dissoudre l'Assemblée.

L'impossible, le contradictoire, l'impasse en tous sens, c'est le fond de la situation, pour tout homme et pour tout parti. Disons tout d'un mot : *Nul ne peut.*

*L'Assemblée ne peut.* Discordante d'éléments et de principes, elle était de soi incapable ; mais elle le devient bien plus, en présence de l'émeute, au bruit tout nouveau de la Presse qui couvre sa voix. Elle se serrerait volontiers contre le pouvoir royal qu'elle a démoli ; mais les ruines en sont hostiles : elles ne demandent qu'à écraser l'Assemblée. Ainsi, Paris lui fait peur, et le château lui fait peur. Après le refus du Roi, elle n'ose point s'indigner, de peur d'ajouter à l'indignation de Paris. Sauf la responsabilité des ministres qu'elle décrète, elle ne fait rien qui soit en rapport avec la situation ; la division départementale, le Droit criminel, s'agitent dans le désert ; la salle prend de l'écho ; à peine six cents membres viennent, et c'est pour donner la présidence à l'homme de la balance immobile, Mounier, celui qui exprime le mieux toutes les difficultés d'agir, et la paralysie commune.

*La Cour peut-elle* quelque chose? Elle le croit en ce moment. Elle voit le Clergé et la Noblesse qui se rallient autour d'elle. Elle voit le duc d'Orléans peu soutenu dans l'Assemblée\*; elle le voit, à Paris, dépensant beaucoup d'argent et gagnant peu de terrain; sa popularité est primée par La Fayette.

Tous ignorent la situation, tous méconnaissent la force générale des choses, et rapportent les événements à telle ou telle personne, s'exagérant ridiculement la puissance individuelle. Selon ses haines ou ses amours, la passion croit des miracles, croit des monstres, croit des héros. La Cour accuse de tout Orléans ou La Fayette. La Fayette lui-même, ferme et froid de sa nature, devient imaginatif; il n'est pas loin de croire aussi que tout le désordre est l'œuvre du Palais-Royal. Un visionnaire s'élève dans la Presse, Marat, crédule, aveugle, furieux, qui va promener l'accusation au hasard de ses rêves, désignant l'un aujourd'hui et demain l'autre à la mort; il commence par affirmer que la famine est l'œuvre d'un homme, que Necker achète partout les blés pour que Paris n'en ait pas.

Marat commence toutefois, il agit peu encore; il tranche avec toute la Presse. La Presse accuse, mais vaguement; elle se plaint, elle s'indigne, comme le peuple, sans trop savoir ce qu'il faut faire. Elle voit bien en général qu'« il y aura un second accès de révolution. » Mais comment? dans quel but précis? Elle ne saurait bien le dire. Pour l'indication des remèdes, la Presse, ce jeune pouvoir devenu si grand tout à coup devant l'impuissance des autres, la Presse même est impuissante.

Elle fait peu dans les jours qui précèdent le 5 Octobre, l'Assemblée fait peu, et l'Hôtel de Ville fait peu... Pourtant tout le monde sent bien qu'une grande chose va venir. Mirabeau, recevant un jour son libraire de Versailles, renvoie ses trois secrétaires, ferme la porte, et lui dit : « Mon cher Blaisot, vous verrez bientôt ici de grands malheurs, du sang... J'ai voulu, par amitié, vous prévenir. N'ayez pas peur, au reste : il n'y a pas de danger pour les braves gens comme vous. »

# CHAPITRE VIII

## LE PEUPLE VA CHERCHER LE ROI

### 5 OCTOBRE 1789

*Le peuple seul trouve un remède ; il va chercher le Roi. — Position égoïste des rois à Versailles. — Louis XVI ne pouvait agir en aucun sens. — La Reine sollicitée d'agir. — Orgie des Gardes du corps, 1er octobre. — Insultes à la cocarde nationale. — Irritation de Paris. — Misère et souffrances des femmes. — Leur compassion courageuse. — Elles envahissent l'Hôtel de Ville, 5 Octobre. — Elles marchent sur Versailles. — L'Assemblée en est avertie. — Maillard et les femmes devant l'Assemblée. — Robespierre appuie Maillard. — Les femmes devant le Roi. — Indécision de la Cour.*

LE 5 Octobre, huit ou dix mille femmes allèrent à Versailles ; beaucoup de peuple suivit. La Garde nationale força M. de La Fayette de l'y conduire le soir même. Le 6, ils ramenèrent le Roi et l'obligèrent d'habiter Paris.

Ce grand mouvement est le plus général que presente la Révolution après le 14 Juillet. Celui d'Octobre fut, presque autant que l'autre, unanime, du moins en ce sens que ceux qui n'y prirent point part, en désirèrent le succès, et se réjouirent tous que le Roi fût à Paris.

Il ne faut pas chercher ici l'action des partis. Ils agirent, mais firent très peu.

La cause réelle, certaine, pour les femmes, pour la foule la plus misérable, ne fut autre que la faim. Ayant démonté un cavalier, à Versailles, ils tuèrent, mangèrent le cheval à peu près cru.

Pour la majorité des hommes, peuple ou Gardes nationaux, la cause du mouvement fut l'honneur, l'outrage fait par la Cour à la cocarde parisienne, adoptée de la France entière comme signe de la Révolution.

Les hommes auraient-ils cependant marché sur Versailles, si les femmes n'eussent précédé? Cela est douteux. Personne avant elles n'eut l'idée d'aller chercher le Roi. Le Palais-Royal, au 30 août, partit avec Saint-Hururge, mais c'était pour porter des plaintes, des menaces à l'Assemblée, qui discutait le *veto*. Ici, le peuple seul a l'initiative; seul, il s'en va prendre le Roi, comme seul il a pris la Bastille.

Ce qu'il y a dans le peuple de plus peuple, je veux dire de plus instinctif, de plus inspiré, ce sont, à coup sûr, les femmes. Leur idée fut celle-ci : « Le pain manque, allons chercher le

Roi; on aura soin, s'il est avec nous, que le pain ne manque plus. Allons chercher *le boulanger !...* »

Sens naïf, et sens profond !... Le Roi doit vivre avec le peuple, voir ses souffrances, en souffrir, faire avec lui même ménage. Les cérémonies du mariage et celles du couronnement se rapportaient en plusieurs choses : le Roi épousait le peuple. Si la royauté n'est pas tyrannie, il faut qu'il y ait mariage, qu'il y ait communauté, que les conjoints vivent, selon la basse, mais forte parole du moyen âge : « A un pain et à un pot*. »

N'était-ce pas une chose étrange et dénaturée, propre à sécher le cœur des rois, que de les tenir dans cette solitude égoïste, avec un peuple artificiel de mendiants dorés, pour leur faire oublier le peuple? Comment s'étonner qu'ils lui soient devenus, ces rois, étrangers, durs et barbares? Sans leur isolement de Versailles, comment auraient-ils atteint ce point d'insensibilité? La vue seule en est immorale : un monde fait exprès pour un homme !... Là seulement, on pouvait oublier la condition humaine, signer, comme Louis XIV, l'expulsion d'un million d'hommes, ou, comme Louis XV, spéculer sur la farine.

L'unanimité de Paris avait renversé la Bastille. Pour conquérir le Roi, l'Assemblée, il fallait qu'il se trouvât unanime encore. La Garde nationale et le peuple commençaient à se diviser. Pour les rapprocher, les faire concourir au même but, il ne fallait pas moins qu'une provocation de la Cour. Nulle sagesse politique n'eût amené l'événement ; il fallait une sottise.

C'était là le vrai remède, le seul moyen de sortir de l'intolérable situation où l'on restait embourbé. Cette sottise, le parti de la Reine l'eût faite depuis longtemps, s'il n'eût eu son grand obstacle, son embarras dans Louis XVI. Personne ne répugnait davantage à quitter ses habitudes. Lui ôter sa chasse, sa forge, et le coucher de bonne heure, le désheurer pour les repas, pour la messe, le mettre à cheval, en campagne, en faire un leste partisan, comme nous voyons Charles Ier dans le tableau de Van Dyck, ce n'était pas chose aisée. Son bon sens lui disait aussi qu'il risquait fort à se déclarer contre l'Assemblée nationale.

D'autre part, ce même attachement à ses habitudes, à ses idées d'éducation, d'enfance, l'indisposait contre la Révolution plus encore que la diminution de l'autorité royale. Il ne cacha pas son mécontentement pour la démolition de la Bastille\*. L'uniforme de la Garde nationale porté par ses gens, ses valets devenus lieutenants, officiers, tel musicien de la chapelle chantant la messe en capitaine, tout cela lui blessait les yeux : il fit défendre à ses serviteurs « de paraître en sa présence avec un costume aussi déplacé\*\*. »

Il était difficile de mouvoir le Roi, ni dans un sens, ni dans l'autre. En toute délibération, il était fort incertain, mais dans ses vieilles habitudes, dans ses idées acquises, invinciblement obstiné. La Reine même, qu'il aimait fort, n'y eût rien gagné par persuasion. La crainte avait encore moins d'action sur lui; il se savait l'oint du Seigneur, inviolable et sacré; que pouvait-il craindre?

Cependant la Reine était entourée d'un tourbillon de passions, d'intrigues, de zèle intéressé; c'étaient des prélats, des seigneurs, toute cette aristocratie qui l'avait tant dénigrée, et maintenant se rapprochait d'elle, remplissait ses appartements, la conjurait à mains jointes de sauver la monarchie. Elle seule, à les entendre, elle en avait le génie et le courage; fille de Marie-Thérèse, il était temps, elle devait se montrer... Deux sortes de gens encore, tout différents, donnaient courage à la Reine : d'une part, de braves et dignes chevaliers de Saint-Louis, officiers ou gentilshommes de province, qui lui offraient leur épée; d'autre part, des hommes à projets, des faiseurs, qui montraient des plans, se chargeaient d'exécuter, répondaient de tout... Versailles était comme assiégé de ces Figaros de la royauté.

Il fallait une sainte ligue, que tous les honnêtes gens se serrassent autour de la Reine. Le Roi sera emporté dans l'élan de leur amour, et ne résistera plus... Le parti révolutionnaire ne peut faire qu'une campagne; vaincu une fois, il périt; au contraire, l'autre parti, comprenant tous les grands propriétaires, peut suffire à plusieurs campagnes, nourrir la guerre longues années... Pour que le raisonnement fût bon, il fallait seulement supposer que l'unanimité du peuple n'ébranlerait pas le soldat, qu'il ne se souviendrait jamais qu'il était peuple lui-même.

L'esprit de jalousie qui s'élevait entre la Garde nationale et le peuple, enhardit sans doute la Cour, lui fit croire Paris impuissant : elle risqua une manifestation prématurée qui devait la perdre. De nouveaux Gardes du corps arrivaient, pour le service du trimestre; ceux-ci, sans liaison avec Paris ou l'Assemblée, étrangers au nouvel esprit, bons royalistes de province, apportant tous les préjugés de la famille, les recommandations paternelles et maternelles de servir le Roi, le Roi seul. Tout ce corps des Gardes, quoique quelques membres fussent amis de la liberté, n'avaient pas prêté serment, et portaient toujours la cocarde blanche. On essaya d'entraîner par eux les officiers du régiment de Flandre, ceux de quelques autres corps. Un grand repas fut donné pour les réunir, et l'on y admit quelques officiers choisis de la Garde nationale de Versailles qu'on espérait s'attacher.

Il faut savoir que la ville de France qui haïssait le plus la Cour, c'était celle qui la voyait le mieux, Versailles. Tout ce qui n'était pas employé, ou serviteur du château, était révolutionnaire. La vue constante de ce faste, de ces équipages splendides, de ce monde hautain, méprisant, nourrissait les envies, les haines. Cette disposition des habitants leur avait fait nommer lieutenant colonel de leur Garde nationale un solide patriote, homme du reste haineux, violent, Lecointre, marchand de toiles. L'invitation faite à quelques-uns des officiers les flatta moins encore qu'elle ne mécontenta les autres.

Un repas de corps pouvait se faire dans l'Orangerie ou partout ailleurs : le Roi, chose nouvelle, accorde sa magnifique salle de théâtre, où l'on n'avait pas donné de fête depuis la visite de l'empereur Joseph II. Les vins sont prodigués royalement. On porte la santé du Roi, de la Reine, du Dauphin ; quelqu'un, timidement, bien bas, propose celle de la Nation, mais personne ne veut entendre. A l'entremets, on fait entrer les grenadiers de Flandre, les Suisses, d'autres soldats. Ils boivent, ils admirent, éblouis des fantastiques reflets de ce lieu singulier, unique, où les loges tapissées de glaces renvoient les lumières en tout sens.

Les portes s'ouvrent. C'est le Roi et la Reine... On a entraîné le Roi, qui revenait de la chasse. La Reine fait le tour des tables, belle et parée de son enfant qu'elle porte dans ses bras... Tous ces jeunes gens sont ravis, ils ne se connaissent plus...

La Reine, il faut l'avouer, moins majestueuse à d'autres époques, n'avait jamais découragé les cœurs qui se donnaient à elle ; elle n'avait pas dédaigné de mettre dans sa coiffure une plume du casque de Lauzun *...

C'était même une tradition que la déclaration hardie d'un simple Garde du corps avait été accueillie sans colère, et que, sans autre punition qu'une ironie bienveillante, la Reine avait obtenu de l'avancement pour lui.

Si belle, et si malheureuse!... Comme elle sortait avec le Roi, la musique joue l'air touchant : « *O Richard, ô mon roi, l'univers t'abandonne !* » A ce coup, les cœurs furent percés... Plusieurs arrachèrent leur cocarde, et prirent celle de la Reine, la noire cocarde autrichienne, se dévouant à son service. Tout au moins la cocarde tricolore fut retournée, et par l'envers devint la cocarde blanche. La musique continuait, de plus en plus passionnée, ardente; elle joue la Marche des Hulans, sonne la charge... Tous se lèvent cherchant l'ennemi... Point d'ennemi; au défaut, ils escaladent les loges, ils sortent, vont à la cour de Marbre. Perseval, aide de camp de d'Estaing, donne l'assaut au grand balcon, s'empare des postes intérieurs, en criant : « Ils sont à nous. » Il se pare de la cocarde blanche. Un grenadier de Flandre monte aussi, et Perseval s'arrache, pour la lui donner, une décoration qu'il portait. Un dragon veut monter aussi, mais, trop chancelant, trébuche : il veut se tuer de désespoir.

Un autre, pour compléter la scène, moitié ivre et moitié fou, va criant, se disant lui-même espion du duc d'Orléans, il se fait une petite blessure; ses camarades, de dégoût, le tuèrent presque à coups de pieds.

L'ivresse de cette folle orgie sembla gagner toute la Cour. La Reine, donnant des drapeaux aux Gardes nationaux de Versailles, dit « qu'elle en restait enchantée. » Nouveau repas, le 3 octobre; on hasarde davantage, les langues sont déliées, la contre-révolution s'affiche hardiment; plusieurs Gardes nationaux se retirent d'indignation... L'habit de Garde national n'est plus reçu chez le Roi. « Vous n'avez pas de cœur, dit un officier à un autre, de porter un tel habit. » Dans la Grande-Galerie, dans les appartements, les dames ne laissent plus circuler la cocarde tricolore; de leurs mouchoirs, de leurs rubans, elles font des cocardes blanches, les attachent elles-mêmes. Les demoiselles s'enhardissent à recevoir le serment de ces nouveaux chevaliers, et se laissent baiser la main : « Prenez-la, cette cocarde, gardez-la bien, c'est la bonne, elle seule sera triomphante. » Comment refuser de ces belles mains ce signe, ce souvenir? Et pourtant, c'est la guerre civile, c'est la mort; demain, la Vendée... Cette blondine, presque enfant, auprès des tantes du Roi, sera madame de Lescure et de La Rochejacquelin*.

Les braves Gardes nationaux de Versailles avaient grand'peine à se défendre. Un de leurs capitaines avait été, bon gré mal gré, affublé par les dames d'une énorme cocarde blanche. Le colonel marchand de toiles, Lecointre, en fut indigné : « Ces cocardes changeront, dit-il fermement, et avant huit jours, ou tout est perdu. » Il avait raison ; qui pouvait méconnaître ici la toute-puissance du signe ? les trois couleurs, c'était le 14 Juillet et la victoire de Paris, c'était la Révolution même. Là-dessus, un chevalier de Saint-Louis court après Lecointre, il se déclare envers et contre tous le champion de la couleur blanche. Il le suit, l'attend, l'insulte... Ce passionné défenseur de l'ancien régime n'était pourtant pas un Montmorency, c'était simplement le gendre de la bouquetière de la Reine.

Lecointre va droit à l'Assemblée, il invite le Comité militaire à exiger le serment des Gardes du corps. D'anciens Gardes qui étaient là dirent qu'on ne l'obtiendrait jamais. Le Comité ne fit rien, craignant de donner lieu à quelque collision, de faire couler le sang, et ce fut justement cette prudence qui le fit couler.

Paris ressentit vivement l'outrage fait à sa cocarde ; on disait qu'elle avait été ignominieusement déchirée, foulée aux pieds. Le jour même du second repas, le samedi 3, au soir, Danton tonna aux Cordeliers. Le dimanche, on fit partout main basse sur les cocardes noires ou blanches. Des rassemblements mêlés, peuple et bourgeois, habits et vestes, eurent lieu et dans les cafés, et aux portes des cafés, au Palais-Royal, au faubourg Saint-Antoine, au bout des ponts, sur les quais.

Des bruits terribles circulèrent sur la guerre prochaine, sur la ligue de la Reine et des princes avec les princes allemands, sur les uniformes étrangers, verts et rouges, que l'on voyait dans Paris, sur les farines de Corbeil qui ne venaient plus que de deux jours l'un, sur la disette qui ne pouvait qu'augmenter, sur l'approche d'un rude hiver... « Il n'y a pas de temps à perdre, disait-on, si l'on veut prévenir la guerre et la faim, il faut amener le Roi ici; sinon, ils vont l'enlever. »

Personne ne sentait tout cela plus vivement que les femmes. Les souffrances, devenues extrêmes, avaient cruellement atteint la famille et le foyer. Une dame donna l'alarme, le samedi 3 au soir : voyant que son mari n'était pas assez écouté, elle courut au café de Foy, y dénonça les cocardes antinationales, montra le danger public. Le lundi, aux Halles, une jeune fille prit un tambour, battit la générale, entraîna toutes les femmes du quartier.

Ces choses ne se voient qu'en France; nos femmes font des braves et le sont. Le pays de Jeanne d'Arc et de Jeanne de Montfort, et de Jeanne Hachette, peut citer cent héroïnes. Il y en eut une à la Bastille, qui, plus tard, partit pour la guerre, fut capitaine d'artillerie; son mari était soldat. Au 18 juillet, quand le Roi vint à Paris, beaucoup de femmes étaient armées. Les femmes furent à l'avant-garde de notre Révolution. Il ne faut pas s'en étonner: elles souffraient davantage.

Les grandes misères sont féroces, elles frappent plutôt les faibles; elles maltraitent les enfants, les femmes bien plus que les hommes. Ceux-ci vont, viennent, cherchent hardiment, s'ingénient, finissent par trouver, au moins pour le jour. Les femmes, les pauvres femmes vivent, pour la plupart, renfermées; assises, elles filent, elle cousent; elles ne sont guère en état, le jour où tout manque, de chercher leur vie. Chose douloureuse à penser, la femme, l'être relatif qui ne peut vivre qu'à deux, est plus souvent seule que l'homme. Lui, il trouve partout la société, se crée des rapports nouveaux. Elle, elle n'est rien sans la famille. Et la famille l'accable; tout le poids porte sur elle. Elle reste au froid logis, démeublé et dénué, avec des enfants qui pleurent, ou malades, *mourants, et qui ne pleurent plus...* Une chose peu remarquée, la plus déchirante peut-être au cœur maternel, c'est que l'enfant est injuste. Habitué à trouver dans la mère une providence universelle qui suffit à tout, il s'en prend à elle, durement, cruellement, de tout ce qui manque, crie, s'emporte, ajoute à la douleur une douleur plus poignante.

Voilà la mère. Comptons aussi beaucoup de filles seules, tristes créatures sans famille, sans soutien, qui trop laides, ou vertueuses, n'ont ni ami, ni amant, ne connaissent aucune des joies de la vie. Que leur petit métier ne puisse plus les nourrir, elles ne savent point y suppléer, elles remontent au grenier, attendent ; parfois on les trouve mortes, la voisine s'en aperçoit par hasard.

Ces infortunées n'ont pas même assez d'énergie pour se plaindre, faire connaître leur situation, protester contre le sort. Celles qui agissent et remuent, aux temps des grandes détresses, ce sont les fortes, les moins épuisées par la misère, pauvres plutôt qu'indigentes. Le plus souvent, les intrépides qui se jettent alors en avant, sont des femmes d'un grand cœur, qui souffrent peu pour elles-mêmes, beaucoup pour les autres; la pitié, inerte, passive chez les hommes, plus résignés aux maux d'autrui, est chez les femmes un sentiment très actif, très violent, qui devient parfois héroïque et les pousse impérieusement aux actes les plus hardis.

Il y avait, au 5 Octobre, une foule de malheureuses créatures qui n'avaient pas mangé depuis trente heures *. Ce spectacle douloureux brisait les cœurs, et personne n'y faisait rien; chacun se renfermait en déplorant la dureté des temps. Le dimanche 4, au soir, une femme courageuse qui ne pouvait voir cela plus longtemps, court du quartier Saint-Denis au Palais-Royal; elle se fait jour dans la foule bruyante qui pérorait, elle se fait écouter; c'était une femme de trente-six ans, bien mise, honnête, mais forte et hardie. Elle veut qu'on aille à Versailles, elle marchera à la tête. On plaisante, elle applique un soufflet à l'un des plaisants. Le lendemain, elle partit des premières, le sabre à la main, prit un canon à la Ville, se mit à cheval dessus, et le mena à Versailles, la mèche allumée.

Parmi les métiers perdus qui semblaient périr avec l'ancien régime, se trouvait celui de sculpteur en bois. On travaillait beaucoup en ce genre, et pour les églises, et pour les appartements. Beaucoup de femmes sculptaient. L'une d'elles, Madeleine Chabry, ne faisant plus rien, s'était établie bouquetière au quartier du Palais-Royal, sous le nom de Louison ; c'était une fille de dix-sept ans, jolie et spirituelle. On peut parier hardiment que ce ne fut pas la faim qui mena celle-ci à Versailles. Elle suivit l'entraînement général, son bon cœur et son courage. Les femmes la mirent à la tête, et la firent leur orateur.

Il y en avait bien d'autres que la faim ne menait point. Il y avait des marchandes, des portières, des filles publiques, compatissantes et charitables, comme elles le sont souvent. Il y avait un nombre considérable de femmes de la Halle : celles-ci fort royalistes, mais elles désiraient d'autant plus avoir le Roi à Paris. Elles avaient été le voir quelque temps avant cette époque, je ne sais à quelle occasion : elles lui avaient parlé avec beaucoup de cœur, une familiarité qui fit rire, mais touchante, et qui révélait un sens parfait de la situation : « Pauvre homme ! disaient-elles en regardant le Roi, cher homme ! bon papa ! » — Et plus sérieusement, à la Reine : « Madame,

madame, ouvrez vos entrailles!... Ouvrons-nous! ne cachons rien, disons bien franchement ce que nous avons à dire. »

Ces femmes des Marchés ne sont pas celles qui souffrent beaucoup de la misère; leur commerce sur les objets nécessaires à la vie a moins de variations. Mais elles voient la misère mieux que personne, et la ressentent; vivant toujours sur la place, elles n'échappent pas, comme nous, au spectacle des souffrances. Personne n'y compatit davantage, n'est meilleur pour les malheureux. Avec des formes grossières, des paroles rudes et violentes, elles ont souvent un cœur royal, infini de bonté. Nous avons vu nos Picardes, les femmes du Marché d'Amiens, pauvres vendeuses de légumes, sauver le père de quatre enfants qu'on allait guillotiner; c'était le moment du sacre de Charles X; elles laissèrent leur commerce, leur famille, s'en allèrent à Reims, elles firent pleurer le Roi, arrachèrent la grâce, et au retour, faisant entre elles une collecte abondante, elles renvoyèrent sauvés, comblés, le père, la femme et les enfants.

Le 5 Octobre, à sept heures, elles entendirent battre la caisse, et elles ne résistèrent pas. Une petite fille avait pris un tambour au corps de garde, et battait la générale. C'était lundi; les Halles furent désertées, toutes partirent : « Nous ramènerons, disent-elles, *le boulanger, la boulangère...* Et nous aurons l'agrément d'entendre *notre petite mère* Mirabeau. »

Les Halles marchent, et d'autre part marchait le faubourg Saint-Antoine. Sur la route, les femmes entraînaient toutes celles qu'elles pouvaient rencontrer, menaçant celles qui ne viendraient pas de leur couper les cheveux. D'abord, elles vont à la Ville. On venait d'y amener un boulanger qui sur un pain de deux livres donnait sept onces de moins. La lanterne était descendue. Quoique l'homme fût coupable, de son propre aveu, la Garde nationale le fit échapper. Elle présenta la baïonnette aux quatre ou cinq cents femmes déjà rassemblées. D'autre part, au fond de la place se tenait la cavalerie de la Garde nationale. Les femmes ne s'étonnèrent point. Elles chargèrent la cavalerie, l'infanterie, à coups de pierres ; on ne put se décider à tirer sur elles ; elles forcèrent l'Hôtel de Ville, entrèrent dans tous les bureaux. Beaucoup étaient bien mises, elles avaient pris une robe blanche pour ce grand jour. Elles demandaient curieusement à quoi servait chaque salle, et priaient les représentants des districts de bien recevoir celles qu'elles avaient amenées de force, dont plusieurs étaient enceintes, et malades peut-être de peur. D'autres femmes, affamées, sauvages, criaient : *Du pain et des armes !* Les hommes étaient des lâches, elles voulaient leur montrer ce que c'était que le courage... Tous les gens de l'Hôtel de Ville étaient bons à pendre, il fallait brûler leurs écritures, leurs paperasses... Et elles allaient le faire, brûler le bâtiment peut-être...

Un homme les arrêta, un homme de taille très haute, en habit noir, d'une figure sérieuse et plus triste que l'habit. Elles voulaient le tuer d'abord, croyant qu'il était de la Ville, disant qu'il était un traître... Il répondit qu'il n'était pas traître, mais huissier de son métier, l'un des vainqueurs de la Bastille. C'était Stanislas Maillard.

Dès le matin, il avait utilement travaillé dans le faubourg Saint-Antoine. Les Volontaires de la Bastille, sous le commandement d'Hullin, étaient sur la place, en armes; les ouvriers qui démolissaient la forteresse, crurent qu'on les envoyait contre eux. Maillard s'interposa, prévint la collision. A la Ville, il fut assez heureux pour empêcher l'incendie. Les femmes promettaient même de ne point laisser entrer d'hommes; elles avaient mis leurs sentinelles armées à la grande porte. A onze heures, les hommes attaquent la petite porte qui donnait sous l'arcade Saint-Jean. Armés de leviers, de marteaux, de haches, de piques, ils forcent la porte, forcent les magasins d'armes. Parmi eux se trouvait un Garde française, qui le matin avait voulu sonner le tocsin, qu'on avait pris sur le fait; il avait, disait-il, échappé par miracle; les modérés, aussi furieux que les autres, l'auraient pendu, sans les femmes; il montrait son cou sans cravate, d'où elles avaient ôté la corde... Par représailles, on prit un homme de la Ville pour le pendre; c'était le brave abbé Lefebvre, le distributeur des poudres au 14 Juillet; des femmes, ou des hommes déguisés en femmes, le pendirent effectivement au petit clocher ; l'une, ou l'un d'eux, coupa la corde : il tomba, étourdi seulement, dans une salle, vingt-cinq pieds plus bas.

Ni Bailly, ni La Fayette, n'étaient arrivés. Maillard va trouver l'aide-major général, et lui dit qu'il n'y a qu'un moyen de finir tout, c'est que lui Maillard mène les femmes à Versailles. Ce voyage donnera le temps d'assembler des forces. Il descend, bat le tambour, se fait écouter. La figure froidement tragique du grand homme noir fit bon effet dans la Grève ; il parut homme prudent, propre à mener la chose à bien. Les femmes, qui déjà partaient avec les canons de la Ville, le proclament leur capitaine. Il se met en tête avec huit ou dix tambours ; sept ou huit mille femmes suivaient, quelques centaines d'hommes armés, et enfin, pour arrière-garde, une compagnie des Volontaires de la Bastille.

Arrivés aux Tuileries, Maillard voulait suivre le quai, les femmes voulaient passer triomphalement sous l'Horloge, par le Palais et le Jardin. Maillard, observateur des formes, leur dit de bien remarquer que c'était la Maison du Roi, le Jardin du Roi ; les traverser sans permission, c'était insulter le Roi\*. Il s'approcha poliment du suisse, et lui dit que ces dames voulaient passer seulement, sans faire le moindre dégât. Le suisse tira l'épée, courut sur Maillard, qui tira la sienne... Une portière heureusement frappe à propos d'un bâton :

le suisse tombe, un homme lui met la baïonnette à la poitrine. Maillard l'arrête, désarme froidement les deux hommes, emporte la baïonnette et les épées.

La matinée avançait, la faim augmentait. A Chaillot, à Auteuil, à Sèvres, il était bien difficile d'empêcher les pauvres affamés de voler des aliments. Maillard ne le souffrit pas. La troupe n'en pouvait plus à Sèvres; il n'y avait rien, même à acheter; toutes les portes étaient fermées, sauf une, celle d'un malade qui était resté; Maillard se fit donner, par lui, en payant, quelques brocs de vin. Puis, il désigna sept hommes, et les chargea d'amener les boulangers de Sèvres, avec tout ce qu'ils auraient. Il y avait huit pains en tout, trente-deux livres pour huit mille personnes... On les partagea et l'on se traîna plus loin. La fatigue décida la plupart des femmes à jeter leurs armes. Maillard leur fit sentir d'ailleurs que, voulant faire visite au Roi, à l'Assemblée, les toucher, les attendrir, il ne fallait pas arriver dans cet équipage guerrier. Les canons furent mis à la queue, et cachés en quelque sorte. Le sage huissier voulait un *amener sans scandale*, pour dire comme le Palais. A l'entrée de Versailles, pour bien constater l'intention pacifique, il donna le signal aux femmes de chanter l'air d'*Henri IV*.

Les gens de Versailles étaient ravis, criaient : Vivent nos Parisiennes! Les spectateurs étrangers ne voyaient rien que d'innocent dans cette foule qui venait demander secours au Roi. Un homme peu favorable à la Révolution, le genevois Dumont, qui dînait au Palais des Petites-Écuries, et regardait par la fenêtre, dit lui-même : « Tout ce peuple ne demandait que du pain. »

L'Assemblée avait été, ce jour-là, fort orageuse. Le Roi, ne voulant *sanctionner* ni la Déclaration des droits, ni les arrêtés du 4 Août, répondait qu'on ne pouvait juger des lois constitutives que dans leur ensemble, qu'il y *accédait* néanmoins, en considération des circonstances alarmantes, et à la condition expresse que le pouvoir exécutif reprendrait toute sa force.

« Si vous acceptez la lettre du Roi, dit Robespierre, il n'y a plus de Constitution, aucun droit d'en avoir une. » Duport, Grégoire, d'autres députés, parlent dans le même sens. Pétion rappelle, accuse l'orgie des Gardes du corps. Un député, qui lui-même avait servi parmi eux, demande, pour leur honneur, qu'on formule la dénonciation, et que les coupables soient poursuivis. « Je dénoncerai, dit Mirabeau, et je signerai, si l'Assemblée déclare que la personne du Roi est *la seule* inviolable. » C'était désigner la Reine. L'Assemblée entière recula ; la motion fut retirée ; dans un pareil jour, elle eût provoqué un meurtre.

Mirabeau lui-même n'était pas sans inquiétude pour ses tergiversations, son discours pour le *veto*. Il s'approche du président, et lui dit à demi-voix : « Mounier, Paris marche sur nous... Croyez-moi, ne me croyez pas, quarante mille hommes marchent sur nous... Trouvez-vous mal, montez au château et donnez-leur cet avis, il n'y a pas une minute à perdre. — Paris marche? dit sèchement Mounier (il croyait Mirabeau un des auteurs du mouvement). Eh bien, tant mieux, nous en serons plus tôt République. »

L'Assemblée décide qu'on enverra vers le Roi, pour demander l'acceptation pure et simple de la Déclaration des droits. A trois heures, Target annonce qu'une foule se présente aux portes sur l'avenue de Paris.

Tout le monde savait l'événement. Le Roi seul ne le savait pas. Il était parti le matin, comme à l'ordinaire, pour la chasse; il courait les bois de Meudon. On le cherchait; en attendant, on battait la générale; les Gardes du corps montaient à cheval, sur la place d'Armes, et s'adossaient à la grille; le régiment de Flandre, au-dessous, à leur droite, près de l'avenue de Sceaux; plus bas encore, les dragons; derrière la grille, les Suisses. M. d'Estaing, au nom de la municipalité de Versailles, ordonne aux troupes de s'opposer au désordre, de concert avec la Garde nationale. La municipalité avait poussé la précaution jusqu'à autoriser d'Estaing *à suivre le Roi*, s'il s'éloignait, sous la condition singulière *de le ramener* à Versailles le plus tôt possible. D'Estaing s'en tint au dernier ordre, monta au château, laissa la Garde nationale de Versailles s'arranger comme elle voudrait. Son second, M. de Gouvernet, laisse aussi son poste et va se placer parmi les Gardes du corps, aimant mieux, dit-il, être avec des gens qui sachent se battre *et sabrer*. Lecointre, le lieutenant colonel, resta seul pour commander.

Cependant Maillard arrivait à l'Assemblée nationale. Toutes les femmes voulaient entrer. Il eut la plus grande peine à leur persuader de ne faire entrer que quinze des leurs. Elles se placèrent à la barre, ayant à leur tête le Garde française dont on a parlé, une femme, qui au bout d'une perche portait un tambour de basque, et au milieu le gigantesque huissier, en habit noir déchiré, l'épée à la main. Le soldat, avec pétulance, prit la parole, dit à l'Assemblée que le matin, personne ne trouvant de pain chez les boulangers, il avait voulu sonner le tocsin, qu'on avait failli le pendre, qu'il avait dû son salut aux dames qui l'accompagnaient. « Nous venons, dit-il, demander du pain et la punition des Gardes du corps qui ont insulté la cocarde... Nous sommes de bons patriotes ; nous avons sur notre route arraché les cocardes noires... Je vais avoir le plaisir d'en déchirer une sous les yeux de l'Assemblée. » A quoi l'autre ajouta gravement : « Il faudra bien que tout le monde prenne la cocarde patriotique. » Quelques murmures s'élevèrent.

« Et pourtant nous sommes tous frères ! » dit la sinistre figure.

Maillard faisait allusion à ce que la municipalité de Paris avait déclaré la veille : Que la cocarde tricolore ayant *été adoptée comme signe de fraternité*, elle était la seule que dût porter le citoyen.

*Les femmes impatientes criaient toutes ensemble :* « Du pain ! du pain ! » — Maillard commença alors à dire l'horrible situation de Paris, les convois interceptés par les autres villes, ou par les aristocrates. « Ils veulent, dit-il, nous faire mourir. Un meunier a reçu 200 livres pour ne pas moudre, avec promesse d'en donner autant par semaine. » — L'Assemblée : « Nommez ! nommez ! » — C'était dans l'Assemblée même que Grégoire avait parlé de ce bruit qui courait; Maillard l'avait appris en route.

« Nommez ! » Des femmes criaient au hasard : « C'est l'archevêque de Paris. »

Dans ce moment, où la vie de beaucoup d'hommes ne tenait qu'à un cheveu, Robespierre prit une grave initiative. Seul, il appuya Maillard, dit que l'abbé Grégoire avait parlé du fait, et sans doute donnerait des renseignements[*].

D'autres membres de l'Assemblée essayèrent des caresses ou des menaces. Un député du Clergé, abbé ou prélat, vint donner sa main à baiser à l'une des femmes. Elle se mit en colère et dit : « Je ne suis pas faite pour baiser la patte d'un chien. » Un autre, militaire, décoré de la croix de Saint-Louis, entendant dire à Maillard que le grand obstacle à la Constitution était le Clergé; s'emporta et lui dit qu'il devrait subir sur l'heure une punition exemplaire. Maillard, sans s'épouvanter, répondit qu'il n'inculpait aucun membre de l'Assemblée; que sans doute le Clergé ne savait rien de tout cela, qu'il croyait rendre service en leur donnant cet avis. Pour la seconde fois, Robespierre soutint Maillard, calma les femmes. Celles du dehors s'impatientaient, craignaient pour leur orateur; le bruit courait parmi elles qu'il avait péri. Il sortit, et se montra un moment.

Maillard, reprenant alors, pria l'Assemblée d'inviter les Gardes du corps à faire réparation pour l'injure faite à la cocarde. — Des députés démentaient... Maillard insista en termes peu mesurés. — Le président Mounier le rappela au respect de l'Assemblée, ajoutant maladroitement que ceux qui voulaient être citoyens, pouvaient l'être de plein gré... C'était donner prise à Maillard; il s'en saisit, répliqua : « Il n'est personne qui ne doive être fier de ce nom de citoyen. Et s'il était dans cette auguste Assemblée quelqu'un qui s'en fît déshonneur, il devrait en être exclu. » L'Assemblée frémit, applaudit : « Oui, nous sommes tous citoyens. »

A l'instant on apportait une cocarde aux trois couleurs de la part des Gardes du corps. Les femmes crièrent: « Vive le Roi! Vivent messieurs les Gardes du corps! » Maillard, qui se contentait plus difficilement, insista sur la nécessité de renvoyer le régiment de Flandre.

Mounier, espérant alors pouvoir les congédier, dit que l'Assemblée n'avait rien négligé pour les subsistances, le Roi non plus, qu'on chercherait de nouveaux moyens, qu'ils pouvaient aller en paix.

Maillard ne bougeait pas, disant: « Non, cela ne suffit pas. »

Un député proposa alors d'aller représenter au Roi la position malheureuse de Paris. L'Assemblée le décréta, et les femmes, se prenant vivement à cette espérance, sautaient au col des députés, embrassaient le président, quoi qu'il fît. « Mais où donc est Mirabeau? disaient-elles encore, nous voudrions bien voir notre comte de Mirabeau! »

Mounier, baisé, entouré, étouffé presque, se mit tristement en route avec la députation, et une foule de femmes qui s'obstinaient à le suivre. « Nous étions à pied, dans la boue, dit-il; il pleuvait à verse. Nous traversions une foule mal vêtue, bruyante, bizarrement armée. Des Gardes du corps faisaient des patrouilles, et passaient au grand galop. » Ces Gardes, voyant Mounier et les députés, avec l'étrange cortège qu'on leur faisait par honneur, crurent apparemment voir là les chefs de l'insurrection, voulurent dissiper cette masse, et coururent tout au travers[*]. Les inviolables échappèrent comme ils purent, et se sauvèrent dans la boue.

Qu'on juge de la rage du peuple, qui se figurait qu'avec eux, il était sûr d'être respecté!...

Deux femmes furent blessées, et même de coups de sabre, selon quelques témoins*. Cependant le peuple ne fit rien encore. De trois à huit heures du soir, il fut patient, immobile, sauf des cris, des huées quand passait l'uniforme odieux des Gardes du corps. Un enfant jeta des pierres.

On avait trouvé le Roi ; il était revenu de Meudon, sans se presser.

Mounier, enfin reconnu, fut reçu avec douze femmes. Il parla au Roi de la misère de Paris ; aux ministres, de la demande de l'Assemblée, qui attendait l'acceptation pure et simple de la Déclaration des droits et autres articles constitutionnels. Le Roi cependant écoutait les femmes avec bonté. La jeune Louise Chabry avait été chargée de porter la parole, mais, devant le Roi, son émotion fut si forte, qu'elle put à peine dire : « Du pain ! » et elle tomba évanouie. Le Roi, fort touché, la fit secourir, et lorsque au départ elle voulut lui baiser la main, il l'embrassa comme un père.

Elle sortit royaliste, et criant : Vive le Roi ! Celles qui attendaient sur la place, furieuses, se mirent à dire qu'on l'avait payée ; elle eut beau retourner ses poches, montrer qu'elle était sans argent ; les femmes lui passaient au col leurs jarretières pour l'étrangler. On l'en tira, non sans peine. Il fallut qu'elle remontât au château, qu'elle obtînt du Roi un ordre écrit pour faire venir des blés, pour lever tout obstacle à l'approvisionnement de Paris.

Aux demandes du président, le Roi avait dit tranquillement : « Revenez sur les neuf heures. ». Mounier n'en était pas moins resté au château, à la porte du Conseil, insistant pour une réponse, frappant d'heure en heure, jusqu'à dix heures du soir. Mais rien ne se décidait.

Le ministre de Paris, M. de Saint-Priest, avait appris la nouvelle fort tard (ce qui prouve combien le départ pour Versailles fût imprévu, spontané). Il proposa que la Reine partît pour Rambouillet, que le Roi restât, résistât, et au besoin combattît ; le seul départ de la Reine eût tranquillisé le peuple et dispensé de combattre.

M. de Necker voulait que le Roi allât à Paris, qu'il se confiât au peuple, c'est-à-dire qu'il fût franc, sincère, acceptât la Révolution.

Louis XVI, sans rien résoudre, ajourna le Conseil, afin de consulter la Reine.

Elle voulait bien partir, mais avec lui, ne pas laisser à lui-même un homme si incertain ; le nom du Roi était son arme pour commencer la guerre civile. Saint-Priest, vers sept heures, apprit que M. de La Fayette, entraîné par la Garde nationale, marchait sur Versailles. « Il faut partir sur-le-champ, dit-il. Le Roi, en tête des troupes, passera sans difficulté. » Mais il était impossible de le décider à rien. Il croyait (et bien à tort) que, lui parti, l'Assemblée ferait roi le duc d'Orléans. Il répugnait aussi à fuir, il se promenait à grands pas, répétant de temps en temps : « Un roi fugitif! un roi fugitif\*! » La Reine, cependant, insistant sur le départ, l'ordre fut donné pour les voitures. Déjà il n'était plus temps.

# CHAPITRE IX

## LE PEUPLE RAMÈNE LE ROI A PARIS

### 6 OCTOBRE 1789

*Suite du 5 Octobre. — Le premier sang versé. — Les femmes gagnent le régiment de Flandre. — Lutte des Gardes du corps et des Gardes nationaux de Versailles. — Le Roi ne peut plus partir. — Effroi de la Cour. — Les femmes passent la nuit dans la salle de l'Assemblée. — La Fayette forcé de marcher sur Versailles. — 6 Octobre. — Le château assailli. — Danger de la Reine. — Les Gardes du corps sauvés par les ex-Gardes françaises. — Hésitation de l'Assemblée. — Conduite du duc d'Orléans. — Le Roi mené à Paris.*

UN Milicien de Paris, qu'une troupe de femmes avait pris, malgré lui, pour chef, et qui, exalté par la route, s'était trouvé à Versailles plus ardent que tous les autres, se hasarda à passer derrière les Gardes du corps; là, voyant la grille fermée, il aboyait après le factionnaire placé au dedans, et le menaçait de sa baïonnette. Un lieutenant des Gardes et deux autres tirent le sabre, se mettent au galop, commencent à lui donner la chasse. L'homme fuit à toutes jambes, veut gagner une baraque, heurte un tonneau, tombe, toujours criant au secours. Le cavalier l'atteignait, quand les Gardes nationaux de Versailles ne purent plus se contenir; l'un d'eux, un marchand de vin, le couche en joue, le tire et l'arrête net; il avait cassé le bras qui tenait le sabre levé.

D'Estaing, le commandant de cette Garde nationale, était au château, croyant toujours qu'il partait avec le Roi. Lecointre, lieutenant colonel, restait sur la place, demandait des ordres à la municipalité, qui n'en donnait pas. Il craignait avec raison que cette foule affamée ne se mît à courir la ville, ne se nourrît elle-même. Il alla les trouver, demanda ce qu'il fallait de vivres, sollicita la municipalité, n'en tira qu'un peu de riz qui n'était rien pour tant de monde. Alors il fit chercher partout, et, par sa louable diligence, soulagea un peu le peuple.

En même temps, il s'adressait au régiment de Flandre, demandait aux officiers, aux soldats, s'ils tireraient. Ceux-ci étaient déjà pressés par une influence bien autrement puissante. Des femmes s'étaient jetées parmi eux, et les priaient de ne pas faire de mal au peuple. L'une d'elles apparut alors, que nous reverrons souvent, qui ne semble pas avoir marché dans la boue avec les autres, mais qui vint plus tard, sans doute, et tout d'abord se jeta au travers des soldats. C'était la jolie mademoiselle Théroigne de Méricourt, une Liégeoise, vive et emportée, comme tant de femmes de Liège qui firent les révolutions du quinzième siècle*, et combattirent vaillamment contre Charles-le-Téméraire. Piquante, originale, étrange, avec son chapeau d'amazone et sa redingote rouge, le sabre au côté, parlant à la fois, pêle-mêle, avec éloquence pourtant, le français et le liégeois... On riait, mais on cédait... Impétueuse, charmante, terrible, Théroigne ne sentait nul obstacle... Elle avait eu des amours, mais alors elle n'en avait qu'un, celui-ci violent, mortel, qui lui coûta plus que la vie**, l'amour de la Révolution; elle la suivait avec transport, ne manquait pas une séance de l'Assemblée, courait les Clubs et les places, tenait un Club chez elle, recevait force députés. Plus d'amant; elle avait déclaré qu'elle n'en voulait pas d'autre que le grand métaphysicien, toujours ennemi des femmes, l'abstrait, le froid abbé Sieyès.

Théroigne, ayant envahi ce pauvre régiment de Flandre, lui tourna la tête, le gagna, le désarma, si bien qu'il donnait fraternellement ses cartouches aux Gardes nationaux de Versailles.

D'Estaing fit dire alors à ceux-ci de se retirer. Quelques uns partent; d'autres répondent qu'ils ne s'en iront pas que les Gardes du corps ne soient partis les premiers. Ordre aux Gardes de défiler. Il était huit heures, la soirée fort sombre. Le peuple suivait, pressait les Gardes avec des huées. Ils avaient le sabre à la main, ils se font faire place. Ceux qui étaient à la queue, plus embarrassés que les autres, tirent des coups de pistolet; trois Gardes nationaux sont touchés, l'un à la joue, les deux autres reçoivent les balles dans leurs habits. Leurs camarades répondent, tirent aussi. Les Gardes du corps ripostent de leurs mousquetons.

D'autres Gardes nationaux entraient dans la cour, entouraient d'Estaing, demandaient des munitions. Il fut lui-même étonné de leur élan, de l'audace qu'ils montraient tout seuls au milieu des troupes : « Vrais martyrs de l'enthousiasme, » disait-il plus tard à la Reine*.

Un lieutenant de Versailles déclara au garde de l'artillerie que, s'il ne lui donnait de la poudre, il lui brûlerait la cervelle. Il en livra un tonneau, qu'on défonça sur la place, et l'on chargea des canons qu'on braqua vis-à-vis la rampe, de manière à prendre en flanc les troupes qui couvraient encore le château, et les Gardes du corps qui revenaient sur la place.

Les gens de Versailles avaient montré la même fermeté de l'autre côté du château. Cinq voitures se présentaient à la grille pour sortir; c'était la Reine, disait-on, qui partait pour Trianon. Le suisse ouvre, la Garde ferme. « Il y aurait danger pour Sa Majesté, dit le commandant, à s'éloigner du château. » Les voitures rentrèrent sous escorte. Il n'y avait plus de passage. Le Roi était prisonnier.

Le même commandant sauva un Garde du corps que la foule voulait mettre en pièces pour avoir tiré sur le peuple. Il fit si bien qu'on laissa l'homme ; on se contenta du cheval, qui fut dépecé ; on commençait à le rôtir sur la place d'Armes ; mais la foule avait trop faim, il fut mangé presque cru.

La pluie tombait. La foule s'abritait où elle pouvait ; les uns enfoncèrent la grille des Grandes-Écuries, où était le régiment de Flandre, et s'y mirent pêle-mêle avec les soldats. D'autres, environ quatre mille, étaient restés dans l'Assemblée. Les hommes étaient assez tranquilles, mais *les femmes supportaient impatiemment cet état d'inaction* ; elles parlaient, criaient, remuaient. Maillard seul pouvait les faire taire, et il n'en venait à bout qu'en haranguant l'Assemblée.

Ce qui n'aidait pas à calmer la foule, c'est que des Gardes du corps vinrent trouver les dragons qui étaient aux portes de l'Assemblée, demander s'ils voudraient les aider à prendre les pièces qui menaçaient le château. On allait se jeter sur eux ; les dragons les firent échapper.

A huit heures, autre tentative. On apporta une lettre du Roi, où, sans parler de la Déclaration des droits, il promettait vaguement la libre circulation des grains. Il est probable qu'à ce moment l'idée de fuite dominait au château. Sans rien répondre à Mounier, qui restait toujours à la porte du Conseil, on envoyait cette lettre pour occuper la foule qui attendait.

Une apparition singulière avait ajouté à l'effroi de la Cour. Un jeune homme du peuple entre, mal mis, tout défait *... On s'étonne... C'était le jeune duc de Richelieu, qui, sous cet habit, s'était mêlé à la foule, à ce nouveau flot de peuple qui était parti de Paris; il les avait quittés à moitié chemin pour avertir la famille royale; il avait entendu des propos horribles, des menaces atroces, à faire dresser les cheveux... En disant cela, il était si pâle, que tout le monde pâlit...

Le cœur du Roi commençait à faiblir; il sentait la Reine en péril. Quoiqu'il en coûtât à sa conscience de consacrer l'œuvre législative du philosophisme, il signa à dix heures du soir la Déclaration des droits.

Mounier put donc enfin partir. Il avait hâte de reprendre la présidence avant l'arrivée de cette grande armée de Paris, dont on ne savait pas les projets. Il rentre, mais plus d'Assemblée : elle avait levé la séance; la foule, de plus en plus bruyante, exigeante, avait demandé qu'on diminuât le prix du pain, celui de la viande. Mounier trouva à sa place, dans le siège du président, une grande femme de bonnes manières, qui tenait la sonnette, et qui descendit à regret. Il donna ordre qu'on tâchât de réunir les députés ; en attendant, il annonça au peuple que le Roi venait d'accepter les articles constitutionnels. Les femmes, se serrant alors autour de lui, le priaient d'en donner copie ; d'autres disaient : « Mais, monsieur le président, cela sera-t-il bien avantageux? cela fera-t-il avoir du pain aux pauvres gens de Paris? » d'autres : « Nous avons bien faim. Nous n'avons pas mangé aujourd'hui. » Mounier dit qu'on allât chercher du pain chez les boulangers. De tous les côtés. les vivres vinrent. Ils se mirent à manger avec grand bruit dans la salle.

Les femmes, tout en mangeant, causaient avec Mounier : « Mais, cher président, pourquoi donc avez-vous défendu ce vilain *veto* !... Prenez bien garde à la lanterne! » Mounier leur répondit avec fermeté qu'elles n'étaient pas en état de juger, qu'on les trompait ; que, pour lui, il aimait mieux exposer sa vie que trahir sa conscience. Cette réponse leur plut fort ; dès lors, elles lui témoignèrent beaucoup de respect et d'amitié*.

Mirabeau seul eût pu se faire entendre, couvrir le tumulte. Il ne s'en souciait pas. Certainement il était inquiet. Le soir, au dire de plusieurs témoins, il s'était promené parmi le peuple avec un grand sabre, disant à ceux qu'il rencontrait : « Mes enfants, nous sommes pour vous. » Puis il s'était allé coucher. Dumont le genevois alla le chercher, le ramena à l'Assemblée. Dès qu'il arriva, il dit de sa voix tonnante : « Je voudrais bien savoir comment on se donne les airs de venir troubler nos séances !... Monsieur le président, faites respecter l'Assemblée ! » Les femmes crièrent : Bravo ! Il y eut un peu de calme. Pour passer le temps, on reprit la discussion des lois criminelles.

« J'étais dans une galerie (dit Dumont) où une poissarde agissait avec une autorité supérieure, et dirigeait une centaine de femmes, de jeunes filles surtout, qui, à son signal, criaient, se taisaient. Elle appelait familièrement les députés par leur nom, ou bien demandait : « Qui est-ce qui parle « là-bas ? Faites taire ce bavard ! Il ne s'agit pas « de ça ! il s'agit d'avoir du pain !... Qu'on fasse « plutôt parler notre petite mère Mirabeau !... » Et toutes les autres criaient : « Notre mère Mira- « beau !... » Mais, il ne voulait point parler*. »

M. de La Fayette, parti de Paris entre cinq et six heures, n'arriva qu'à minuit passé. Il faut que nous remontions plus haut, et que nous le suivions de midi jusqu'à minuit.

Vers onze heures, averti de l'invasion de l'Hôtel de Ville, il s'y rendit, trouva la foule écoulée, et se mit à dicter une dépêche pour le Roi. La Garde nationale, soldée et non-soldée, remplissait la Grève ; de rang en rang, on disait qu'il fallait aller à Versailles. Beaucoup d'ex-Gardes françaises, particulièrement, regrettaient leur ancien privilège de garder le Roi ; ils voulaient s'en ressaisir.

Quelques-uns d'entre eux montent à la Ville, frappent au bureau où était La Fayette ; un jeune grenadier de la plus belle figure, et qui parlait à merveille, lui dit avec fermeté :

« Mon général, le peuple manque de pain, la misère est au comble ; le Comité de subsistances ou vous trompe, ou est trompé. Cette position ne peut durer ; il n'y a qu'un moyen : allons à Versailles !... On dit que le Roi est un imbécile, nous placerons la couronne sur la tête de son fils ; on nommera un Conseil de Régence, et tout ira pour le mieux. »

M. de La Fayette était un homme très ferme et très obstiné. La foule le fut encore plus. Il croyait à son ascendant, avec raison ; il put voir toutefois qu'il se l'était exagéré. En vain, il harangua le peuple ; en vain, il resta plusieurs heures dans la Grève sur son cheval blanc, tantôt parlant, tantôt imposant silence du geste, ou bien, pour faire quelque chose, flattant de la main son cheval. La difficulté allait augmentant ; ce n'était plus seulement ses Gardes nationaux qui le pressaient, c'étaient des bandes des faubourgs Saint-Antoine et Saint-Marceau ; ceux-là n'entendaient à rien. Ils parlaient au général par des signes éloquents, préparant pour lui la lanterne, le couchant en joue. Alors il descend de cheval, veut rentrer à l'Hôtel de Ville, mais ses grenadiers lui barrent le passage : « Morbleu ! général, vous resterez avec nous, vous ne nous abandonnerez pas. »

Par bonheur, une lettre descend de l'Hôtel de Ville : on autorise le général à partir, « vu qu'il est imposible de s'y refuser. » — « Partons, » dit-il à regret. — Il s'élève un cri de joie.

Des trente mille hommes de Garde nationale, quinze mille marchèrent. Ajoutez quelque milliers d'hommes du peuple. L'outrage à la cocarde nationale était pour l'expédition un noble motif. Tout le monde battait des mains sur le passage. — Une foule élégante, sur la terrasse de l'eau, regardait, applaudissait. A Passy, où le duc d'Orléans avait loué une maison, madame de Genlis était à son poste, criant, agitant un mouchoir, n'oubliant rien pour être vue.

Le mauvais temps qu'il faisait ralentit beaucoup la marche. Beaucoup de Gardes nationaux, ardents tout à l'heure, se refroidissaient. Ce n'était plus là le beau 14 Juillet. Une froide pluie d'octobre tombait. Quelques-uns restaient en route ; les autres pestaient, et allaient. « Il est dur, disaient de riches marchands, pour des gens qui dans les beaux temps ne vont à leurs maisons de campagne que dans leurs voitures, de faire quatre lieues par la pluie... » D'autres disaient : « Nous ne pouvons faire une telle corvée en vain. » Et ils s'en prenaient à la Reine ; ils faisaient des menaces folles, pour paraître bien méchants.

Le château les attendait dans la plus grande anxiété. On pensait que La Fayette faisait semblant d'être forcé, mais qu'il profiterait de la circonstance. On voulut voir encore à onze heures si, la foule étant dispersée, les voitures passeraient par la grille du Dragon. La Garde nationale de Versailles veillait, et ferma le passage.

La Reine, au reste, ne voulait point partir seule. Elle jugeait avec raison qu'il n'y avait nulle part de sûreté pour elle si elle se séparait du Roi. Deux cents gentilshommes environ, dont plusieurs étaient députés, s'offrirent à elle, pour la défendre, et lui demandèrent un ordre pour prendre des chevaux à ses écuries. Elle les autorisa, pour le cas, disait-elle, où le Roi serait en danger.

La Fayette, avant d'entrer dans Versailles, fit renouveler le serment de fidélité à la Loi et au Roi. Il l'avertit de son arrivée, et le Roi lui répondit : Qu'il le verrait avec plaisir, qu'il venait d'accepter *sa* Déclaration des droits.

La Fayette entra seul au château, au grand étonnement des Gardes et de tout le monde. Dans l'Œil-de-Bœuf, un homme de Cour dit follement : « Voilà Cromwell. » Et Lafayette, très bien : « Monsieur, Cromwel ne serait pas entré seul. »

« Il avait l'air très calme, dit madame de Staël (qui y était) : personne ne l'a jamais vu autrement ; sa délicatesse souffrait de l'importance de son rôle. » Il fut d'autant plus respectueux, qu'il semblait plus fort. La violence, au reste, qu'on lui avait faite à lui-même, le rendait plus royaliste qu'il ne l'avait jamais été.

Le Roi donna à la Garde nationale les postes extérieurs du château ; les Gardes du corps conservèrent ceux du dedans. Le dehors même ne fut pas entièrement confié à La Fayette. Une de ses patrouilles voulant passer dans le parc, la grille lui fut refusée. Le parc était occupé par des Gardes du corps et autres troupes; jusqu'à deux heures du matin*, elles attendaient le Roi, au cas qu'il se décidât à la fuite. A deux heures seulement, tranquillisé par La Fayette, on leur fit dire qu'ils pouvaient s'en aller à Rambouillet.

A trois heures, l'Assemblée avait levé la séance. Le peuple s'était dispersé, couché, comme il avait pu, dans les églises et ailleurs. Maillard et beaucoup de femmes, entre autres Louison Chabry, étaient partis pour Paris, peu après l'arrivée de La Fayette, emportant les décrets sur les grains et la Déclaration des droits.

La Fayette eut beaucoup de peine à loger ses Gardes nationaux; mouillés, recrus, ils cherchaient à se sécher, à manger. Lui-même enfin, croyant tout tranquille, alla à l'hôtel de Noailles, dormit, comme on dort après vingt heures d'efforts et d'agitations.

Beaucoup de gens ne dormaient pas. C'étaient surtout ceux qui, partis le soir de Paris, n'avaient pas eu la fatigue du jour précédent. La première expédition, où les femmes dominaient, très spontanée, très naïve, pour parler ainsi, déterminée par les besoins, n'avait pas coûté de sang. Maillard avait eu la gloire d'y conserver quelque ordre dans le désordre même. Le *crescendo* naturel qu'on observe toujours dans de telles agitations, ne permettait guère de croire que la seconde expédition se passât ainsi. Il est vrai qu'elle s'était faite sous les yeux de la Garde nationale et comme d'accord avec elle. Néanmoins, il y avait là des hommes décidés à agir sans elle ; plusieurs étaient de furieux fanatiques qui auraient voulu tuer la Reine\* ; d'autres qui se donnaient pour tels, et semblaient les plus violents, étaient tout simplement d'une classe toujours surabondante dans l'affaiblissement de la police, des voleurs. Ceux-ci calculaient la chance d'une invasion du château. Ils n'avaient pas trouvé à la Bastille grand'chose qui fût digne d'eux. Mais ce merveilleux palais de Versailles, où les richesses de la France s'entassaient depuis plus d'un siècle, quelle ravissante perspective il ouvrait pour le pillage !

A cinq heures du matin, avant jour, une grande foule rôdait déjà autour des grilles, armée de piques, de broches et de faulx. Ils n'avaient pas de fusils. Voyant des Gardes du corps en sentinelle aux grilles, ils forcèrent des Gardes nationaux de tirer sur eux ; ceux-ci obéirent, ayant soin de tirer trop haut.

Dans cette foule qui errait, ou se tenait autour des feux qu'on avait faits sur la place, se trouvait un petit bossu, l'avocat Verrières, monté sur un grand cheval ; il passait pour très violent ; dès le soir on l'attendait, disant qu'on ne ferait rien sans lui. Lecointre était là aussi, qui pérorait, allait, venait. Les gens de Versailles étaient peut-être plus animés que les Parisiens, enragés de longue date contre la Cour, contre les Gardes du corps; ils avaient perdu la veille l'occasion de tomber sur eux, ils la regrettaient, voulaient leur solder leur compte. Ils avaient parmi eux nombre de serruriers et forgerons (de la manufacture d'armes?), gens rudes et qui frappaient fort, qui, de plus, toujours altérés par le feu, boivent fort aussi.

Vers six heures, ces gens mêlés de Versailles et de Paris, escaladent ou forcent les grilles, puis s'avancent dans les cours, avec crainte, hésitation. Le premier qui fut tué, l'aurait été par une chute, à en croire les royalistes, en glissant dans la cour de Marbre. Selon l'autre version, plus vraisemblable, il fut tué d'un coup de fusil, tiré par les Gardes du corps.

Les uns se dirigeaient à gauche, vers l'appartement de la Reine; les autres, à droite, vers l'escalier de la chapelle, plus près de l'appartement du Roi. A gauche, un Parisien qui courait des premiers, sans armes, rencontre un Garde du corps, qui lui donne un coup de couteau; on tue le Garde du corps. A droite, allait en avant un Milicien de la Garde de Versailles, un petit serrurier, les yeux enfoncés, fort peu de cheveux, les mains gercées par la forge[*]. Cet homme et un autre, sans répondre au Garde qui était descendu de quelques marches et lui parlait sur l'escalier, s'efforçaient de le tirer par son baudrier, pour le livrer à la foule qui venait derrière. Les Gardes le ramenèrent à eux; mais deux d'entre eux furent tués. Tous s'enfuient par la Grande-Galerie, jusqu'à l'OEil-de-Bœuf, entre les appartements du Roi et de la Reine. D'autres Gardes y étaient déjà.

La plus furieuse attaque avait été faite vers l'appartement de la Reine. La sœur de sa femme de chambre, madame Campan, ayant entr'ouvert la porte, y vit un Garde couvert de sang qui arrêtait les furieux. Elle ferme au verrou cette porte et la suivante, passe un jupon à la Reine, veut la mener chez le Roi... Moment terrible... La porte est fermée de l'autre côté au verrou. On frappe à coups redoublés... Le Roi n'était pas chez lui; il avait pris un autre passage pour se rendre chez la Reine... A ce moment, un coup de pistolet part très près, un coup de fusil. « Mes amis, mes chers amis, criait-elle, fondant en larmes, sauvez-moi et mes enfants. » On apportait le Dauphin. La porte enfin s'est ouverte, elle se sauve chez le Roi.

La foule frappait, frappait, pour entrer dans l'OEil-de-Bœuf. Les Gardes s'y barricadaient; ils avaient entassé des bancs, des tabourets, d'autres meubles; le panneau d'en bas éclate... ils n'attendent plus que la mort... Mais tout à coup le bruit cesse ; une voix douce et forte dit : « Ouvrez ! » Comme ils n'ouvraient pas, la même voix répéta : « Ouvrez donc, messieurs les Gardes du corps, nous n'avons pas oublié que les vôtres nous sauvèrent à Fontenoy, nous autres, Gardes françaises. »

C'étaient eux, Gardes françaises et maintenant Gardes nationaux, c'était le brave et généreux Hoche, alors simple sergent-major. C'était le peuple qui venait sauver la Noblesse. Ils ouvrirent, se jetèrent dans les bras les uns des autres en pleurant.

A ce moment, le Roi, croyant le passage forcé, et prenant les sauveurs pour les assassins, ouvrit lui-même sa porte, par un mouvement d'humanité courageuse, et dit à ceux qu'il trouva : « Ne faites pas de mal à mes Gardes. »

Le danger était passé, la foule écoulée. Les voleurs seuls ne lâchaient pas prise. Tout entiers à leur affaire, ils pillaient et déménageaient. Les grenadiers jetèrent cette canaille à la porte.

Une scène d'horreur se passait dans la cour. Un homme à longue barbe travaillait avec une hache à couper la tête de deux cadavres, les Gardes tués à l'escalier. Ce misérable, que quelques-uns prirent pour un fameux brigand du Midi, était tout simplement un modèle de l'Académie de peinture ; pour ce jour, il avait mis un costume pittoresque d'esclave antique, qui étonna tout le monde et ajouta à la peur [*].

La Fayette, trop tard éveillé, arrivait alors à cheval. Il voit un Garde du corps qu'on avait pris, qu'on avait mené près du corps d'un de ceux que les Gardes avaient tués, pour le tuer par représailles. « J'ai donné ma parole au Roi de sauver les siens. Faites respecter ma parole. » Le Garde fut sauvé. La Fayette ne l'était pas. Un furieux cria : « Tuez-le. » Il ordonna de l'arrêter, et la foule obéissante le traîna en effet vers le général, en lui frappant la tête contre le pavé.

Il entre. Madame Adélaïde, tante du Roi, vient l'embrasser : « C'est vous qui nous avez sauvés. » Il court au cabinet du Roi. Qui croirait que l'étiquette subsistât encore ? Un grand officier l'arrête un moment, et puis le laisse passer : « Monsieur, dit-il sérieusement, le Roi vous accorde *les grandes entrées.* »

Le Roi se montre au balcon. Un cri unanime s'élève : « Vive le Roi ! vive le Roi ! »

« Le roi à Paris ! » c'est le second cri. Tout le peuple le répète, toute l'armée fait écho.

La Reine était debout, près d'une fenêtre, sa fille contre elle, devant elle le Dauphin. L'enfant, tout en jouant avec les cheveux de sa sœur, disait : « Maman, j'ai faim ! » Dure réaction de la nécessité !... La faim passe du peuple au Roi !... O Providence ! Providence !... Grâce ! Celui-ci, c'est un enfant.

A ce moment, plusieurs criaient un cri formidable : « La Reine ! » Le peuple voulait la voir.

au balcon. Elle hésite : « Quoi ! toute seule ? — Madame, ne craignez rien, » dit M. de La Fayette. Elle y alla, mais non pas seule, tenant une sauvegarde admirable, d'une main sa fille et de l'autre main son fils. La cour de Marbre était terrible, houleuse de vagues irritées ; les Gardes nationaux, en haie tout autour, ne pouvaient répondre du centre ; il y avait là des hommes furieux, aveugles, et des armes à feu. La Fayette fut admirable : il risqua, pour cette femme tremblante, sa popularité, sa destinée, sa vie ; il parut avec elle sur le balcon, et lui baisa la main*.

La foule sentit cela. L'attendrissement fut unanime. On vit la femme et la mère, rien de plus... « Ah ! qu'elle est belle !... Quoi ! c'est là la Reine ?... Comme elle caresse ses enfants !... » — Grand peuple ! que Dieu te bénisse, pour ta clémence et ton oubli !

Le Roi était tout tremblant quand la Reine alla au balcon. La chose ayant réussi : « Mes Gardes, dit-il à La Fayette, ne pourriez-vous pas faire quelque chose aussi pour eux ? — Donnez-m'en un. » — La Fayette le mène sur le balcon, lui dit de prêter serment, de montrer à son chapeau la cocarde nationale. Le Garde l'embrasse. On crie : « Vivent les Gardes du corps ! » Les grenadiers, pour plus de sûreté, prirent les bonnets des Gardes, leur donnèrent les leurs ; mêlant ainsi les coiffures, on ne pouvait plus tirer sur les Gardes sans risquer de tirer sur eux.

Le Roi avait la plus vive répugnance à partir de Versailles. Quitter la résidence royale, c'était pour lui la même chose que quitter la royauté. Il avait, quelques jours auparavant, repoussé les prières de Malouet et autres députés, qui, pour s'éloigner de Paris, le priaient de transférer l'Assemblée à Compiègne. Et maintenant, il fallait laisser Versailles pour s'en aller à Paris, traverser cette foule terrible... Qu'arriverait-il à la Reine ? On n'osait presque y penser.

Le Roi fit prier l'Assemblée de se réunir au château. Une fois là, l'Assemblée et le Roi se trouvant ensemble, avec l'appui de La Fayette, des députés auraient supplié le Roi de ne point aller à Paris. On eût présenté au peuple cette prière comme le vœu de l'Assemblée. Tout le grand mouvement finissait ; la lassitude, l'ennui, la faim, peu à peu chassaient le peuple ; il s'écoulait de lui-même.

Il y eut dans l'Assemblée, qui commençait à se réunir, hésitation, fluctuation.

Personne n'avait de parti-pris, d'idée arrêtée. Ce mouvement populaire avait pris tout le monde à l'improviste. Les esprits les plus pénétrants n'y avaient rien vu d'avance. Mirabeau n'avait rien prévu, ni Sieyès. Celui-ci dit avec chagrin, quand il eut la première nouvelle : « Je n'y comprends rien, cela marche en sens contraire. »

Je pense qu'il voulait dire : contraire à la Révolution. Sieyès, à cette époque, était encore révolutionnaire, et peut-être assez favorable à la branche d'Orléans.

Que le Roi quittât Versailles, sa vieille Cour, qu'il vécût à Paris, au milieu du peuple, c'était, sans aucun doute, une forte chance pour Louis XVI de redevenir populaire.

Si la Reine (tuée, ou en fuite) ne l'eût pas suivi, les Parisiens se seraient très probablement repris d'amour pour le Roi. Ils avaient eu de tout temps un faible pour ce gros homme qui n'était nullement méchant, et qui, dans son embonpoint, avait un air de bonhomie béate et paterne, tout à fait au gré de la foule. On a vu plus haut que les dames de la Halle l'appelaient un *bon papa;* c'était toute la pensée du peuple.

Cette translation à Paris, qui effrayait tant le Roi, effrayait en sens inverse ceux qui voulaient affermir, continuer la Révolution, encore plus ceux qui, pour des vues patriotiques ou personnelles, auraient voulu donner la lieutenance générale (ou mieux) au duc d'Orléans.

Ce qui pouvait arriver de pis à celui-ci, qu'on accusait follement de vouloir faire tuer la Reine, c'était que la Reine fût tuée, que le Roi, seul, délivré de cette impopularité vivante, vînt s'établir à Paris, qu'il tombât entre les mains des La Fayette et des Bailly.

Le duc d'Orléans était parfaitement innocent du mouvement du 5 Octobre. Il ne sut qu'y faire, ni comment en profiter. Le 5 et la nuit suivante, il s'agita, alla, revint. Les dépositions établissent qu'on le vit partout, entre Paris et Versailles, et qu'il ne fit rien nulle part*. Le 6 au matin, entre huit et neuf, si près des assassinats, la cour du château étant souillée de sang, il vint se montrer au peuple, une cocarde énorme au chapeau, une badine à la main, dont il jouait en riant.

Pour revenir à l'Assemblée, il n'y eut pas quarante députés qui se rendissent au château. La plupart étaient déjà à la salle ordinaire, assez incertains. Le peuple qui comblait les tribunes, fixa leur incertitude; au premier mot qui fut dit d'aller siéger au château, il poussa des cris.

Mirabeau se leva alors, et, selon son habitude de couvrir d'un langage fier son obéissance au peuple, dit « que la liberté de l'Assemblée serait compromise si elle délibérait au palais des rois, qu'il n'était pas de sa dignité de quitter le lieu de ses séances, qu'une députation suffisait. »

Le jeune Barnave appuya. Le président Mounier contredit en vain.

Enfin, l'on apprend que le Roi consent à partir pour Paris; l'Assemblée, sur la proposition de Mirabeau, décide que, pour la session actuelle, elle est inséparable du Roi.

Le jour s'avance, il n'est pas loin d'une heure. Il faut partir, quitter Versailles... Adieu, vieille monarchie!

Cent députés entourent le Roi, toute une armée, tout un peuple. Il s'éloigne du palais de Louis XIV pour n'y jamais revenir.

Toute cette foule s'ébranle, elle s'en va à Paris, devant le Roi et derrière.

Hommes, femmes, vont, comme ils peuvent, à pied, à cheval, en fiacre, sur les charrettes qu'on trouve, sur les affûts des canons. On rencontra avec plaisir un grand convoi de farines, bonne chose pour la ville affamée.

Les femmes portaient aux piques de grosses miches de pain, d'autres des branches de peuplier, déjà jaunies par octobre. Elles étaient fort joyeuses, aimables à leur façon, sauf quelques quolibets à l'adresse de la Reine. « Nous amenons, criaient-elles, le boulanger, la boulangère, le petit mitron. »

Toutes pensaient qu'on ne pouvait jamais mourir de faim, ayant le Roi avec soi. Toutes étaient encore royalistes, en grande joie de mettre enfin *ce bon papa* en bonnes mains ; il n'avait pas beaucoup de tête, il avait manqué de parole : c'était la faute de sa femme ; mais une fois à Paris, les bonnes femmes ne manqueraient pas, qui le conseilleraient mieux.

Tout cela, gai, triste, violent, joyeux et sombre à la fois.

On espérait, mais le ciel n'était pas de la partie. Il avait plu. On marchait lentement, en pleine boue. De moment en moment, plusieurs, en rejouissance, ou pour décharger leurs armes, tiraient des coups de fusil.

La voiture royale, escortée, La Fayette à la portière, avançait comme un cercueil.

La Reine était inquiète. Était-il sûr qu'elle arrivât? Elle demanda à La Fayette ce qu'il en pensait, et lui-même le demanda à Moreau de Méry, qui, ayant présidé l'Hôtel de Ville aux fameux jours de la Bastille, connaissait bien le terrain. Il répondit ces mots significatifs : « Je doute que la Reine arrive seule aux Tuileries; mais une fois à l'Hôtel de Ville, elle en reviendra. »

Voilà le Roi à Paris, au seul lieu où il devait être, au cœur même de la France. Espérons qu'il en sera digne.

La révolution du 6 Octobre, nécessaire, naturelle et légitime, s'il en fût jamais, toute spontanée, imprévue, vraiment populaire, appartient surtout aux femmes, comme celle du 14 Juillet aux hommes. Les hommes ont pris la Bastille, et les femmes ont pris le Roi.

Le 1ᵉʳ octobre, tout fut gâté par les dames de Versailles.

Le 6, tout fut réparé par les femmes de Paris.

# NOTES

Page 21 *

J'en ai profité en effet pour rectifier deux détails, l'un relatif à Danton, l'autre à Durand-Maillane.

Page 47 *

Initiation, éducation, gouvernement, trois mots synonymes. Rousseau entrevit quelque chose de cela, quand, parlant des cités antiques, de la foule des grands hommes qu'a donnée cette petite ville d'Athènes, il dit : « C'étaient moins des gouvernements que les plus féconds systèmes d'éducation qui aient été jamais. » Malheureusement le siècle de Rousseau, n'invoquant que la *raison* réfléchie, analysant peu les facultés d'instinct, d'*inspiration*, ne pouvait bien voir le passage de l'une à l'autre, lequel fait tout le mystère de l'éducation, de l'initiation, du gouvernement. Les maîtres de la Révolution, les philosophes, hommes de combat, très raisonneurs et très subtils, eurent tous les dons, hors la simplicité profonde qui seule fait comprendre l'enfant et le peuple. Donc la Révolution ne put organiser la grande machine révolutionnaire : je veux dire, celle qui, mieux que les lois, doit fonder la fraternité : l'*éducation*. Ce sera l'œuvre du dix neuvième siècle ; il y entre déjà par des essais faibles encore. Dans mon petit livre du *Peuple*, j'ai, autant qu'il était en moi, réclamé le droit de l'instinct, de l'inspiration, contre son aristocratique sœur, la reflexion, la science raisonneuse, qui se croit la reine du monde.

**Page 72** *

Aujourd'hui, on a désespéré de concilier les deux points de vue. On n'essaie plus de faire la paix du dogme avec la Justice. On s'y prend mieux. Tour à tour, on le montre ou on le cache. Aux simples et confiantes personnes, aux femmes, aux enfants, qu'on tient dociles et courbés, on enseigne la vieille doctrine qui place un arbitraire terrible en Dieu et en l'homme de Dieu, qui livre sans défense au prêtre la tremblante créature ; cette terreur est toujours pour celle-ci la foi et la loi ; le glaive reste toujours affilé pour ces pauvres cœurs...

Au contraire, si l'on parle aux forts, aux raisonneurs, aux politiques, on devient tout à coup facile : « Le Christianisme, après tout, est-il ailleurs qu'en l'Évangile ? La foi, la philosophie, sont-elles si loin de s'entendre ? La vieille dispute de la Grâce et de la Justice (c'est-à-dire la question de savoir si le Christianisme est juste) est tout à fait surannée. »

Cette politique double a deux effets, et tous deux funestes. Elle pèse sur la femme, sur l'enfant, sur la famille où elle crée la discorde, maintenant en opposition deux autorités contraires, deux pères de famille.

Elle pèse sur le monde par une force négative, qui fait peu, mais qui entrave, par la facilité surtout de montrer l'une ou l'autre face : aux uns, la moralité élastique de l'Évangile ; aux autres, l'immuable fatalité, parée du nom de la Grâce. De là, bien des malentendus. De là, la tentation pour plusieurs de rattacher la foi moderne, celle de la Révolution et de la Justice, au dogme de l'injustice antique.

Page 97 *

Les *gens du Roi*, les parlementaires, qui inspiraient au peuple tant de confiance (et qui, il est vrai, ont rendu de grands services), ne représentaient cependant pas la Justice plus sérieusement que les prêtres ne représentaient la Grâce. Cette Justice royale était, en dernière analyse, soumise à l'arbitraire du Roi. Un grand maître en machiavélisme, le cardinal Dubois, dans un *mémoire* au Régent contre les États généraux (au tome I du *Moniteur*), explique avec beaucoup d'esprit et de netteté la *mécanique* fort simple de ce jeu parlementaire, les passes de ce menuet, les figures de cette danse, jusqu'au *lit de justice*, qui finit tout, en mettant la Justice sous les pieds du bon plaisir. — Quant aux États généraux, qui font grand'peur à Dubois, Saint-Simon, son adversaire, les recommande comme un expédient innocent, agréable et facile, pour se dispenser de payer ses dettes, rendre la banqueroute honorable, *la canoniser*, c'est son mot; du reste, ces États n'ont jamais rien de sérieux, dit-il avec raison : *Verba, voces*, rien de plus. Moi, je dis qu'il y avait, et dans les États, et dans les Parlements, une chose fort curieuse : c'est que ces vaines images de liberté occupaient, employaient le peu qu'on avait de vigueur et d'esprit de résistance. Ce qui fit que la France ne put avoir de Constitution, c'est qu'elle croyait en avoir une.

Page 98 *

Je parle du petit appartement obscur de madame de Maintenon, où finit Louis XIV. Pour sa croyance personnelle à sa propre divinité, voir surtout ses étonnants *Mémoires*, écrits sous ses yeux et revus par lui.

Page 100 *

Je lis encore dans Villars : « Si vous étiez ici, vous verriez avec édification les soldats et les cavaliers éviter avec le plus grand soin de marcher dans un beau champ de blé qui est à la tête de notre camp... » (Lettre du 29 juillet 1711.)

Page 118 *

Buffon, t. I. 1748. — *Voy.* l'édition de MM. Geoffroy Saint-Hilaire.

Page 118 **

Diderot publie en 1751 les deux premiers volumes de l'*Encyclopédie*. M. Génin vient d'écrire sur lui une notice, que tout le monde trouvera spirituelle, brillante, pleine d'amusement et de charme. Je la trouve pénétrante, elle va au fond.

Page 119 *

Montesquieu, *Esprit des lois*, 1748. J'aurai occasion d'expliquer souvent combien peu ce grand génie eut le sentiment du Droit. Il est, sans le savoir, le fondateur de notre absurde École anglaise.

Page 119 **

Lire, sur Voltaire, quatre pages marquées du sceau du génie, qu'aucun homme de talent n'aurait écrites. (Quinet, *Ultramontanisme.*)

Page 120 *

Ces pages sur Rousseau ont été écrites en 1847. Elles l'exagèrent peut-être. En 1867, dans mon *Louis XIV*, j'aiprésenté une autre face du génie de Rousseau. En contrôlant ces points de vue l'un par l'autre on approchera davantage de la vérité (1868).

## Page 125 *

Idée noble et touchante de madame Sand, qui montre combien le génie est au-dessus des vaines oppositions, que l'esprit de système se crée entre ces grands témoins, non opposés, mais symétriques, de la vérité. Lorsqu'on proposa naguère d'élever des statues à Voltaire et Rousseau, madame Sand, dans une lettre admirable, demanda que les deux génies réconciliés fussent placés sur le même piédestal... Les grandes pensées viennent du cœur.

## Page 152 *

Les lettres admirables de Latude sont encore inédites, sauf le peu qu'a cité Delort. Elles ne réfutent que trop la vaine polémique de 1787.

## Page 158 *

Voir les actes au premier volume du *Moniteur*. *Les imposés, âgés de plus de vingt-cinq ans*, devaient élire les électeurs qui nommeraient les députés, et concourir à la rédaction des Cahiers. L'impôt atteignant tout le monde, au moins par la capitation, c'était la population entière qu'on appelait, excepté les domestiques.

## Page 159 *

Le mot n'est pas impropre. La féodalité était très dure en 1789, plus fiscale que jamais, étant entièrement dans la main des intendants, procureurs, etc. Les noms, les formes, avaient changé, voilà tout.

## Page 160 *

Sur la révolution brabançonne, si différente de la nôtre,

*voy.* les documents recueillis par Gachard (1834), Gérard (1842), et les histoires de Gross-Hoffinger (1837), Borgnet (1844), et Ramshorn (1845). Cette révolution d'abbés, dont les capucins furent les terroristes, trompa ici tout le monde, et la Cour, et nos Jacobins. Dumouriez seul comprit et dit qu'elle était primitivement l'œuvre des puissants abbés des Pays-Bas. L'ambassadeur d'Autriche, M. Mercy d'Argenteau, crut d'abord, et sans doute fit croire à Marie-Antoinette, qu'en France le péril était, comme en Belgique, du côté de l'aristocratie. De là, plusieurs fausses démarches.

## Page 160 **

Il faut lire sur tout cela les curieux aveux de Necker, son plaidoyer pour le Tiers (OEuvres, VI, 419, 443, etc.). Là, comme dans tous ses ouvrages, on sent toujours un étranger, peu solide en France, un commis, toujours commis, qui parle le chapeau à la main devant la Noblesse, un protestant qui voudrait trouver grâce devant le Clergé. Pour rassurer les privilégiés sur ce pauvre Tiers, il le leur présente faible, timide, à genoux; il a l'air de leur faire des signes d'intelligence... Il fait entendre de reste que son client est bon homme, qu'on pourra toujours lui donner le change.

## Page 161 *

Les ordres privilégiés étaient doublement favorisés : 1° Ils n'étaient pas soumis aux deux degrés d'élection, ils élisaient directement leurs députés; 2° les nobles étaient *tous* électeurs, et non pas seulement *les nobles qui avaient des fiefs*, comme aux anciens États; le privilège était plus odieux encore : se trouvant étendu à toute une populace de nobles, les prétentions étaient plus ridicules.

## Page 161 **

Calculs très incertains. Le Roi avoue, dans la convocation de Paris, qu'il ne sait point le nombre des habitants de la ville la mieux connue du royaume, qu'il ne peut deviner le nombre des électeurs, etc.

## Page 162 *

Cependant, dans plusieurs communes, on créa des écrivains jurés, pour inscrire les votes. (Duchatellier, *la Révolution en Bretagne*, I, 281.)

## Page 163 *

*Mémoires de Bailly*, I, 12.

## Page 163 **

La même dans tous les points essentiels. A quoi chaque corporation, chaque ville, ajoutait quelque chose de spécial.

## Page 163 ***

C'est une erreur capitale des auteurs de l'*Histoire parlementaire* de marquer cette distinction dans ce beau moment, où personne ne la fit. Elle ne viendra que trop tôt, il faut attendre. Méconnaître ainsi la succession réelle des faits, les amener de force avant l'heure par une sorte de prévision systématique, c'est justement le contraire de l'histoire.

## Page 166 *

Cette assemblée, si ferme dans ses premières démarches, se composait pourtant de notables, fonctionnaires, négociants ou avocats. Ces derniers menaient l'assemblée : c'étaient Camus, Target, Treilhard, avocat de la Ferme générale, Lacretelle aîné, Desèze. Les académiciens venaient en seconde ligne, Bailly, Thouin et Cadet, Gaillard, Suard, Marmontel. Puis des banquiers, comme

Lecouteulx; des imprimeurs, libraires, papetiers : Panckoucke, Baudouin, Réveillon, etc.

## Page 167 *

Au dire de Réveillon lui-même : *Exposé justificatif*, p. 422 (imprimé à la suite de Ferrières). L'*Histoire parlementaire* est encore inexacte ici. — Elle fait de tout ceci, sans la moindre preuve, une guerre du peuple contre la bourgeoisie. Elle exagère l'étendue du mouvement, le nombre des morts, etc. Bailly, au contraire, et non moins à tort, p. 28 de ses *Mémoires*, le réduit à rien : « Je ne sache qu'il y ait péri personne. » — Un témoignage très grave sur l'émeute Réveillon est celui de l'illustre chirurgien Desault, qui reçut à l'Hôtel-Dieu plusieurs des blessés : « Ils n'avaient l'air que du crime foudroyé; au contraire, les blessés de la Bastille, etc. » (Voy. l'*OEuvre des sept jours*, p. 411.) — Ce qui montra bien que le peuple ne regardait point le pillage de la maison Réveillon comme un acte patriotique, c'est qu'il faillit pendre, le 16 juillet, un homme qu'il prit pour l'abbé Roy, *accusé d'avoir excité cette émeute* (Bailly, II, 51), et d'avoir plus tard offert à la Cour un moyen d'égorger Paris. (*Procès-verbal des électeurs*, II, 46.)

## Page 169 *

*Mémoires de Besenval*, II, 347. — Madame de Genlis et autres amis de l'ancien régime veulent que ces Mémoires, si accablants pour eux, aient été rédigés par le vicomte de Ségur. Je le veux bien; il aura écrit sur les notes et souvenirs de Besenval. Les Mémoires n'en appartiennent pas moins à celui-ci. Besenval était, je le sais, peu capable d'écrire; mais, sans ses confidences, l'aimable chansonnier n'eût jamais fait ce livre si fort, tellement historique sous la légèreté des formes; la vérité y éclate, y reluit, souvent d'une lumière terrible; il ne reste qu'à baisser les yeux.

Page 173 *

Voir les témoins oculaires, Ferrières, Staël, etc.

Page 176 *

Ét. Dumont, *Souvenirs*, p. 27.

Page 177 *

Campan, II, 37.

Page 177 **

Comparer les trois portraits de Versailles. Au premier (en satin blanc), coquette, douce encore ; elle sent qu'elle est aimée. Au deuxième (en velours rouge et fourrures), entourée de ses enfants; sa fille s'appuie doucement sur elle, tout cela en vain, la sécheresse est incurable, le regard est fixe, terne, singulièrement ingrat (1787). Au troisième (en velours bleu, 1788), seule, un livre à la main, toute reine, mais triste et dure.

Page 179 *

« Quand le Roi vint se placer sur le trône, au milieu de cette Assemblée, j'éprouvai pour la première fois un sentiment de crainte. D'abord je remarquai que la Reine était très émue; elle arriva plus tard que l'heure assignée, et les couleurs de son teint étaient altérées. » (Staël, *Considérations*, I, ch. XVI.)

Page 180 *

D'abord, pour ne parler que d'argent, de ce qu'on appelait l'impôt, ce n'était qu'une faible partie de l'impôt total, de ce qu'on payait à titres divers au Clergé, à la Noblesse, comme dîmes ou tributs féodaux. Et puis, l'argent n'était pas tout. Il ne s'agissait pas pour le peuple de prendre par terre les quelques sous qu'on lui jetait, mais bien de prendre son droit, rien de plus et rien de moins.

## Page 183 *

*Procès-verbal des électeurs*, rédigé par Bailly et Duveyrier, I, 34.

## Page 185 *

Droz, II, 189. Le témoignage de M. Droz a souvent le poids d'une autorité contemporaine ; souvent il nous transmet les renseignements et révélations verbales de Malouet et d'autres acteurs importants de la Révolution.

## Page 187 *

Robespierre récrimina avec bonheur. Il dit très bien : « Les anciens canons autorisent, pour soulager le pauvre, à vendre jusqu'aux vases sacrés. » — *Le Moniteur*, incomplet et inexact, comme il l'est si souvent, a besoin ici d'être complété par Étienne Dumont (*Souvenirs*, p. 60).

## Page 195 *

*Mémoires de Mirabeau*, édités par M. Lucas de Montigny, t. VIII, livre X.

## Page 195 **

Comparez les versions différentes, mais conciliables, d'Ét. Dumont et de Droz (qui suivent le témoignage oral de Malouet).

## Page 199 *

Le témoin principal, Bailly, ne donne point cette circonstance, que M. Droz indique seul, sans doute d'après Malouet.

Page 201 *

Quatre cent quatre-vingt-onze voix contre quatre-vingt-dix. Mirabeau n'osa voter ni pour, ni contre, et resta chez lui.

Page 203 *

Ces Genevois n'étaient pas précisément des agents de l'Angleterre. Mais les pensions qu'ils en recevaient, le présent de plus d'un million qu'elle leur fit pour fonder une Genève irlandaise (qui resta sur le papier), tout cela leur imposait l'obligation de servir les Anglais. Au reste, ils se divisèrent. Yvernois se fit anglais et devint notre plus cruel ennemi. Clavière seul devint français. — Que dire d'Étienne Dumont, qui veut que ces gens-là, avec leur plume de plomb, aient écrit tous les discours de Mirabeau? Ses *Souvenirs* témoignent d'une grande ingratitude pour l'homme de génie qui l'honora de son amitié.

Page 204 *

Comparer les deux plans dans les *Mémoires* de Bertrand et dans les *Souvenirs* de Dumont. Celui-ci avoue que les Genevois s'étaient bien gardés de confier leur beau projet à Mirabeau; il en fut informé après l'événement, et dit avec beaucoup de sens : « C'est ainsi qu'on mène les rois à l'échafaud. »

Page 207 *

*Mémoires de Gregoire*, I. 380.

Page 209 *

Voyez plus loin, au 22 juillet, une note relative à Robespierre.

Page 210 *

C'est ce qui me paraît résulter du chiffre comparé des votes. L'illégalité de l'impôt non-consenti, etc., fut voté à *l'unanimité* par les quatre cent vingt-six députés qui restaient seuls dans la salle. (Archives du royaume. *Procès-verbaux mss. de l'Assemblée nationale.*)

Page 210 **

Il y en eut un seul. Les quatre-vingt-dix opposants du 17 juin se rallièrent à la majorité.

Page 210 ***

L'Assemblée n'alla pas plus loin. Elle repoussa la motion forte et vraie de Chapelier, qui avait le tort de dire nettement ce que *tous* avaient dans l'esprit. Il proposait une adresse « pour apprendre à Sa Majesté que les ennemis de la patrie obsèdent le trône, et que leurs conseils tendent à *placer le monarque à la tête d'un parti.* »

Page 214 *

OEuvres de Necker, VI, 191.

Page 216 *

La forme à la hauteur du fond : bouffie par moment, puis plate, tout ce qui sent le faux brave : « Jamais roi n'en a tant fait !... » Vers la fin, une phrase admirable d'imprudence et de gaucherie (aussi *Necker la revendique,* t. IX, p. 196) : « Réfléchissez, messieurs, qu'aucun de vos projets ne peut avoir force de loi sans mon approbation spéciale. »

Page 220 *

Dumont (témoin oculaire), p. 91.

Page 221 *

Il n'y eut ni hésitation, ni consternation, quoi qu'en dise Dumont, qui n'y était pas. Les ardents, comme Grégoire (*Mém.*, I, 381), les modérés, comme Malouet, étaient parfaitement d'accord. Le dernier dit, à ce sujet, ces belles et simples paroles : « Nous n'avions nul autre parti à prendre... Nous devions à la France une Constitution. » (Malouet,' *Compte rendu à ses commettants.*)

Page 222 *

Cette version est la seule vraisemblable. Mirabeau était royaliste : il n'aurait jamais dit : *Allez dire à votre maître*, ni les autres paroles qu'on a ajoutées.

Page 222 **

Rapporté par M. Frochot, témoin oculaire, au fils de Mirabeau (*Mém.*, VI, 39). La famille Brézé s'est avisée de contester quelques détails de cette scène, si bien connue, quarante-quatre ans après l'événement.

Page 227 *

Rapprocher les *Mémoires* de Bailly, et le *Procès-verbal des électeurs*, rédigé par Bailly et Duveyrier.

Page 227 **

Nulle part, cependant, on ne comptait davantage sur la faiblesse du peuple. La douceur connue des mœurs parisiennes, la multitude des fonctionnaires, des gens de finance, qui ne pouvaient que perdre au mouvement, la foule de ceux qui vivaient d'abus, tout avait fait croire, avant les élections, que Paris se montrerait très bourgeois, mou et timide. (*Voy.* Bailly, p. 16, 150.)

Page 227 ***

Dussaulx, OEuvre des sept jours, p. 271 (éd. 1822).

Page 228 *

Necker, Administration, II, 422, 435 (1784).

Page 228 **

Rousselin, Vie de Hoche, I, 20.

Page 228 ***

Le seul régiment de Beauce se croyait frustré de la somme de 240,727 livres.

Page 230 *

Ét. Dumont, Souvenirs, p. 135.

Page 230 **

Bien entendu, avec beaucoup de réserves, et à condition que la France adoptera la Constitution de l'Angleterre. (Arthur Young, Voyage, t. I, passim.)

Page 232 *

Jusqu'à l'envoyer à cheval au milieu de l'émeute, suivie d'un domestique à la livrée d'Orléans. Lire madame Lebrun (Souvenirs, I, 189), qui fut témoin de cette scène.

Page 232 **

Brissot y travailla quelque temps. (Mém., II, 430.)

Page 232 ***

Le prince faisait de l'or, comme on en fait toujours,

avec de l'or. Cependant, il y fallait aussi, entre autres ingrédients, un squelette humain qui fût enterré depuis tant d'années, tant de jours. On chercha dans les morts connus, et il se trouva que Pascal remplissait précisément la condition exigée. On gagna les gardiens de Saint-Étienne-du-Mont, et le pauvre Pascal fut livré aux creusets du Palais-Royal. Tel est du moins le récit d'une personne qui, ayant longtemps vécu avec madame de Genlis, tenait d'elle l'étrange anecdote.

## Page 234 *

Ferrières, I, 52.

## Page 234 **

Arthur Young, qui dînait avec lui et autres députés, était scandalisé de le voir rire sous cape.

## Page 237 *

Croira-t-on bien qu'en 1790, on exécutait encore à Bicêtre les vieilles ordonnances barbares qui prescrivaient de faire précéder tout traitement vénérien d'une flagellation? Le célèbre docteur Cullérier l'a affirmé à l'un de mes amis.

## Page 237 **

Observations d'un Anglais sur Bicêtre, trad. et commentées par Mirabeau, 1788.

## Page 240 *

Il n'est pas invraisemblable que le duc d'Orléans, voyant qu'on ne sollicitait nullement sa médiation, poussa Mirabeau à parler, afin d'embarrasser la Cour, avant qu'elle eût complété ses préparatifs de guerre, M. Droz place ici les premiers rapports de Mirabeau avec Laclos, et l'argent qu'il en aurait reçu.

Page 243 *

« Plusieurs de mes collègues m'ont dit en avoir vu d'imprimés. » (Bailly, I, 325, 331.)

Page 243 **

Besenval, II, 359.

Page 247 *

« Prenez garde, écrivait dans une des brochures innombrables du moment, un médecin philanthrope, le docteur Marat, prenez garde... Considérez quel serait le funeste effet d'un mouvement séditieux. Si vous avez le malheur de vous y livrer, vous êtes traités en révoltés; le sang coule, etc. » Cette sagesse fut celle de beaucoup de gens.

Page 249 *

C'est ce que nous apprenons du Roi lui-même. *Voy.* sa première réponse (du 14 Juillet) à l'Assemblée nationale.

Page 249 **

S'il y avait eu des coups de pistolets tirés par le peuple, des dragons blessés, comme l'affirme Besenval, son très habile défenseur, Desèze, ne manquerait pas de le faire voir dans ses *Observations sur le Rapport d'accusation* (Voy. le Rapport, *Hist. parlementaire*, IV, 69; et Desèze, à la suite de Besenval, II, 369). Qui croire, Desèze, qui prétend que Besenval ne donna pas l'ordre, ou Besenval, qui avoue devant ses juges qu'*il lui prit envie* de repousser ce peuple et qu'il ordonna de charger? (*Hist. parlementaire*, II, 89.)

Page 251 *

*Procès-verbal des électeurs*, I, 180. Comparer Dussaulx, *OEuvre des sept jours.* — Dussaulx, qui écrit quelque temps après, intervertit souvent l'ordre des faits.

Page 252 *

Ils allaient faire les payements avec un papier-monnaie, sans autre garantie que la signature d'un roi insolvable. (*Voy.* plus haut, p. 243.)

Page 252 **

*Mém. de Grégoire*, I. 382.

Page 255 *

Mais comme c'étaient aussi celles de la maison d'Orléans, le blanc, ancienne couleur de la France, fut ajouté, sur la proposition de M. de La Fayette (Voy. ses *Mémoires*, II, 265) : « Je vous donne, dit-il, une cocarde qui fera le tour du monde. »

Page 258 *

L'abbé Lefebvre d'Ormesson, un homme héroïque. Personne ne rendit un plus grand service à la Révolution et à la ville de Paris. Il resta quarante-huit heures sur le volcan, parmi les furieux qui se disputaient la poudre ; on tira sur lui plusieurs coups ; un ivrogne vint fumer sur les tonneaux ouverts, etc.

Page 266 *

Elle écrasait la rue Saint-Antoine, dit si bien Linguet, p. 147. Les vainqueurs les plus connus de la Bastille sont, ou du faubourg, ou du quartier de Saint-Paul, de la Culture-Sainte-Catherine.

Page 267 *

Le fait est rapporté par un témoin peu suspect, le comte de Ségur, ambassadeur en Russie, qui ne partageait nullement cet enthousiasme : « Cette folie, que j'ai peine encore à croire en la racontant, etc. » (Ségur, *Mémoires*, III, 508.)

## Page 268 *

On voit par ce mot qu'à cinq heures, il n'y avait aucun plan de formé. L'homme en question, qui n'était pas du peuple, répétait selon toute apparence les bruits du Palais-Royal. — Les utopistes s'entretenaient depuis longtemps de l'utilité de détruire la Bastille, formaient des plans, etc. Mais l'idée héroïque, insensée, de la prendre en un jour, ne put venir qu'au peuple même.

## Page 269 *

Un seul des citoyens rassemblés (*Procès-verbal des électeurs*, I, 300).

## Page 269 **

*Biographie Michaud*, article De Launay, rédigé d'après les renseignements de sa famille.

## Page 271 *

Il la tue de deux manières. Il y porte la division, la démoralisation; et quand elle est prise, c'est lui qui propose de la démolir. Il tue Robespierre, en lui refusant la parole, au 9 Thermidor; Thuriot était alors président de la Convention.

## Page 272 *

Le gouverneur avait droit de faire entrer cent pièces de vin franches d'octroi. Il vendait ce droit à un cabaret, et en tirait du vinaigre pour donner aux prisonniers (Linguet, p. 86). Voir, dans *La Bastille dévoilée*, l'histoire d'un prisonnier riche que De Launay menait la nuit chez une fille que lui, De Launay, avait mise dans ses meubles, mais qu'il ne voulait plus payer.

## Page 274 *

Récit de la conduite de M. Thuriot, à la suite de Dussaulx, OEuvre des sept jours, p. 408. Comparer le Procès-verbal des électeurs, t. I, p. 310.

## Page 274 **

Cette fière et audacieuse parole est rapportée par les assiégés. (Voy. leur Déclaration, à la suite de Dussaulx, p. 449.)

## Page 275 *

C'est lui-même qui se vante de cette sottise. (Procès-verbal des électeurs, I, 385.)

## Page 275 **

Si l'on en croit lui-même, il eut l'honneur de cette initiative. (Fauchet, Discours sur la Liberté, prononcé le 6 août 89 à Saint-Jacques, p. 11.)

## Page 276 *

C'est la vraie manière de concilier les déclarations, opposées en apparence, des assiégés et de la députation.

## Page 280 *

Fauchet, Bouche de Fer, n° XVI, nov. 90, t. III, p. 244.

## Page 280 **

Le procès-verbal indique cependant qu'on préparait une nouvelle députation, et que le commandant de La Salle voulait enfin prendre part à l'action.

Page 282 *

Dès le matin, au témoignage de Thuriot. (Voy. le *Procès-verbal des électeurs*.)

Page 283 *

Pour l'aller prendre, on plaça une planche sur le fossé. Le premier qui s'y hasarda tomba; le second (Arné? ou Maillard?) fut plus heureux, et rapporta le billet.

Page 284 *

La tradition royaliste, qui a la tâche difficile de rendre intéressants les moins intéressants des hommes, a prétendu que De Launay, plus héroïque encore qu'Hullin, lui aurait remis le chapeau sur la tête, aimant mieux périr que de l'exposer. La même tradition fait honneur du même fait, quelques jours après, à l'intendant de Paris, Bertier. On raconte enfin que le major de la Bastille, reconnu et défendu, à la Grève, par un de ses anciens prisonniers qu'il avait traité avec bonté, l'aurait éloigné en lui disant : « Vous vous perdrez sans me sauver. » Ce dernier récit, authentique, a très probablement donné l'idée des deux autres. Pour De Launay et Bertier, leurs précédents n'ont rien qui nous porte à croire à l'héroïsme de leurs derniers moments. Le silence de la *Biographie Michaud*, dans l'article De Launay rédigé d'après les renseignements de la famille, indiqué assez qu'elle-même ne croyait pas à cette tradition.

Page 290 *

Bailly, I, 391, 392.

Page 291 *

Ferrières, I, 132.

Page 291 **

Rapport d'accusation, *Hist. parl.*, IV, 83.

Page 293 *

Madame Lebrun, *Souvenirs*, I, 189.

Page 293 **

Ferrières, I, 135, Droz, II, 342.

Page 296 *

*Point du Jour*, n° 35, t. I, 107.

Page 296 **

Lettres écrites de France à une amie, p. 29, citées dans les notes de Dussaulx, p. 333.

Page 297 *

*Procès-verbal des électeurs*, rédigé par Duveyrier, I, 434.

Page 299 *

Camille Desmoulins, si amusant ici et partout, triomphait aussi à sa manière : « Je marchais l'épée nue, etc. » (*Correspondance*, p. 28, 1836.) Il a pris un beau fusil aux Invalides, avec une baïonnette et deux pistolets ; s'il ne s'en est pas servi, c'est que malheureusement la Bastille a été prise si vite !... Il y a couru, mais c'était trop tard. Plusieurs vont jusqu'à dire que c'est lui qui a fait la Révolution (p. 33) ; lui, il est trop modeste pour le croire.

Page 303 *

L'*Histoire parlementaire* a tort de citer une prétendue

lettre de Louis XVI au comte d'Artois (t. II, p. 101), lettre apocryphe et ridicule, comme la plupart de celles qu'a publiées miss William, dans la *Correspondance* inédite, si bien jugée et condamnée par MM. Barbier et Beuchot.

Page 305 *

Sauf un malheureux hasard ; un fusil partit, et une femme fut tuée. Il n'y avait nulle mauvaise intention pour le Roi. Tout le monde était royaliste, et l'Assemblée, et le peuple. Marat l'était encore en 1791. Dans une lettre inédite de Robespierre (que M. de George m'a communiquée à Arras), il paraît croire à la bonne foi de Louis XVI, dont il raconte la visite à la ville de Paris (23 juillet 1789).

Page 316 *

Camille Desmoulins, *Discours de la Lanterne aux Parisiens*, p. 2. Il insinue cependant assez adroitement que ces jugements rapides ne sont pas sans inconvénient, qu'ils prêtent à quelques méprises, etc.

Page 316 **

*Voy.* le jugement de Duval d'Éprémesnil, raconté par C. Desmoulins dans ses *Lettres*.

Page 318 *

Passage vraiment éloquent de Dupaty, *Mémoire pour trois hommes condamnés à la roue*, p. 117 (1786, in-4°).

Page 319 *

Je veux dire un homme complet, qui, ayant les deux sexes de l'esprit, est fécond; toutefois, presque toujours avec prédominance de la sensibilité irritable et colérique.

Page 320 *

Elles pendirent ainsi, le 5 Octobre, le brave abbé Lefebvre, l'un des héros du 14 Juillet; heureusement, on coupa la corde.

Page 320 **

Ebenezer Elliot, *Cornlaws rhymes* (Manchester, 1834), etc.

Page 322 *

La famille a vivement réclamé. Un examen sérieux nous prouve que les écrivains royalistes (Beaulieu, etc.) sont aussi sévères pour Foulon et Bertier que les révolutionnaires. C'est ce qu'a trouvé aussi M. Louis Blanc en faisant le même examen. Si la famille a découvert aux Archives ou ailleurs des pièces contraires à l'opinion générale des contemporains, elle devrait les publier.

Page 322 **

Alex. de Lameth, *Hist. de l'Assemblée constituante*, I, 67.

Page 324 *

Voir Necker, *OEuvres*, VI, 298-324.

Page 325 *

*Mémoires de Dumouriez*, II, 53.

Page 330 *

*Histoire de la Révolution de 89*, par Deux amis de la Liberté (Kerverseau et Clavelin, jusqu'au t. 7), t. II, p. 150. Voir aussi, dans le *Procès-verbal des électeurs*, le récit d'Étienne de La Rivière.

Page 345 *

Duchatellier, *La Révolution en Bretagne*, I, 175.

Page 346 *

Plus tard, M. de Memmay fut réhabilité, sur la plaidoirie de M. Courvoisier. Il soutint que l'accident était résulté d'un baril de poudre laissé *par hasard* à côté des gens ivres. Trois choses avaient contribué à donner une autre opinion : 1° l'absence de M. de Memmay le jour de la fête ; il ne voulait pas y paraître, disait-il, voulant laisser un cours plus libre à la joie ; 2° sa disparition absolue ; 3° le Parlement, dont il était un ancien membre, ne permit pas aux tribunaux ordinaires d'informer, évoqua l'affaire, se réserva le jugement.

Page 346 **

Les historiens affirment tous, sans la moindre preuve, que ces alarmes, ces accusations, tout ce grand mouvement partait de Paris, de telle ou telle personne. Sans doute les meneurs influaient sur le Palais-Royal, le Palais-Royal sur Paris, Paris sur la France. Il n'en est pas moins inexact de rapporter tout au duc d'Orléans, comme la plupart des royalistes, à Duport, comme M. Droz, à Mirabeau, comme Montgaillard, etc. Voir la réponse fort sage d'Alexandre de Lameth. Ce qu'il eût dû ajouter, c'est que Mirabeau, Duport, les Lameth, le duc d'Orléans, la plupart des hommes de cette époque, moins énergiques qu'on ne croit, étaient ravis qu'on leur crût une telle énergie, une si vaste influence. Aux accusations ils répondaient peu de choses, souriaient modestement, laissant croire à qui voulait qu'ils étaient de grands scélérats.

Page 348 *

Montlosier, *Mémoires*, I. 233. Toulongeon, I, 56, etc. etc.

Page 350 *

C'est ce qu'avoue M. de Maistre dans ses *Considérations sur la Révolution* (1796).

Page 357 *

Emprunt bien volontaire, puisqu'il est fait, par tous les rois de l'Europe, à la tête de huit cent mille soldats. Ils reconnaissent que chaque peuple a droit de choisir son gouvernement. (*Voyez* Alexandre de Lameth, p. 121.)

Page 358 *

De droit et de liberté seulement : rien de plus d'abord, dans cette charte d'affranchissement. Je m'explique davantage dans l'*Introduction* et dans les autres volumes.

Page 360 *

Tout ceci est fort embrouillé par les historiens, selon leurs passions. J'ai consulté les vieillards, spécialement mes illustres et vénérables amis, MM. Béranger, et de Lamennais.

Page 363 *

Il dit expressément qu'il parlait de la part du Roi. (Voyez son discours, *Histoire de la Révolution*, par Deux amis de la Liberté, II 255.)

Page 364 *

Staël, *Considérations*, I<sup>re</sup> partie, ch. XXIII. *Voy.* aussi Necker, t. VI. IX.

Page 367 *

Alexandre de Lameth, *Histoire de l'Assemblée constituante*, I, 96.

Page 372 *

Omis dans le *Moniteur* et dans l'*Histoire parlementaire*. Voy. l'*Histoire des Deux amis de la Liberté*, II, 321.

Page 372 **

Arrangé et défiguré dans le *Moniteur* et dans les historiens qui veulent cacher l'égoïsme du Clergé. Le *Procès-verbal* dit seulement : Il a adhéré *en son nom et au nom de plusieurs* membres du Clergé, à ce système de rachat des droits féodaux, en se soumettant (par les bénéficiers) au placement et à l'emploi des fonds à en provenir. (Archives du royaume, *Procès-verbal de l'Assemblée nationale*, 4 Août 89. B.)

Page 377 *

Imprimé à la suite de Dussaulx, OEuvre *des sept jours*. Il dit encore ailleurs admirablement : « Nous avons atteint le milieu des temps.. Les tyrans sont mûrs... » *(Voy.* ses trois *Discours sur la Liberté,* prononcés à Saint-Jacques, à Sainte-Marguerite, et à Notre-Dame.)

Page 382 *

*Voir* son portrait dans les *Mémoires de madame Roland*, t. II.

Page 384 *

Il essaye de s'en justifier dans sa *Notice sur sa vie*, et n'y parvient pas.

Page 389 *

V. l'article *Saint-Priest,* dans la *Biographie Michaud,* visiblement écrit sur les renseignements de sa famille, partial, mais curieux.

Page 390 *

*Révolutions de Paris,* t. II, n° 9, p. 8.

## Page 391 *

Dans ces moments, M. de La Fayette fut vraiment admirable. Il trouva dans son cœur, dans son amour pour l'ordre et la justice, des paroles, des à-propos, au-dessus de sa nature, qui était, il faut le dire, plutôt médiocre. — Au moment où il s'efforçait de sauver l'abbé Cordier, que le peuple prenait pour un autre, un ami amenait à l'Hôtel de Ville le jeune fils de M. de La Fayette. Il saisit l'occasion, et se tournant vers la foule : « Messieurs, dit-il, j'ai l'honneur de vous présenter mon fils... » Surprise, effusion ; la foule s'arrête. Les amis de La Fayette font entrer l'abbé, il est sauvé. (V. ses *Mémoires*, II, 264.)

## Page 393 *

C'est ce que firent les administrateurs du Finistère. *V.* sur cette activité, vraiment admirable, Duchatellier, *La Révolution en Bretagne*, passim.

## Page 396 *

*Mémoires de Bailly*, passim.

## Page 399 *

Ferrières, Molleville, Beaulieu, etc.

## Page 402 *

Son passé dans mon *Histoire de France*, où je la rencontre à chaque instant, son présent dans le beau livre de Léon Faucher. (*V.* surtout la fin du second volume.) Les Anglais eux-mêmes (Bentham, Bulwer, Semor, etc.) conviennent aujourd'hui que leur fameuse balance des trois pouvoirs n'est qu'un thème d'écoliers.

## Page 402 **

L'Angleterre serait morte, si elle n'eût, de siècle en

siècle, trouvé à son mal intérieur (l'injustice aristocratique) un dérivatif extérieur : aux seizième et dix-septième, l'Amérique du Nord et la spoliation de l'Espagne ; au dix-huitième, la spoliation de la France, la conquête de l'Inde ; au dix-neuvième, un nouvel essor colonial, et l'immense développement manufacturier.

## Page 404 *

Il l'avait reçu tout fait d'un rêveur nommé Caseaux. Il ne l'avait pas même lu. Le lisant, à la tribune, il le trouva si mauvais, qu'il lui en vint une sueur froide ; il en passa la moitié. (Ét. Dumont. *Souvenirs*, p. 155.)

## Page 410 *

Sismondi a montré par un calcul exact, sur une période de 500 ans, combien les guerres avaient été plus fréquentes et plus longues dans les monarchies héréditaires que dans les monarchies électives ; c'est l'effet naturel des minorités, querelles de succession, etc. (Sismondi, *Études sur les Constitutions des peuples libres*, I, 214-221.)

## Page 421 *

Necker, toujours généreux pour lui-même, dépassait le quart ; il se taxa à cent mille francs.

## Page 423 *

En réglant la succession, l'Assemblée a ménagé son rival le roi d'Espagne, déclarant ne rien préjuger sur les renonciations des Bourbons d'Espagne à la Couronne de France.

## Page 427 *

V. mes *Origines du Droit, symboles et formules juridiques*.

## Page 428 *

Alexandre de Lameth.

Page 428 **

Campan, II.

Page 432 **

Que m'importe que Lauzun l'ait offerte, ou qu'elle l'ait demandée? (Voy. Mémoires de Campan; et Lauzun, *Revue rétrospective*, etc.)

Page 433 *

Elle était alors à Versailles. (*Voyez* le roman, ici véridique, que M. de Barante a publié sous son nom.)

Page 437 *

*Voy.* les dépositions des témoins, *Moniteur*, I, 568, colonne 2. C'est la source principale. Une autre, très importante, riche en détails, et que tout le monde copie, sans la citer, c'est l'*Histoire de Deux amis de la Liberté*, t. III.

Page 442 *

Déposition de Maillard, *Moniteur*, I, p. 572.

Page 447 *

Tout cela, défiguré, tronqué par *Le Moniteur*. Plus tard, heureusement (à la fin du 1er volume), il donne des dépositions. (Voir aussi les *Deux amis de la Liberté*, Ferrières, etc., etc.)

Page 449 *

*Voy.* Mounier, à la suite de l'*Exposé justificatif*.

Page 450 *

Si le Roi défendit d'agir, comme on l'affirme, ce fut plus tard, et trop tard.

Page 452 *

*Voy.* Necker, et sa fille madame de Staël, *Considérations*.

Page 455 *

*Voy.* mon *Histoire de France*, t. VI.

Page 455 **

Tragique histoire, horriblement défigurée par Beaulieu, et tous les royalistes. Je prie les Liégeois de réhabiliter leur héroïne.

Page 456 *

*Voy.* une de ses lettres, à la fin du t. III, des *Deux amis de la Liberté*.

Page 458 *

Staël, *Considérations*, II<sup>e</sup> partie, ch. X.

Page 460 *

*Voy.* Mounier, à la suite de l'*Exposé justificatif*.

Page 464 *

Jusqu'à cette heure, on y songea, si l'on en croit le témoignage de M. de La Tour-du-Pin (*Mémoires de La Fayette*, II).

Page 465 *

Je ne vois pas dans *L'Ami du Peuple* qu'on puisse renvoyer à Marat l'initiative des violences sanguinaires. Ce qui est sûr, c'est qu'il s'agita beaucoup : « M. Marat vole à

Versailles, revient comme l'éclair, fait lui seul autant de bruit que les quatre trompettes du Jugement dernier, et nous crie : O morts ! levez-vous ! » (Camille Desmoulins, *Révolutions de France et de Brabant*, III, 359.)

## Page 466 *

Déposition du Garde du corps Miomandre. (*Moniteur*, I, 566.)

## Page 468 *

Nicolas, c'était son nom, n'avait jamais donné de signe de violence ni de mauvaise nature, au dire de son logeur. Les enfants tiraient la barbe à cet homme terrible. C'était, au fond, un homme vain, un peu fol, qui crut faire une chose forte, énergique, originale, et peut-être reproduire les scènes sanglantes qu'il avait vues en peinture ou au théâtre. Quand il eut fait cet acte horrible, et que tout le monde s'écarta, il eut le sentiment soudain de cette solitude nouvelle, et, sous divers prétextes, chercha à se rapprocher des hommes, demandant à un domestique une prise de tabac, à un suisse du château du vin qu'il paya, se vantant, s'encourageant, tâchant de se rassurer. (*Voy.* les dépositions au *Moniteur.*) — Les têtes furent portées à Paris sur des piques ; l'une l'était par un enfant. Selon quelques témoignages, elles partirent le matin même ; selon d'autres, peu avant le Roi, et par conséquent en présence de La Fayette, ce qui est peu vraisemblable. Les Gardes du corps avaient tué cinq hommes du peuple ou Gardes nationaux de Versailles ; ceux-ci, sept Gardes du corps.

## Page 470 *

La déposition la plus curieuse de beaucoup est celle de la femme La Varenne, cette vaillante portière dont nous avons parlé. On y voit parfaitement comment une légende commence. Cette femme est témoin oculaire, acteur ; elle reçoit une blessure en sauvant un Garde du corps ; et elle voit, entend tout ce qu'elle a dans l'esprit ; elle l'ajoute de bonne foi. « La Reine a paru au balcon ; M. de La Fayette a dit : La Reine a été trompée... Elle promet d'aimer son peuple, d'y être attachée, comme Jésus-Christ l'est à son Église. Et en signe de probation, la Reine, versant des larmes, a levé deux fois la main. Le Roi a demandé grâce pour ses Gardes, etc. »

Page 473 *

Tout ce qu'il paraît avoir fait, ce fut d'autoriser, le soir du 5, le buvetier de l'Assemblée à fournir des vivres au peuple qui était dans la salle. — Rien n'indique qu'il ait agi beaucoup, du 14 Juillet au 5 Octobre, sauf une gauche et maladroite tentative que Danton fit en sa faveur près de La Fayette. (Voy. les *Mémoires* de celui-ci.)

FIN DU TOME I.

# TABLE

|  | Pages. |
|---|---|
| Préface de 1868 . . . . . . . . . . . | 1 |
| Préface de 1847 . . . . . . . . . . . | 35 |
| Introduction. — *Première partie.* — De la religion du moyen âge. . . . | 57 |
| *Seconde partie.* — De l'ancienne monarchie. . . . . . . . . . . . . . . | 94 |

## LIVRE PREMIER

### AVRIL — JUILLET 1789

                                                              Pages

CHAPITRE I.    Élections de 1789 . . .   157
        II.   Ouverture des États généraux. . . . . . . .   172
      III.   Assemblée nationale . .   189
      IV.   Serment du Jeu-de-Paume   209
       V.   Mouvement de Paris . .   225
      VI.   Insurrection de Paris . .   245
     VII.   Prise de la Bastille (14 Juillet 1789). . . . . .   261

## LIVRE II

### 14 JUILLET — 6 OCTOBRE 1789

CHAPITRE I.    La fausse paix . . . .   289
        II.   Jugements populaires .   311
      III.   La France armée . . .   332
      IV.   Nuit du 4 Août. . . .   355

| | | Pages. |
|---|---|---|
| CHAPITRE V. | Le Clergé. — La foi nouvelle. | 377 |
| VI. | Le *veto*. | 395 |
| VII. | La Presse | 406 |
| VIII. | Le peuple va chercher le Roi (5 Octobre 1789). | 425 |
| IX. | Le peuple ramène le Roi à Paris (6 Octobre 1789) | 453 |

NOTES . . . . . . . . . . . . . . . . 477

*Achevé d'imprimer*

Le six février mil huit cent quatre-vingt-huit

PAR

ALPHONSE LEMERRE

(Aug. Springer, *conducteur*)

25, RUE DES GRANDS-AUGUSTINS

*A PARIS*

www.ingramcontent.com/pod-product-compliance
Lightning Source LLC
Chambersburg PA
CBHW051139230426
**43670CB00007B/876**